JOSEPH ROTH

ROT UND WEISS

Extradrucke der Anderen Bibliothek

№ 446

JOSEPH ROTH

ROT UND WEISS

WANDERER ZWISCHEN STÄDTEN

Mit der Fassung letzter Hand
von Joseph Roths »Die Weißen Städte«,
ediert von Volker Breidecker,
und von diesem mit einem Essay bereichert

INHALT

9
ANSTELLE EINES VORWORTS:
DER KORALLENHÄNDLER
(1934)

21
DIE WEISSEN STÄDTE
(1925)

113
JUDEN AUF WANDERSCHAFT
(1927)

219
DAS AUTODAFÉ DES GEISTES
(1933)

233
NACHWORT VON VOLKER BREIDECKER:
SICHTUNGEN – DIE MASKEN DES
KORALLENHÄNDLERS

329
ZU DIESEM BUCH

Rue Mathéron
Pl. des Carmes
S. Symphorien
Hôtel Dieu

St. Roch
Cours de la Re
Caserne du Génie
Saint Roch
Gare
IV. Arles
St. Michel
R. Cocagne
R.
Porte St. Michel
Boulev

ANSTELLE EINES VORWORTS: DER KORALLENHÄNDLER (1934)

In dem kleinen Städtchen Progrody lebte einst ein Korallenhändler, der wegen seiner Redlichkeit und wegen seiner guten zuverlässigen Ware weit und breit in der Umgebung bekannt war. Aus fernen Dörfern kamen die Bäuerinnen zu ihm, wenn sie zu besonderen Anlässen einen Schmuck brauchten. Leicht hätten sie in ihrer Nähe noch andere Korallenhändler gefunden, aber sie wussten, dass sie dort nur alltäglichen Tand und billigen Flitter bekommen konnten. Deshalb legten sie in ihren kleinen ratternden Wägelchen manchmal viele Werst zurück, um nach Progrody zu gelangen, zu dem berühmten Korallenhändler Nissen Piczenik.

Gewöhnlich kamen sie an jenen Tagen, an denen der Jahrmarkt stattfand. Am Montag war Pferdemarkt, am Donnerstag Schweinemarkt. Die Männer betrachteten und prüften die Tiere, die Frauen gingen in unregelmässigen Gruppen, barfuss und die Stiefel über die Schultern gehängt, mit den bunten, auch an trüben Tagen leuchtenden Kopftüchern in das Haus Nissen Piczeniks. Die harten nackten Sohlen trommelten gedämpft und fröhlich auf den hohlen Brettern des hölzernen Bürgersteigs und in dem weiten kühlen Flur des alten Hauses, in dem der Händler wohnte. Aus dem gewölbten Flur gelangte man in einen stillen Hof, wo zwischen den unregelmässigen Pflastersteinen sanftes Moos wucherte und in der warmen Jahreszeit einzelne Gräslein sprossen. Hier kamen den Bäuerinnen schon die Hühner Piczeniks freundlich entgegen, voran die Hähne mit den stolzen Kämmen, die so rot waren, wie die rotesten Korallen.

Man musste drei Mal an die eiserne Tür klopfen, an der ein eiserner Klöppel hing. Dann öffnete Piczenik eine kleine Luke, die in die Tür eingeschnitten war, sah die Leute, die Einlass heischten, schob den Riegel zurück und liess die Bäuerinnen eintreten. Bettlern, wandernden Sängern, Zigeunern und den Männern mit den tanzenden Bären pflegte er durch die Luke ein Almosen zu reichen. Er musste recht vorsichtig sein, denn auf allen Tischen in seiner geräumigen Küche, wie im Wohnzimmer lagen die edlen Korallen in grossen, kleinen, mittleren Haufen, verschiedene Völker und Rassen von Korallen durcheinander gemischt, oder auch bereits nach ihrer Eigenart und Farbe geordnet. Man hatte nicht zehn Augen im Kopf, um jeden Bettler zu beobachten, und Piczenik wusste, dass die Armut die grösste und unwiderstehlichste Verführerin zur Sünde ist. Zwar stahlen manchmal auch wohlhabende Bäuerinnen. Denn die Frauen erliegen leicht der Lust, sich den Schmuck, den sie bequem kaufen könnten, heimlich und unter Gefahr anzueignen. Aber bei den Kunden drückte der Händler eines seiner wachsamen Augen zu, und ein paar Diebstähle kalkulierte er auch in die Preise ein, die er für seine Ware forderte.

Er beschäftigte nicht weniger als zehn Fädlerinnen, hübsche junge Mädchen, mit guten sicheren Augen und feinen Händen. Die Mädchen sassen in zwei Reihen an einem langen Tisch und angelten mit zarten Nadeln nach den Korallen. Also entstanden die schönen regelmässigen Schnüre, an deren Enden die kleinsten Korallen, in deren Mitte die grössten und leuchtendsten steckten. Bei dieser Arbeit sangen die Mädchen im Chor. Und im Sommer, an heissen, blauen und sonnigen Tagen, war im Hof der lange Tisch aufgestellt, an dem die fädelnden Frauen sassen, und ihren sommerlichen Gesang hörte man im ganzen Städtchen, und er übertönte die schmetternden Lerchen unter dem Himmel und die zirpenden Grillen in den Gärten.

Wie man sieht, hielt Nissen Piczenik keinen offenen Laden. Er betrieb das Geschäft in seiner Wohnung, das heisst: er lebte mit den Korallen Tag und Nacht, Sommer und Winter, und da in seiner Stube, wie in seiner Küche die Fenster in den Hof gingen und obendrein von dichten eisernen Gittern geschützt waren, herrschte in dieser Wohnung eine schöne geheimnisvolle Dämmerung, die an Meeresgrund erinnerte, und es war, als wüchsen dort die Korallen, und nicht allein, als würden sie gehandelt. Ja, dank einer besonderen, geradezu geflissentlichen Laune der Natur war Nissen Piczenik, der Korallenhändler, ein rothaariger Jude, dessen kupferfarbenes Ziegenbärtchen an eine Art rötlichen Tangs erinnerte und dem ganzen Mann eine frappante Ähnlichkeit mit dem Meergott verlieh. Es war, als schüfe oder pflanzte und pflückte er selbst die Korallen, mit denen er handelte. Und so stark war die Beziehung seiner Ware zu seinem Aussehen, dass man ihn nicht nach seinem Namen im Städtchen Progrody nannte, mit der Zeit diesen sogar vergass und ihn lediglich nach seinem Beruf bezeichnete. Man sagte zum Beispiel: hier kommt der Korallenhändler; als gäbe es in der ganzen Welt ausser ihm keinen anderen.

Nissen Piczenik selbst hatte in der Tat eine familiäre Zärtlichkeit für Korallen. Von den Naturwissenschaften weit entfernt, ohne lesen und schreiben zu können – denn er hatte niemals eine Schule besucht und er konnte nur unbeholfen seinen Namen zeichnen – lebte er in der Überzeugung, dass die Korallen nicht etwa Pflanzen seien, sondern lebendige Tiere, eine Art winziger, roter Seetiere – und kein Professor der Meereskunde hätte ihn eines Besseren belehren können. Ja, für Nissen Piczenik lebten die Korallen noch, nachdem sie gesägt, zerschnitten, geschliffen, sortiert und gefädelt worden waren. Und er hatte Recht. Denn er sah mit eigenen Augen, wie seine rötlichen Korallenschnüre an den Busen kranker oder kränklicher Frauen allmählich zu verblassen begannen, an den Busen gesunder Frauen aber ihren Glanz behielten. Im Verlauf seiner langen Korallenhändler-Praxis hatte er oft bemerkt, wie Korallen, die blass – trotz ihrer Röte – und immer blasser in seinen Schränken gelegen waren, plötzlich zu leuchten begannen, wenn sie um den Hals einer schönen jungen und gesunden Bäuerin gehängt wurden, als nährten sie sich von dem Blut der Frauen. Manchmal brachte man dem Händler Korallenschnüre zum Rückkauf, er erkannte sie, die Kleinodien, die er einst selbst gefädelt und behütet hatte – und er erkannte sofort, ob sie von gesunden oder kränklichen Frauen getragen worden waren.

Er hatte eine eigene, ganz besondere Theorie von den Korallen. Seiner Meinung nach waren sie, wie gesagt, Tiere des Meeres, die gewissermassen nur aus kluger Bescheidenheit Bäume und Pflanzen spielten, um nicht von den Haifischen angegriffen oder gefressen zu werden. Es war die Sehnsucht der Korallen, von den Tauchern gepflückt und an die Oberfläche der Erde gebracht, geschnitten, geschliffen und aufgefädelt zu werden, um endlich ihrem eigentlichen Daseinszweck zu dienen: nämlich, der

Schmuck schöner Bäuerinnen zu werden. Hier erst, an den weissen festen Hälsen der Weiber, in innigster Nachbarschaft mit der lebendigen Schlagader, der Schwester der weiblichen Herzen, lebten sie auf, gewannen sie Glanz und Schönheit und übten die ihnen angeborene Zauberkraft aus, Männer anzuziehen und deren Liebeslust zu wecken. Zwar hatte der alte Gott Jehovah Alles selbst geschaffen, die Erde und ihr Getier, die Meere und alle ihre Geschöpfe. Dem Leviathan aber, der sich auf dem Urgrund aller Wasser ringelte, hatte Gott selbst für eine Zeit lang, bis zur Ankunft des Messias nämlich, die Verwaltung über die Tiere und Gewächse des Ozeans, insbesondere über die Korallen, anvertraut.

Nach all dem, was hier erzählt ist, könnte man glauben, dass der Händler Nissen Piczenik als eine Art Sonderling bekannt war. Dies war keineswegs der Fall. Piczenik lebte in dem Städtchen Progrody als ein unauffälliger, bescheidener Mensch, dessen Erzählungen von den Korallen und dem Leviathan ganz ernst genommen wurden, als Mitteilungen eines Mannes vom Fach nämlich, der sein Gewerbe ja kennen musste, wie der Tuchhändler Manchesterstoffe von deutschem Perkal unterschied und der Teehändler den russischen Tee der berühmten Firma Popoff von dem englischen Tee, den der ebenso berühmte Lipton aus London lieferte. Alle Einwohner von Progrody und Umgebung waren überzeugt, dass die Korallen lebendige Tiere sind und dass sie von dem Urfisch Leviathan in ihrem Wachstum und Benehmen unter dem Meere bewacht werden. Es konnte nicht daran gezweifelt werden, da es ja Nissen Piczenik selbst erzählt hatte.

Die schönen Fädlerinnen arbeiteten oft bis spät in die Nacht und manchmal sogar nach Mitternacht im Hause Nissen Piczeniks. Nachdem sie sein Haus verlassen hatten, begann der Händler selbst, sich mit seinen Steinen, will sagen: Tieren zu beschäftigen. Zuerst prüfte er die Ketten, die seine Mädchen geschaffen hatten, hierauf zählte er die Häufchen der noch nicht und der schon nach ihrer Rasse und Grösse geordneten Korallen, dann begann er selbst zu sortieren und mit seinen rötlich behaarten, starken und feinfühligen Fingern jede einzelne Koralle zu befühlen, zu glätten, zu streicheln. Es gab wurmstichige Korallen. Sie hatten Löcher an den Stellen, an denen Löcher keineswegs zu brauchen waren. Da hatte der sorglose Leviathan einmal nicht aufgepasst. Und, wie um ihn zurechtzuweisen, zündete Nissen Piczenik eine Kerze an, hielt ein Stück roten Wachses über die Flamme, bis es heiss und flüssig ward, und verstopfte mittels einer feinen Nadel, deren Spitze er in das Wachs getaucht hatte, die Wurmbohrungen im Stein. Dabei schüttelte er den Kopf, als begriffe er nicht, dass ein so mächtiger Gott, wie Jehovah, einem so leichtsinnigen Fisch, wie dem Leviathan, die Obhut über die Korallen hatte überlassen können.

Manchmal, aus purer Freude an den Steinen, fädelte er selbst Korallen, bis der Morgen graute und die Zeit gekommen war, das Morgengebet zu sagen. Die Arbeit ermüdete ihn keineswegs, er fühlte keinerlei Schwäche. Seine Frau schlief noch, unter der Decke. Er warf einen kurzen, gleichgültigen Blick auf sie. Er hasste sie nicht, er liebte sie nicht, sie war eine der vielen Fädlerinnen, die bei ihm arbeiteten, weniger hübsch und reizvoll als die meisten. Zehn Jahre war er schon mit ihr verheiratet, sie hatte ihm keine Kinder geschenkt – und das allein wäre ihre Aufgabe gewesen. Eine fruchtbare Frau hätte er gebraucht, fruchtbar, wie die See, auf deren Grunde so viele Korallen wuchsen. Seine Frau aber war wie ein trockener Teich. Mochte sie schlafen, allein, so viele Nächte sie wollte! Das Gesetz hätte ihm erlaubt, sich von ihr scheiden zu lassen. Aber inzwischen waren ihm Kinder und Frauen gleichgültig geworden. Er liebte die Korallen. Und ein unbestimmtes Heimweh war in seinem Herzen, er hätte sich nicht getraut, es bei Namen zu nennen: Nissen Piczenik, geboren und aufgewachsen mitten im tiefsten Kontinent, sehnte sich nach dem Meere.

Ja, er sehnte sich nach dem Meer, auf dessen Grund die Korallen wuchsen, vielmehr sich tummelten – nach seiner Überzeugung. Weit und breit gab es keinen Menschen, mit dem er von seiner Sehnsucht hätte sprechen können, in sich verschlossen musste er es tragen, wie die See die Korallen trug. Er hatte von Schiffen gehört, von Tauchern, von Kapitänen, von Matrosen. Seine Korallen kamen in wohlverpackten Kisten, an denen noch der Seegeruch haftete, aus Odessa, Hamburg oder Triest. Der öffentliche Schreiber in der Post erledigte ihm seine Geschäftskorrespondenz. Die bunten Marken auf den Briefen der fernen Lieferanten betrachtete er ausführlich, bevor er die Umschläge wegwarf. Nie in seinem Leben hatte er Progrody verlassen. In diesem kleinen Städtchen gab es keinen Fluss, nicht einmal einen Teich, nur Sümpfe ringsherum, und man hörte wohl unter der grünen Oberfläche das Wasser glucksen, aber man sah es niemals. Nissen Piczenik bildete sich ein, dass es einen geheimen Zusammenhang zwischen dem verborgenen Gewässer der Sümpfe und den gewaltigen Wassern der grossen Meere gab – und dass auch tief unten, in den Sümpfen, Korallen vorhanden sein könnten. Er wusste, dass er, wenn er diese Ansicht jemals geäussert hätte, zum Gespött des Städtchens geworden wäre. Er schwieg daher und erwähnte seine Ansichten nicht. Er träumte manchmal davon, dass das grosse Meer – er wusste nicht welches, er hatte niemals eine Landkarte gesehen, und alle Meere der Welt waren für ihn einfach: *das* grosse Meer – eines Tages Russland überschwemmen würde – und zwar just jene Hälfte, auf der er lebte. Dann wäre also die See, zu der er niemals zu gelangen hoffte, zu ihm gekommen, die gewaltige unbekannte See mit dem unmessbaren Leviathan auf ihrem Grunde und mit all ihren süssen und herben und salzigen Geheimnissen.

Der Weg von dem Städtchen Progrody zum kleinen Bahnhof, in dem nur drei Mal in der Woche die Züge ankamen, führte zwischen den Sümpfen vorbei. Und immer, auch wenn Nissen Piczenik keine Korallensendungen zu erwarten hatte, und selbst an den Tagen, an denen keine Züge kamen, ging er zum Bahnhof, das heisst: zu den Sümpfen. Am Rande des Sumpfes stand er eine Stunde und länger und hörte das Quaken der Frösche andächtig, und glaubte manchmal in der Tat, allerhand Berichte empfangen zu haben. Im Winter, wenn die Sümpfe gefroren waren, wagte er sogar, seinen Fuss auf sie zu setzen, und das bereitete ihm ein sonderbares Vergnügen. Am faulen Geruch des Sumpfes erkannte er ahnungsvoll den gewaltig-herben Duft des grossen Meeres, und das leise kümmerliche Glucksen der unterirdischen Gewässer verwandelte sich in seinen hellhörigen Ohren in ein Rauschen der riesigen grünblauen Wogen. Im Städtchen Progrody aber wusste kein Mensch, was sich in der Seele des Korallenhändlers abspielte. Alle Juden hielten ihn für ihresgleichen. Der handelte mit Stoffen und Jener mit Petroleum; Einer verkaufte Gebetmäntel, der andere Wachskerzen und Seife, der Dritte Kopftücher für Bäuerinnen und Taschenmesser; Einer lehrte die Kinder beten, der Andere rechnen, der Dritte handelte mit Kwas und Kukuruz und gesottenen Saubohnen. Und ihnen Allen schien es, Nissen Piczenik sei ihresgleichen – nur handelte er eben mit Korallen ...

Indessen war er – wie man sieht – ein ganz Besonderer.

Nach dem Erstdruck in: Das Neue Tage-Buch, hg. v. Leopold Schwarzschild, Paris und Amsterdam, Jg. 2, Nr. 51 (1934), S. 1217–1220, dort mit der redaktionellen Vorbemerkung versehen: »Aus einem unveröffentlichten Manuskript.«

R. Joseph
R. pa
R. St Agricol
Bouquerie
Vialla
la Republique
Pl. St Didier
R. des Marchands
Rouge
Place

Collège
St Joseph
bou Martinet
St Michel
Michel
Teinturiers
Boulevard
Porte
vers
Lyon

DIE WEISSEN STÄDTE (1925)

Als ich dreissig Jahre alt war, durfte ich endlich die weissen Städte sehn, die ich als Knabe geträumt hatte. Meine Kindheit verlief grau in grauen Städten. Meine Jugend war ein grauer und roter Militärdienst, eine Kaserne, ein Schützengraben, ein Lazarett. Ich machte Reisen in fremde Länder – aber es waren feindliche Länder. Nie hätte ich früher gedacht, dass ich so rapid, so unbarmherzig, so gewaltsam einen Teil der Welt durchreisen würde, mit dem Ziel, zu schiessen, nicht mit dem Wunsch, zu sehn. Ehe ich zu leben angefangen hatte, stand mir die ganze Welt offen. Aber als ich zu leben anfing, war die offene Welt verwüstet. Ich selbst vernichtete sie mit meinen Altersgenossen. Die Kinder der andern, der früheren und der späteren Generationen, dürfen einen ständigen Zusammenhang zwischen Kindheit, Mannestum und Greisenalter finden. Auch sie erleben Überraschungen. Aber keine, die nicht in irgendeine Beziehung zu ihren Erwartungen zu bringen wäre. Keine, die man ihnen nicht hätte prophezeien können. Nur wir, nur unsere Generation, erlebte das Erdbeben, nachdem sie mit der vollständigen Sicherheit der Erde seit der Geburt gerechnet hatte. Uns Allen war es, wie einem, der sich in den Zug setzt, den Fahrplan in der Hand, um in die Welt zu reisen. Aber ein Sturm blies unser Gefährt in die Weite und wir waren in einem Augenblick dort, wohin wir in gemächlichen und bunten, erschütternden und zauberhaften zehn Jahren hatten kommen wollen.

Ehe wir noch erleben konnten, erfuhren wir's. Wir waren für's Leben gerüstet und schon begrüsste uns der Tod. Noch standen wir verwundert vor einem Leichenzug und schon lagen wir in einem Massengrab. Wir wussten mehr, als die Greise, wir waren die unglücklichen Enkel, die ihre Grossväter auf den Schoss nahmen um ihnen Geschichten zu erzählen.

Seitdem glaube ich nicht, dass wir, Fahrpläne in der Hand, in einen Zug steigen können. Ich glaube nicht, dass wir mit der Sicherheit eines für alle Fälle ausgerüsteten Touristen wandern dürfen. Die Fahrpläne stimmen nicht, die Führer berichten falsche Tatsachen. Die Reisebücher sind von einem stupiden Geist diktiert, der nicht an die Veränderlichkeit der Welt glaubt. Innerhalb einer Sekunde aber ist jedes Ding durch tausend Gesichter verwandelt, entstellt, unkenntlich geworden. Man berichtet über Gegenwart mit historischer Sicherheit. Man spricht über ein fremdes Volk, das lebt, wie über eines, das in der Steinzeit gestorben ist. Ich habe Reisebücher über einige Länder gelesen, in denen ich gelebt habe (und die ich so gut kenne, wie meine Heimat und die alle vielleicht meine Heimat sind). Wie viele falsche Berichte sogenannter »guter Beobachter«. Der »gute Beobachter« ist der traurigste Berichterstatter. Alles Wandelbare begreift er mit offenem, aber starrem Auge. Er lauscht nicht in sich selbst. Das aber müsste er. Er könnte dann wenigstens von seinen Stimmen berichten. Er verzeichnet die Stimme einer Sekunde in seiner Umgebung. Aber er weiss nicht, dass andere Stimmen ertönen, sobald er seine Horcherstellung verlassen hat. Und ehe er's niederschreibt, ist die Welt, die er kennt, nicht mehr dieselbe.

Und ehe wir ein Wort niederschreiben, hat es nicht mehr dieselbe Bedeutung. Die Begriffe, die wir kennen, decken nicht mehr die Dinge. Die Dinge sind aus den engen Kleidern herausgewachsen, die wir ihnen angepasst haben. Seitdem ich in feindlichen Ländern gewesen bin, fühle ich mich in keinem einzigen mehr »fremd.« Ich fahre niemals mehr in die »Fremde«. Welcher Begriff aus einer Zeit der Postkutsche. Ich fahre höchstens in's »Neue«. Und sehe, dass ich es bereits geahnt habe. Und kann nicht darüber »berichten«. Ich kann nur erzählen, was in mir vorging und wie ich es erlebte.

*

Ich war neugierig, zu erfahren, wie es hinter dem Zaun aussieht, der uns umgibt. Denn uns umgibt ein Zaun, uns Menschen, die wir zur deutschen Welt sprechen. In Deutschland ist der »Begriff« heilig und unwandelbar. Wir glauben an die Nomenklatur. In Deutschland erscheinen die »zuverlässigsten« Führer, die »gründlichsten« Beobachtungen und Forschungen. Alles Niedergeschriebene wird Gesetz. Man glaubt einem Buch aus dem Jahre 1880. Man dürfte nicht einmal einem aus dem Jahre 1925 glauben. Man glaubt, wie vor dem Krieg, heute an die Bedeutung der alten Begriffe.

Jenseits, hinter dem Zaun, war die Nomenklatur niemals so heilig. Die Namen flossen immer weit um die Dinge, die Kleider waren lose. Man war nicht bestrebt, Alles unverrückbar zu fixieren. Man wandelt sich jeden Augenblick, drüben, hinter dem Zaun. Wir nennen das immer »Treulosigkeit« und Anpassung ist ein halber »Verrat«.

Hinter dem Zaun gewann ich mich selbst wieder. Ich gewann die Freiheit, die Hände in den Hosentaschen, eine Garderobenmarke an den Hut geheftet, einen zerbrochenen Regenschirm in der Hand zwischen Damen, Herren, Strassensängern und Bettlern zu wandeln. Ich sehe in den Strassen und in der Gesellschaft genau so aus, wie zu Hause. Ja, ich bin draussen zu Hause. Ich kenne die süsse Freiheit, nichts mehr darzustellen, als mich selbst. Ich repräsentiere nicht, ich übertreibe nicht, ich verleugne nicht. Ich falle trotzdem nicht auf. Es ist in Deutschland fast unmöglich, nicht aufzufallen, wenn ich nichts spiele, wenn ich nichts verleugne und nichts übertreibe. Zwischen diesen zwei Arten, zu erscheinen, habe ich die traurige Wahl. Denn ich muss auch, wenn ich keinen Typus, keine Gattung, kein Geschlecht, keine Nation, keinen Stamm, keine Rasse repräsentiere, dennoch etwas zu repräsentieren suchen. Wir sind gezwungen, Farbe zu »bekennen«: und nicht etwa eine beliebige, sondern eine aus der offiziellen Farbenskala. Sonst sind wir »ohne Gesinnung«. Es ist das Kennzeichen der engen Welt, dass sie das Undefinierbare verdächtigt. Es ist das Kennzeichen der weiten, dass sie mich gewähren lässt. Auch sie hat für mich noch keine Bezeichnung gefunden. Aber nennt sie mich so oder anders, so ist immer noch ein freier Raum zwischen der Bezeichnung und dem Begriff, den sie deckt, denn die Welt nimmt nicht alles wörtlich. Wir aber nehmen sie beim Wort, und nicht »bei der Sache«, weil wir die Namen mit den Dingen verwechseln.

*

Deshalb verstehn wir sie nicht, deshalb versteht sie uns nicht. Hinter dem Zaun sind Ferien. Süsse, lange Sommerferien. Was ich sage, nimmt man nicht wörtlich. Was ich verschweige, ist gehört worden. Mein Wort ist noch lange kein Bekenntnis. Meine Lüge noch lange keine Charakterlosigkeit. Mein Schweigen ist nicht rätselhaft. Jeder versteht es. Es ist, als zweifelte man an meiner Pünktlichkeit nicht, obwohl meine Uhr falsch geht. Man schliesst nicht aus der Eigenschaft eines meiner Attribute auf meine Eigenschaften. Niemand reguliert meinen Tag. Wenn ich ihn verliere, so ist es mein Tag gewesen. (Ein »Tagedieb«! Wie deutsch ist dieses Wort! Wem gehören die Tage, die Einer sich selbst gestohlen hat?)

*

Ich habe die weissen Städte so wiedergefunden, wie ich sie in den Träumen gesehn hatte. Wenn man nur die Träume seiner Kindheit findet, ist man wieder ein Kind.

Das zu hoffen hatte ich nicht gewagt. Denn unwiderbringlich weit lag die Kindheit hinter mir, durch einen Weltbrand getrennt, durch eine brennende Welt. Sie war nicht mehr als ein Traum. Sie war ausgelöscht aus dem Leben; verstorbene und begrabene, nicht entschwundene Jahre. Was dann kam, war wie ein Sommer ohne Frühling.

Ich fuhr mit der Skepsis in dieses Land, welche die Folge eines Lebens ohne Kindheit ist. Alle Menschen meiner Generation sind in diesem Sinne »skeptisch«. Und während uns die Älteren Tag für Tag mit ihrer Mahnung zu »Aufbau« und »Positivsein« in den Ohren liegen, lächeln wir das wissende Lächeln derjenigen, die Ursache, Werkzeug und Opfer einer grossartigen Zerstörung gewesen sind. Oh, wenn sie uns nicht so stumm gemacht hätte, wir könnten ihnen sagen, was »Aufbau« ist! Wir glauben so wenig an ihn, dass wir nicht einmal imstande sind, seine Unmöglichkeit darzulegen. Der Vater, der seinen Sohn verloren hat, weiss von der Zerstörung weniger, als sein toter Sohn. Wer im Hinterland gewesen ist, hat den Weltuntergang doch nur aus historischer Perspektive erlebt, den grossen Weltkrieg unserer Jahre wie die Kriege Karthagos und Roms. Er lernte den Krieg seiner Zeit aus den Berichten, wie er die der Vergangenheit aus den Lehrbüchern gelernt hatte. Es ist immer noch ein Unterschied, ob man etwas am eigenen Leib oder an dem seiner Söhne erlebt hat.

Wir sind die Söhne. Wir haben die Relativität der Nomenklatur und selbst die der Dinge erlebt. In einer einzigen halben Stunde, die einem Sturmangriff voranging, durcheilte unser Geist alle krummen und lächerlichen Wege, welche die Kultur unserer Väter zurückgelegt hatte. In einer einzigen Minute, die uns vom Tode trennte, brachen wir mit der ganzen Tradition, mit der Sprache, der Wissenschaft, der Literatur, der Kunst: mit dem ganzen Kulturbewusstsein. In einer einzigen Minute wussten wir mehr von der *Wahrheit*, als alle Wahrheitssucher der Welt. Wir sind die auferstandenen Toten. Wir kommen, mit der ganzen Weisheit des Jenseits beladen, wieder herab zu den ahnungslosen Irdischen. Wir haben die Skepsis der metaphysischen Weisheit.

Alles, was sich bei uns, im Norden und im Osten, seit unserer Wiederauferstehung zugetragen hat, konnte unsere Skepsis nur bestärken. Immer wieder entfernten wir uns von unserer Kindheit. Es war, als wären wir zurückgekehrt, um noch einmal alle Vernichtungen mitzumachen. Und uns, die wir geradezu unmittelbar vom Studium des Dreissigjährigen Krieges weg in den Weltkrieg gezogen wurden, ist es heute, als hätte in Deutschland der Dreissigjährige Krieg noch nicht aufgehört. Wir können nicht glauben, dass irgendwo noch weisse Städte leuchten, die Träume unserer Kindheit.

Wir können nicht glauben, dass irgendwo noch die Kontinuität des Friedens vorhanden ist und die grosse und mächtige Kulturtradition des antiken und mittelalterlichen Europas lebendig. Seit unserer Wiederauferstehung erleben wir das Werden einer ganz neuen Kultur, erleben wir die Revolution des nahen Ostens und das leise Erdbeben des fernen und gleichzeitig Amerikas technischen Zauber. Gefangen in einem Land, in dem ein kindischer Hang zur verstorbenen letzten Vergangenheit in denselben Menschen vorhanden ist, die eine Umwandlung des Menschen aus Fleisch und Blut in ein Wesen aus Stahl und Eisen wünschen, gefangen in einem sonderbaren Land, in dem die Hälfte der Nation gleichzeitig zwei so verschiedene und gegensätzliche Erscheinungen bewundern kann, wie eine Militärparade und einen Luftballon, gefangen in einem Land, in dem die Empfindsamkeit ebenso gross ist – wie das technische Bewusstsein – – erleben wir stündlich die kleinen Kämpfe und grossen Kriege zwischen Vergangenheit und Zukunft, den klassischen, katholischen, europäischen Einflüssen des Westens ebenso ausgeliefert, wie den revolutionären des Ostens und den kapitalistischen Amerikas. Das wird mehr als ein dreissigjähriger Krieg sein.

Denn es ist Krieg, wir wissen es, wir, die beeideten Sachverständigen für Schlachtfelder, wir haben sofort erkannt, dass wir aus einem kleinen Schlachtfeld in ein grosses heimgekehrt sind. Wenn wir dieses Land verlassen, ist es, als führen wir in Urlaub. Wie friedlich und ahnungslos ist unten noch alles! Wie wenig weiss diese Welt von den Lawinen, die langsam heranrollen! Werden sie nicht bis hieher gelangen? Wird ihre Macht hier schon gebrochen sein? Wird die neue Kultur, der die Zerstörung vorangeht, aus Respekt, wie schon einmal, vor den lebendigen Denkmälern der alten stehn bleiben, um einen Kompromiss zu schliessen?

Glückliches Land meiner Kindheit, das so vor den Stürmen geborgen liegt und Zeit hat zur Besinnung und zu Friedenskonferenzen, während wir oben preisgegeben sind dem ersten, verständnislosen und noch nicht verhandlungsbereiten Wüten der Elemente. Glückliches Land, in dem man wieder träumen kann und glauben lernt an die Mächte der Vergangenheit, von denen wir dachten, sie wären, wie so vieles, ein Irrtum und eine Lüge des Lesebuches!

Die Sonne ist jung und stark, der Himmel hoch und tief blau, die Bäume dunkelgrün, versonnen, uralt. Und weisse, breite Strassen, die seit Jahrhunderten Sonne getrunken haben und wiederstrahlen, führen zu den weissen Städten mit den flachen Dächern, die so eben sind, als wollten sie zeigen, dass hier nicht einmal die Höhe gefährlich werden kann und dass man niemals, niemals hinunterfällt in schwarze Tiefen.

LYON

An einem Sonntag nachmittag kam ich nach Lyon.

Diese Stadt liegt an der Grenze zwischen dem Norden und Süden Europas. Es ist eine Stadt der Mitte. Dem nördlichen Ernst und dem nördlichen Zielbewusstsein ebenso hingegeben, wie der Ungezwungenheit des Südens, lächelt sie und arbeitet. Ihr Wochentag ist hart und ihr Sonntag voll bewegter Festlichkeit. Alle Menschen sind eifrig beflissen, gar nichts zu tun. Sie feiern mit unermüdlichem Fleiss.

Man fabriziert in dieser Stadt Seide. Das Geschäftsviertel erinnert überall an dieses Produkt. Alle Schilder sprechen von Seide. In allen Schaufenstern sieht man Seide. Alle Frauen tragen Seide, auch die arbeitenden und unbemittelten.

Sind arme Menschen, die zehn Stunden und länger täglich an der Seide weben, glücklicher, als ihre Kameraden, die nur gewöhnliche Leine erzeugen? Sie verdienen ebensowenig. Seide kann man nicht essen. Die Sozialwissenschaft rechnet nicht mit der Kostbarkeit der Produkte als einem Faktor für das Wohl oder Weh der Arbeiter.

Ich glaube dennoch, dass es irgendeinen Unterschied bedeutet, ob man Seidenkleider produziert oder Leinensäcke. Ein Schimmer von dem festlichen Produkt fällt auf die Menschen, die es beschäftigt. Und wie die Grubenarbeiter die traurigsten der Welt sind, so scheinen mir die Seidenweber die fröhlichsten, nach den Zuckerbäckern. Wenn jemand zwanzig Jahre leuchtende, schimmernde, bunte Regenbogenfäden knüpft, ist seine Seele heiter, seine Hand zärtlich und sein Hirn denkt tröstliche Gedanken.

Zwar wohnt auch er jenseits der Rhone, in einer Mietskaserne, in einer trostlos langen und breiten Strasse, in einer jener Strassen, die gestern noch neu, billig und hygienisch waren und heute nur noch billig sind. Es ist merkwürdig, wie schnell die modernen proletarischen Strassen aller Städte alt werden. Man erfindet immer besseres Material, man pflanzt gesunde grüne Bäume an die Ränder der Bürgersteige, man kanalisiert, legt Wasserleitungen an, Abflussrohre, Porzellanbecken und Gitter, die nicht rosten. Nach zwei Jahren ist das Porzellan gesprungen und mit einer schmutzigen gelben Masse verklebt, die Bäume sind grau und können unter ihrer dicken Staubschicht nicht atmen, die Kanäle sind verstopft, die Wasserleitungsrohre platzen, von den Zimmerdecken tropft es und die Eisengitter rosten aus dem einfachen Grund nicht, weil sie längst nicht mehr vorhanden sind. Die Mauern werden schwarz, der Mörtel fällt ab und die Häuser stehn da, wie in einer hässlichen Krankheit, bei der sich die Haut schält. Es ist kein ehrwürdiges Altern, sondern ein hastiges Verbrauchtwerden.

Auch die Seidenfabriken sind ebenso nackt, wuchtig, trostlos, wie alle andern Fabriken der Welt. Aber die Arbeiter sind heiter. Sie sehn am Abend aus den Fenstern, wie Menschen, die noch ein paar freie Tage vor sich haben und Zeit, sich mit fremden Vorgängen zu befassen. Die jungen Arbeitermädchen sind schlanke, braune Prinzessinnen, die aus Laune, nicht aus Not, in den schwarzen Kasernen wohnen. Jeden Augenblick tritt eine kleine Königin aus einem dunklen Tor. Die Männer trinken gern und sind selten betrunken. Man hört keinen Streit aus den Wirtshäusern. Die Frauen sitzen in Gruppen an den Ufern der Rhone. Man angelt und liest beim verlöschenden Tageslicht die Zeitung. Man sieht auf den grossen schönen Fluss, der eine der wichtigsten Strassen der Römer war. So sind hier schon vor beinahe zweitausend Jahren die römischen Männer und Frauen gesessen, die Krieger und die Frauen der Krieger und die jungen Bräute.

Ich gehe gern am Abend in dieses Viertel. Da sind die kleinen Läden mit den verstaubten Schaufenstern und den rührenden einfachen Gegenständen, die nur arme Menschen kaufen: Tabaksbeutel und dicke Uhrketten, und grosse Elefantenzähne und kleine Hunde und Katzen aus grünem Porzellan und Kaffeetassen mit nur einem Sprung und hölzerne Serviettenringe und Glasperlen in allen Farben und ein Behälter aus Nickel für Zahnstocher. Da sind die kleinen Delikatessengeschäfte mit den verstaubten und ein wenig zerdrückten Früchten, mit den Zwiebeln, den Kartoffeln, dem Zeitungspapier für Tüten und den Katzen, die auf den Lebensmitteln hocken und den kleinen Kindern, die vor dem Laden spielen. Alles ist langsam und ohne Aufregung. Die Stunden gehn stiller und gemächlicher. Die Überraschungen selbst künden sich an. Die Freuden sind inniger und leiser. Der Tod wird hingenommen, wie ein Geschenk. Das Leben hat keinen übermässig hohen Wert. Das Leben ist soviel wert, wie der karge Wochenlohn, ein billiger Wein, ein Kino am Sonntag.

In diesem Teil von Lyon fühle ich auch am innigsten seine alte Geschichte, obwohl es hier keine Denkmäler gibt und alle Häuser neu sind. Denn die armen Menschen scheinen den wärmsten Zusammenhang mit der Entwicklung und der Vergangenheit zu haben, am spätesten bekommen sie Verbindung mit den hastigen Neuigkeiten der Gegenwart, am frömmsten ist ihr Verhältnis zur Überlieferung -- sie sind »Volk« und in den Zügen ihrer Gesichter erkenne ich die römischen Physiognomien, die vor 1800 Jahren in dieser Stadt zum ersten Mal erschienen sind, um nie wieder aus ihr zu verschwinden. Die armen Leute können nicht reisen, sie bleiben sesshaft, sie haben einen geographisch engen Horizont, sie heiraten Frauen aus den nächsten Gassen und sie schreiben ihre Genealogien zwar nicht, aber es ist ohne Dokumente ersichtlich für jeden, der in Gesichtern lesen kann, dass sie aus der »Antike« abstammen und dass historisches Blut in ihren Adern rollt. Einfache Männer, sie sitzen plaudernd an den Ufern und die Schatten des Abends und ein rötlicher Strahl der untergehenden Sonne meisseln ihr Profil scharf heraus und heben es aus der Gewöhnlichkeit des Alltags in eine fast symbolische Bedeutung: ich sehe in dem und jenem einen römischen Hauptmann, setze dem armen Mann einen funkelnden Helm mit geschwungenem Vorsprung aus blankem Messing auf, ich lege um seine Brust ein rotes Hemd und darüber einen Panzer aus stälernen Schuppen und ich drücke in seine ahnungslose, biedere, friedliche Faust ein kurzes, zweischneidiges Schwert, in der Mitte gebuchtet, mit zwei gerundeten Schären, glatt, spitz und leckend, wie eine Zunge: siehe da - es ist ein Römer.

Und ich liebe die Wäscherinnen an der Rhone. Auch sie sind arm und über die erste und zweite Jugend schon hinaus, aber fröhlich, wie junge Mädchen. Seit sechs Uhr früh stehn sie da bis spät am Abend und den letzten schwachen Sonnenschein wollen sie noch ausnützen und es ist, als wären sie sparsam mit der kostbaren Sonne und imstande, einen einzigen Tag in drei auszudehnen. An ihnen vorbei rinnt das Wasser, fortwährend neues, silbernes Wasser, Millionen Wellen sehn sie am Tag, und in jede tauchen sie ein Wäschestück, mit der Gebärde von Priesterinnen waschen sie den Schmutz und das Profane wird heilig. Se sind bunt und lustig, wie das Wasser, sie singen unermüdlich und rufen einander Grüsse zu, diesseits und jenseits des Flusses erklingen die Stimmen, mit dem Geräusch des plätschernden Wassers vermischt, durch das Echo der steilen Böschung verstärkt und geklärt, silberne Brücken, unsichtbar und nur mit dem Ohr zu vernehmen, Brücken für Grüsse. Die Wäsche der ganzen Stadt wird in der Rhone sauber. Es ist, als würde aller Unrat von den Menschen weggespült; als stünden diese Frauen hier, um den ganzen Tag die Seelen der Einwohner von Lyon sauber zu erhalten. Und ich denke, dass eine Stadt, die an zwei Flüssen liegt, von einer anständigen Bevölkerung bewohnt wird. Das Wasser ist ein heiliges Element.

Morgen vormittag werde ich über die grosse Wilsonbrücke in den mittleren Teil der Stadt gehn, dorthin wo man die Seide verkauft. Dieser Teil ist um elf Uhr vormittag am schönsten. Da öffnen sich die grossen alten patrizischen Bürohäuser und die jungen Mädchen eilen hinein in die Mittagspause, wie in ein grosses Glück. Eine halbe Stunde lang eilen alle Einwohner der Stadt in's Glück und es ist ein grosses Gewimmel in den Strassen und ein Tuten der Gefährte, in denen die Kaufherren und die Fabrikanten der Seide sitzen und die ganze Stadt ist wie ein grosser Jahrmarkt, die Gasthäuser füllen sich und die Musikanten stellen sich in den Ecken und in den alten Gässchen auf und spielen Geige, Ziehharmonika und Zimbeln und die kleinen Mädchen kaufen die Noten und gehn mit schwarz auf weiss fixierter, ewiger, unverlierbarer Musik in's Mittagessen. Man hört durch das Tuten der Automobile das Klappern der Geschirre und das Rasseln der Rollbalken vor den Läden und eine Stunde lang bereitet man diesen grossen erhabenen Feiertag vor, der in den weissen Städten »Essen« heisst.

Und dann ist der Feiertag da: die Mittagspause. Man kann in den Strassen das Ticken der Uhren aus dem Innern der Häuser hören, die leisen Stimmen der plaudernden Menschen und die Stille ist weiss, gross, voll von Sonne, Licht ohne Schatten, eine Pause voll Erhabenheit. Ich sehe die ruhende Schreibmaschine in den Kontoren unter ihren schwarzen Decken aus Wachstuch und die zugeklappten Tintenfässer und ahne die schmalen grünen Geschäftsbücher in den Schubladen, die Sammler des Reichtums und die Seidenfäden, Millionen Seidenfäden in den grossen Maschinen, harrend der Vollendung zum schimmernden Gewebe.

An diesem Abend will ich die gnadenreiche »Fourviere« besuchen. Längst schon habe ich zu ihr emporgeblickt, wie ein demütiger, naiver Frühmensch zum Symbol einer übersinnlichen Macht. Denn so steht die Kathedrale oben, das breite Angesicht der Stadt zugewendet, vier Säulen, drei Tore, darüber ein Giebel, auf dem ein Kreuz, wie eine Blume blüht, von zwei runden Türmen flankiert, wie von Wächtern, und unten die Stufen, flach, zahlreich, breit, nicht Stufen, auf denen man hinansteigt, eine Treppe vielmehr, auf der man sich hinaufkniet. Hier stand einmal das römische Forum, es ist haargenau derselbe Platz, Sinnbild einer andern Macht, es gab den Platz her und selbst einige seiner Steine zum Bau der kleinen Kapelle, es ist noch steinernes Fleisch und Blut vom Forum, ein Symbol hat sich selbst in ein neues gewandelt, derselbe Stein diente mit derselben Treue einer verschwundenen Macht, mit der er einer neuen ergeben ist, und beide können auf seine Festigkeit trauen. Aus allen Teilen Westeuropas pilgern die Frommen, einmal im Jahr, zu diesen Steinen.

Im IX. Jahrhundert erstand die erste Kapelle, wuchs an Ruhm und Ansehn, bekam reiche Geschenke von Ludwig dem XI., Ludwig XII., Ludwig XIII. Aber erst, als die Pest 1642 mit besonderer Grausamkeit die Stadt zu vernichten drohte, bewies der Hügel mit der Kapelle seine Wunderkraft, die Menschen retteten sich zu ihm empor und seit damals wandern die Prozessionen jedes Jahr, am 8. September zur Fourviere und der Erzbischof segnet die Stadt. Erst seit 1896 steht die neue Kathedrale. Sie hat 15 Millionen Frank gekostet -- das Geld der frommen kleinen Leute.

Die Kathedrale ist zu dem Zweck angelegt worden, ein Wahrzeichen zu sein und zu repräsentieren. Und niemals habe ich ein Monument aus unseren Tagen gesehn, dessen Grösse sich so innig verband mit Zartheit, dessen Wucht so bescheiden zurücktrat hinter die sanfte Wirkung des Details. Die Heiligen tragen den Giebel und stützen ihn mit den Häuptern, die Heiligen säumen die Wölbungen der Torbogen und so lebendig ist die Wirkung menschlicher Gestalten, die technische Funktionen ausüben, dass jeder Stein zu atmen beginnt, denn nahe ist seine Beziehung zum Lebendigen und der ganze fertige kolossale Bau ist immer noch im Werden begriffen. Und obwohl diese Statuen ewig diese Steine stützen werden, ist es, als wäre ihre Stellung nur ein Augenblick aus ihrer fortwährenden Tätigkeit. Im nächsten Augenblick werden sie sich bewegen und die

Kirche wird wandern, zu den Menschen hinunter, schon steht sie hart am Rand, sie kommt den Pilgern entgegen am 8. September, dem heiligen Tag.

Der ganze Hügel ist mit steinernen Stufen besät und jede Gasse ist eine Treppe und die alten Häuser aus grossen Festungsquadern mit bunten Dächern aus einem schimmernden Schiefer, der wie Perlmutter aussieht, stehn, eines immer um einen Kopf grösser als das andere, zu beiden Seiten der Treppen, immer geschlossen, immer still, wie in einem Gelübde der Schweigsamkeit für ein ganzes Jahr, bis zur Ankunft der Pilger. Dann werden sich die Türen öffnen, Wasser und Wein in Krügen wird man den frommen Wanderern entgegentragen, auf jeder Stufe wird einer gelabt werden. An jeder kleinen Schwelle wird ein Gast stehn. Heute zwitschern nur die bunten Stieglitze und die gelben Kanarienvögel in idyllischen grünen Käfigen vor den Türen, neben den saubern Postkasten, deren es vier und fünf an jedem Haus gibt, um dem Postboten die steilen Stiegen in den Häusern zu ersparen.

Gleich hinter der Kathedrale fängt Rom an, ein lebendiges Rom. Alle ausgegrabenen Erinnerungen hat man stehn lassen, statt sie in ein Museum zu tragen. Jeder Wanderer fühlt die Wonne des ersten Entdeckers. Wie vor 1800 Jahren steht heute die römische Vase im lebendigen Blumenbeet und der lebendige Gärtner bedient sich einer antiken steinernen Spritzkanne und vor dem Eingang zum Garten steht der römische Hund mit der Aufschrift: Cave Canem!, ein primitiver Hund aus Sandstein, ein bischen Löwe, ein wenig Wolf, ein bischen Bär, umso schrecklicher in dieser Mischung furchtbarer Tierhaftigkeit und harmlos heiter, wie die Erinnerung an meine lateinische Grammatikstunde. Wie gut müssen es die Gymnasiasten von Lyon haben. Nicht einmal die Grammatik ist abstrakt. Jede Regel können sie mit Händen greifen. Alle Ausnahmen stehn an den Rändern der Spazierwege. Alle Steine halten historische Vorträge. Da ist eine Strasse, die geradewegs nach Rom führt, hinein in die Antike, auf diesem Wege sind sie gekommen, hier überschritten sie die Saone, auf diesen Hügel stiegen sie, um das Land zu übersehn, hinter dem Fluss begannen sie die Steine aufzuschichten und sie hissten eine Festung, wie man heute eine Fahne hisst.

Von hier aus sehe ich das ganze Ausmass meiner ersten weissen Stadt. Ja, so habe ich sie geträumt. Also stehn sie alle noch da: die schimmernden Häuser, die weissen Wände, mit Sonne getüncht, die flachen schillernden Dächer aus Regenbogen, die hüpfenden Rauchfänge, die kleinen blauen Wölkchen, wie zartes Baumaterial für den blauen Himmel. Strassen aus weisser Kreide, fliehende breite Bänder, mündend im Grün der Felder, hineilend zu den dunkelgrünen Wäldern und den blauen Felsen am Horizont, hinter denen Rom liegt, die Erbin Griechenlands und unsere erste Lehrmeisterin. Es lebt noch, es lebt noch. Da läuten schon die schweren Glocken von den Türmen des Mittelalters, da reiten die Stimmen von der Kathedrale St. Jean hinein in die blühenden Steine des Altertums, da kommen schon die spitzen und scharfen Türmchen vom St. Nizier, die kleinen Dächer mit spitzen Buckeln und Stacheln bewehrt und oben vom versöhnlichen Kreuz geziert.

Die Abendschatten legen sich über die Welt, die Stimmen der Strassen werden stiller, das Rauschen der Rhone ist stärker. Noch kann ich das Rathaus erkennen, die Bibliothek der Stadt, die Kirche St.

Martin mit den festungsartigen Mauern. Der Mond taucht hinter den Felsen empor und die weisse Stadt ist noch weisser, die Steine strahlen um die Wette mit dem Mond und in holder Eintracht fliessen Rhone und Saone, die eine hurtig, die andere bedachtsam, demselben Ziel entgegen, der langersehnten Vereinigung und umklammern die weisse Stadt, wie einen kostbaren Besitz, um ihn nie wieder zu lassen.

VIENNE

In einem Lyoner Museum sah ich ein Bild vom rekonstruierten römischen Vienne: es lag, zwischen Hügel gebettet, auf einer Seite mählich ansteigend, auf der anderen eben, an beiden Ufern der Rhone und hatte in all seiner Lieblichkeit noch etwas von der römischen Monumentalität, von dem Ewigkeitsgepräge, das Rom allein seinen Bauten, Denkmälern und Niederlassungen zu verleihen verstand. Die Hügel umschlossen die Stadt, ohne sie einzuzwängen. Immer noch war Platz genug, zu wachsen und sich auszubreiten. Immer noch war grün zwischen den Steinen. Die Stadt wuchs in das Land hinein und das Land schmiegte sich an die Stadt. Natur und Kunst waren einander ebenbürtig. Des Menschen Hand schuf aus dem Material der Erde. Nirgends war das Material vergewaltigt. Es unterwarf sich freudig dem Willen des Menschen. In zwölf grossen Hauptgebäuden konzentrierte sich das Leben der Stadt. Und es war dennoch eine grosse Stadt. Sie hatte keine Strassen, nur Plätze, sie hatte fast keine Häuser, nur Paläste. Und dennoch ging von diesem Bild ein grossstädtischer Atem aus, wie ihn niemals die Gesamtansicht einer modernen Weltstadt ausströmen kann. Ich hatte das Gefühl, dass der Mensch einer kolossalen Arena gegenüber immer noch Mensch ist. Aber im Anblick eines Wolkenkratzers zur Ameise herabsinkt. Wie kommt es, dass man auf dem weiten römischen Platz nicht verloren ist, wie auf einem modernen Boulevard? Die römische Grösse ist nicht gigantisch, sondern menschlich. Rom misst nach irdischen Massen. Die Grösse und Monumentalität haben einen »humanen« Charakter.

Mit diesem Bild im Herzen kam ich nach Vienne. Wie verwandelt ist es! Immer, fast seit seiner Entstehung, war es Hauptstadt, Sitz der Fürsten und Könige. Es hat mehreren Nationen gehört, es hat sich im Laufe der Zeiten gewandelt, aber keiner seiner Herren hatte gewagt, es zu einer Stadt zweiten Rangs zu degradieren. Es war ewig jung, stolz, schön und weit. Es durfte furchtlos in die Zukunft sehn, wie eine Göttin, der die Zeit nichts anhaben kann.

Die Stadt Vienne ist mitten in ihrer Schönheit gestorben und sie gleicht darin wirtlich einer abgesetzten Göttin. Sie ist nicht verbraucht und nicht herabgesunken. Sie hörte plötzlich auf, eine grosse, schöne, stolze, angebetete Stadt zu sein. Sie bequemte sich nicht nach anderen Zwecken zu suchen. Sie blieb in ihrer Vergessenheit und in dem Zustand, in dem sie gewesen war, als man sich von ihr abwandte. Nichts von den Neuerungen der Zeit drang in ihre tauben Mauern. Sie schloss sich zu, hörte nichts mehr, sah nichts mehr und liess nichts mehr ein. Nachdem ich drei Tage in Vienne gelebt hatte, erschien es mir merkwürdig, dass ich hieher mit der Eisenbahn gekommen war. Seltsam, seltsam, dass hier ein Bahnhof stand, dass man manchmal den Pfiff einer Lokomotive hörte. Was wollte hier ein Zug? Was kündete hier eine Stimme? Hier lebten ja die Toten! In diesen Gassen hatte ja niemand mehr was mit der Welt zu tun! Hier lebten die Menschen, wie Denkmäler. Den ganzen Tag sassen die Frauen am Fenster und unbeweglich, wie sie, hockten neben ihnen die Katzen. Die Hunde schliefen in der Mitte und kein Fuhrwerk störte ihren Schlaf. Und ich war der Fussgänger. Hinter den bunten Vorhängen aus Glasperlen, die hier statt der Türen an den Häusern angebracht waren, rührte sich nichts. Ich blieb dreizehn

Tage in Vienne. Als ich ankam, sahen mich die Frauen aus den Fenstern an, wie ein Gespenst. Als ich wegfuhr, wunderten sie sich immer noch über mich. Noch schliefen die Hunde in der Strassenmitte, wie am Tag meiner Ankunft. Schliefen sie wirklich? Waren sie nicht tot? Sassen die alten Frauen wirklich an den Fenstern? Sahen Sie mich an? Oder hatten sie die Fähigkeit der Toten, durch lebendige Körper hindurchzusehn, wie durch Luft und Glas? Hatten mich wirklich die Einwohner von Vienne bemerkt? Oder war ich durch diese Stadt hindurchgeweht worden, wie ein Windhauch, den alte Menschen kaum fühlen und Tote überhaupt nicht?

Man schloss mir ein Hotelzimmer auf, liess mich eintreten, verkaufte mir Brot, Wurst und Käse in einem Laden und antwortete mir mit leisem Kopfnicken auf meine Grüsse. Überall erschrak ich vor meiner eigenen Stimme. Meine eigenen Schritte vernahm ich, wie ferne Geräusche. Und wenn ich vor eines der Denkmäler kam, die der Führer ausdrücklich den Besuchern verordnet, war es mir nicht, als ob ich den Zeugen einer entschwundenen Zeit sähe, sondern einen Zeitgenossen. Und obwohl die Denkmäler aus verschiedenen historischen Epochen stammten, hatten sie die Gemeinsamkeit des Jenseits, so wie in einem andern Leben die Altersunterschiede zwischen Vätern, Söhnen, Enkeln aufgehoben sind und alle Gestorbenen gleichaltrig. Die gotische Kirche war eine Schwester des römischen Tempels.

In andern, in lebendigen Städten merkt man am lebendigen Heute, das ein Morgen und Übermorgen gebärt, wie sehr sich das Gestern vom Vorgestern unterscheidet. In Vienne aber war die Gegenwart eine Vergangenheit. Was alt, was älter war, konnte ich an keinem Neuen messen. Und auf einmal verstand ich, wie wenig Namen, Bauart, Stile besagen. Alles Vergangene begriff ich mit einem gleichmässig liebenden Aug'. Waren die verschiedenen Formen noch Zeugnisse für die Gegensätzlichkeit der Völker und Geschlechter? Im Wesentlichen glichen sich alle Baudenkmäler: in ihrer reinen Ziellosigkeit, welche das höchste Ziel ersehnt: empor zu Gott. Empor sogar das flache römische Dach, wie eine aufwärts gestreckte Handfläche, empor der gotische Bogen, wie ein gekrümmter Finger, aus ewigem Stein der Tempel, aus ewigem Stein die Kirche.

Nur Spielarten waren die »Stile«. Wie Kinder immer Spiele ersinnen, so ersannen die Geschlechter immer neue Bauten. Und wie ein Kind von einem Spielzeug zum andern geht, so ging ich von einem Bauwerk zum andern: Stand zuerst vor dem Tempel des Augustus; stand vor den flachen zehn Stufen und schickte meinen Blick auf ihnen empor; kam zu den Säulen, die keine Wände sind, aber wie Pfeiler für Wände aus Luft und Sonne; sah, wie das Tageslicht die Schatten der Säulen auf die Fliesen bedachtsam legte, vorsichtig, als wäre auch der Schatten einer Säule zerbrechlich; sah das Dreieck an der Front unter dem Giebel, das wie eine Stirn und wie ein geschlossenes grosses Auge ist. Sechs Säulen warfen sechs Schatten. Also waren es zwölf Säulen. Bald war's ein kleiner gleichmäßiger Wald.

Im Hintergrund erst war die Tür, die das Heiligtum verschloss. Sollte ich sie aufschliessen lassen? Es gab keinen Wärter. Wer weiss, ob es einen Schlüssel gab. Vielleicht war überhaupt kein Schlüssel vorhanden. Als der göttliche Augustus den Tempel verliess, schloss er ihn ab und nahm den Schlüssel mit. In anderen Städten erbrach man die Türen. In Vienne tut man so was nicht.

Niemals werde ich den Tempel betreten. Stünde ich drinnen, ich würde sehen, dass er leer ist und dass die verschlossene Tür gar nichts geborgen hat, keine Statue, keine Gottheit, keine Beter. Die Tür verschloss das Leere, das Vergangene. Der Tempel enthält dasjenige, das ich draussen fühlen kann und drinnen nicht entdecken würde. Er enthält das Warten. Ich fühle das Warten hinter der verschlossenen Tür. Nur hier noch wartet etwas. Der Tempel ist das einzige ganz erhaltene römische Monument in Vienne. Vom alten Theater ist nur noch eine Mauer vorhanden. Dann gibt es Reste einer alten Treppe, die das Forum mit dem Palast verband. Die Reste des Forums bilden einen Teil eines mittelalterlichen Hofes, in dem heute noch ein paar uralte Menschen leben. Die Steine der alten Form gingen über in eine jüngere Form, so wie eine Epoche übergeht in eine andere. Hier fühle ich die Entwicklung ohne Abschnitt, ohne Grenze. Der Stein fliesst, wie die Stunde.

Achtundfünfzig Jahre vor Christi Geburt hat Julius Cäsar den riesigen Aquädukt anlegen lassen. Und ungefähr fünfhundert Jahre später drang Gondebaud, der König der Burgunder, durch diesen Aquädukt in die Stadt und eroberte sie. Das Denkmal half der Geschichte. Wie früher das Wasser, drang jetzt eine neue Epoche in die Stadt.

Nur die Denkmäler der Gottheiten stehen ganz. Wie der Tempel des Augustus blieb, unberührt vom Lauf der Zeiten, noch die Kathedrale. Auch zu ihr empor führen flache Stufen. Ihre Türme liegen tief eingebettet hinter drei Bogen wie Augen unter dichten vorgebauten Augenbrauen. An jedem Bogen kleben sechzehn hohle Kronen aus silberweissem Stein. In jeder Krone wohnt ein Taubenpaar. Die Vögel kommen und gehn, fliegen auf und kehren wieder, wie flatternde Gebete. Über dem Portal wölbt sich der Bogen über sechs Säulen eines zweiten, hohen, unerreichbaren Portals. Hier gehn keine irdischen Beter ein. Hier ist das Tor der Engel.

Drinnen ruhn der Cardinal de Montmorin und der Cardinal de la Tour d'Auvergne, der Erzbischof von Vienne. Alte Frauen sitzen in den tiefen Stühlen und beten. Die Decke ist ein dunkelblauer gestirnter Himmel. Er ist so lebendig, so sehr Wirklichkeit, dass man glauben könnte, er wäre das Urbild des echten und nicht umgekehrt. Glücklich die frommen, die hier beten! Sie sehn, wie ihre Gebete geradewegs hinaufsteigen und die Sterne erreichen. Nichts bleibt unerhört in dieser Kirche. Der Himmel ist so nah, dass er das leiseste Flehn vernehmen muss. Nur leben hier keine Lebendigen. Dieser Menschen Gebete sind frei von irdischer Qual. Ihre Wünsche sind schon jenseitig. Über ihnen ist der Himmel so tief, weil sie dem Himmel so nah sind.

Hoch, auf dem Hügel liegen die endgiltig Toten unter steinernen Kreuzen. Manchmal wandert eine uralte kleine Frau hinauf, eine Kerze, eine Blume, einen Stock in der Hand. Es scheint nicht, dass sie einen Toten besuchen geht. Es sieht eher aus, als ginge sie, sich selbst in ein Grab legen. Ihre zweite Wohnung auf dem Hügel ist längst bereit. Unten, in der Stadt, ist nur eine alte Katze geblieben, eine Pendeluhr, ein paar Stricknadeln und ein Jesus aus Gips.

*

Dreizehn Tage blieb ich in Vienne. Ich ging in das Postbüro, um einen lebendigen Menschen zu sehn. Ich ging am Abend den Arbeitern entgegen, um laute Stimmen zu hören. Aber die Arbeiter schwiegen. Sie wohnten meist draussen. Im Postbüro schliefen die Schalter. Ein paar Kinder spielten am Abend in den engen Gassen. Aber auch sie waren nicht wie Kinder in andern Städten. Kein Hund bellte. Die Glocken klangen von den Türmen, aber nicht wie Glocken aus Erz, sondern wie himmlische Signale. Ein Polizist fuhr auf einem gespenstischen Rad durch die Gassen. Ein Gefangenenwärter lebte im Gefängnis ohne Arrestanten. Alle Türen bestanden aus bunten Glasperlen. Alle Fenster waren offen. Fremde Touristen kamen in Automobilen, jagten wild durch die Stadt, brachen ein in die Stille der Kathedrale, peitschten ihre Blicke durch den Tempel des Augustus und verschwanden wieder.

Zweimal in der Nacht pfiff eine Lokomotive, wie ein heulender Mensch.

TOURNON

Ich bin nicht mit der Bahn nach Tournon gekommen, sondern zu Fuss. Drei Tage war ich unterwegs. Ich bin die Rhone entlang gegangen, ohne Plan, ohne Führer und ohne länger, als eine Nacht zu rasten. Ich sah die dunklen Schiffer auf den breiten Flössen und auf den hochbeladenen Kähnen und die Angler, die stumm sind wie die Fische, die sich so selten fangen lassen. Immer hatte ich das leise Rauschen des Flusses im Ohr. Je weiter er fliesst und je näher er seinem Ziel kommt, desto jäher, desto lauter, desto gefährlicher ist er. Er verträgt keine Kähne mehr und er mag keine Schiffer. Dennoch hat er eine liebliche Melodie, wenn man neben ihm hergeht und seine Sprache ist sanfter, als sein Charakter. An seinen Ufern sind viele französische Dichter geboren worden. Flüsse befruchten nicht nur die Erde. Der Wein wächst auf den Hügeln und die Dichter blühen. Im Mittelalter haben hier die Troubadours gesungen. Ein paar Meilen weiter, Avignon schon nahe, liegt das Zauberschloss Les Beaux, das weisse Schloss der Poesie. Wäre hier nicht die Stadt Tournon, ich ginge weiter, Tag und Nacht, um Avignon zu erreichen, die weisseste der Städte. Aber da erheben sich schon die Festungsmauern einer mittelalterlichen, einer romantischen, beinahe einer deutschen Stadt. Das ist Tournon.

War ich soeben nicht in Vienne, das niemals aufgehört hat, römisch zu sein, obwohl die Burgunder es eroberten und obwohl es eine Stadt der deutschen Kaiser wurde? Es sind kaum drei Tage her und mir ist, als wäre ich durch die grossen, brausenden, mit wilder Geschichte gefüllten Jahrhunderte gewandert, die zwischen römischer Weltherrschaft und der Weltherrschaft der lateinischen Sprache liegen. Der Siegeszug der Sprache war glänzender, dauernder, wichtiger, als der des Volks. Längst war die Erde verwandelt und noch einmal und immer noch sprach man Latein.

Es begann zu regnen, als ich in Tournon ankam. Vor mir erhoben sich die scharfen Mauern der Festungsreste und mir war, als gäbe es keinen andern Weg, in diese Stadt zu gelangen, als den, vorsichtig die gefährlichen Mauern hinaufzusteigen. Nirgends war ein Tor, nirgends ein Weg. Hoch oben sah ich die nassen Gitter vor den trüben Fensterscheiben. Ein paar Stufen führten zu einer schmalen Gasse, deren Ende man schon von Weitem sehen konnte. Es war eine blinde Gasse, sie lief, ohne zu wissen, wohin, geradeaus gegen eine Mauer, die noch glatter und steiler schien, als die Mauern der Festung. Niemand wohnte hier. Wie sollten auch Menschen in einer Gasse wohnen, in der man nicht weiss, wozu sie da ist? Gassen sollen verbinden. Sie führen das Lebendige zu Lebendigem. Diese aber führte den Stein zu den Steinen.

Aus der Ferne hörte ich durch das Rauschen des Regens gedämpft, Menschenstimmen, Pferde wiehern und den hellen, singenden und tröstlichen Klang von geschlagenem Eisen aus einer Schmiede. Nur wenige Geräusche noch können einen Einsamen und Abgeschiedenen so plötzlich mit dem Leben verbinden und mit der Gemeinschaft der Menschen. Der Klang eines Hammers auf Eisen ist wie die Stimme der Tat und wie eine Glocke ruft auch er zur Gemeinsamkeit. Als hätten die Hammerschläge mir einen Weg mitgeteilt, sah ich auf einmal einen andern kleinen Pfad, eine Gasse, schmal, eng, dunkel, wie ein Flaschenhals. Sie führte zur Stadt.

Ich liebe es, in den Städten die breiten Mitten zu finden, jene Plätze, von denen die Gassen nach verschiedenen Richtungen ausstrahlen und die nicht nur Mittelpunkte sind, sondern auch Anfänge zugleich. Von diesen Mittelpunkten aus erkennt man ebenso den Charakter, wie die Anlage der Stadt. Sie sind still, stiller, als andere Teile, oder laut, lauter, als alle Gassen. Sie sind entweder wie geweiht und geborgen, herrschaftlich und stolz, oder Brennpunkte des Lebens, von allen Geräuschen erfüllt, dienstbar und zweckbewusst.

Tournon aber hatte keinen Mittelpunkt. Tournon bestand aus Gassen, die unentwirrbar ineinander verflochten waren. Eine grausame Angst ergriff mich. Ich bin nicht in eine fremde Stadt gekommen. Ich bin in ein fremdes Jahrhundert geraten. Ich will in meine Gegenwart zurück. Und wie manchmal eine billige Allerweltsmeinung, die der kritische Sinn des wachen Bewusstseins negiert und weit von sich weist, in einen wüsten Traum von drohender substantieller Wirklichkeit erfüllt werden und uns bedrängen kann, so bekam auf einmal die Phrase vom »finstern Mittelalter« gefährliches Leben und begann mich wahrhaft zu ängstigen. Ich will zurück in meine Zeit! Verziehen sei ihr das tote Wissen, das sie ausmacht und die stupide Mechanik, die sie bewegt! Ich bin ihr Kind, Teil von ihr, ich bin selbst Gegenwart. Und niemals fühlte ich mich so mit meinem Jahrhundert verbunden, niemals war ich so bewegt vom Gedanken an eine breite Strasse, ein Automobil, eine Wasserleitung und ein Flugzeug. Man kann in einem einzigen Augenblick ein unermessliches Zeitbewusstsein fühlen. Man kann mit wachen Sinnen, am lichten Tag, aus seiner eigenen Zeit hinausfallen und zwischen den Jahrhunderten der Geschichte herumirren, als wäre die Zeit ein Raum, als wäre eine Epoche ein Land. So ist es in Tournon.

Auf der einen Seite Hügel, auf der andern der Fluss. Es ist kein Platz, zu atmen. Die Häuser haben sich hier verfangen. Sie können nicht mehr hinaus. Eine ganze Stadt ist gefangen. Sie findet Schutz vor den Feinden, aber sie ist geschützt, wie ein Mensch, der nur deshalb niemanden mehr zu fürchten hat, weil er lebenslänglich eingesperrt ist. Mühsam bricht sich eine Gasse ihre Gasse. Ach, sie stösst an eine Mauer, engt sich noch mehr ein, drückt sich zusammen, zwängt sich durch und trifft eine Schwester, der es ebenso geht. Wie gekrümmte Würmer liegen die Gassen zwischen den Häusern. Diese drängen gegen den Fluss und würden ertrinken, wenn sie nicht die schroffe Festungsmauer aufhielte.

Ich gehe rechts, links, vor und zurück. Ich höre Menschen reden und sehe ihre Bewegungen, aber Alles ist weit von mir, wie durch Glaswände getrennt. Ein Kind lacht, aber es ist nicht das Gelächter, nicht das Kind meiner Zeit. Ich kann in fremden Ländern zu Hause und heimisch sein, aber nicht in fremden Zeiten. Unsere wahre Heimat ist die Gegenwart. Das Jahrhundert ist unser Vaterland. Unsere Stammesgenossen und Landsleute sind unsere Zeitgenossen.

Gäbe es hier nicht das berühmte Lyceum, dessen Gründer der berühmte Cardinal von Tournon gewesen ist, ich würde fortstürzen, zum Fluss, die Hängebrücke hinüber, die nach Taine führt. Dort ist der Bahnhof. Dort gehn die Züge ab, die mich zurück in die Gegenwart führen.

Das Monument des Cardinals, eine kleine Büste, steht sehr bescheiden vor dem Lyceum, in der linken Ecke, nicht im Hof, nicht vor dem Eingang. Als hätte der kluge Kardinal selbst diesen Platz bestimmt! Oh, welch eine weise Zurückhaltung! Wie würdig jesuitischer Tradition! Welch ein Gesicht! Was bist du? Kardinal, Höfling, Mönch, Gelehrter, Frauenliebling, Gläubiger, Menschenkenner, Verächter? Wenn ich Deine kleinen Augen sehe, Deinen schmalen, langen und etwas eingefallenen Mund, Dein kleines, aber plötzlich vorspringendes Kinn, Deine schmale und noch im Stein vibrierende Nase, glaube ich, dass Du entschlossen warst, Alles zu scheinen und nur etwas zu sein, was man nicht wissen darf. Ein Gelehrter warst Du nicht, denn Du hast Karriere gemacht. Ideale hattest Du nicht, denn Du warst der Freund eines Königs. Ein Frommer warst Du nicht, denn Du hast Ehrgeiz gehabt. Die himmlische Unsterblichkeit genügte Dir nicht, Du hast die irdische gewünscht. Ob Du jene erreicht hast, weiss ich nicht genau. Diese aber ist Dir gewiss. Dein Lyceum ist heute noch eine Schule, von mehr als hundert jungen Leuten besucht und jeder nimmt Deinen Namen mit in's Leben und vererbt ihn seinen Kindern. Man halte sich an die Jugend und gründe Erziehungsanstalten, und nicht Altersheime und Krankenhäuser! ...

Es sind Ferien im Lyceum. Die Abendsonne liegt in den Korridoren, die Fenster sind offen, die Pförtnerin wischt den Staub von den Pulten, nur der Herr Sekretär sitzt noch in seinem Büro und nimmt Inskriptionen entgegen. Ich möchte hineingehn und mich anmelden. Ach! ich bin dreissig Jahr alt! In dieser krummen und mittelalterlichen aber weissen, weissen Stadt möchte ich jung sein, ein Knabe, und auf den Festungsmauern spielen und auf der Rhone das Lyceum des Kardinals schwänzen. Aus diesem Mittelalter dann mitten in die Gegenwart hineinkommen – – das ist ein Schritt in's Leben. Wie anders würde ich es fühlen! In wie vielen Jahrhunderten wäre ich zu Hause! Und wie lebendig wäre in meinem Blut das Bewusstsein von der unbedingten Kontinuität der menschlichen Entwicklung und wie verknüpft in meiner Seele ein Jahrhundert mit dem nächsten und wie stolz wäre ich, ein Mensch zu sein! Die Kinder dieses Landes fühlen, dass wir Fortsetzung sein müssen der Vordern, um uns nicht zu verlieren. Sie haben die ganze Jugend in Geschichte getaucht. Getränkt mit dem Kulturbewusstsein vergangener Zeiten stehen sie kritisch und gewaffnet den neuen Entwicklungen gegenüber. Nichts kann sie so erschrecken, wie uns. Uns wirft jede Zeitungsnachricht aus dem Gleichgewicht. An diesem Land ist selbst der Weltkrieg vorbeigegangen, ohne mehr zu hinterlassen, als Trauer und Tränen. Uns aber bereitete er das Chaos.

Weitgestreckt, eine kleine abgesonderte Stadt, ist das Lyceum. Die kleine Kapelle hat die ganze Traulichkeit eines schmalen Klassenzimmers und noch liegen überall die jungen Stimmen und an der Wand, vor der ein Beichtstuhl steht, haben hundert Bleistifte törichte junge Zeichen gekritzelt und Namen von Mädchen und jeder Strich bedeutet eine geheime Regung, die man zwar keinem Beichtvater, wohl aber einer Wand mitteilt. Wie vortrefflich kann ich diese Zeichen lesen und wie klar ist mir diese Geheimschrift! Längst hat der Regen aufgehört. Die Abendröte eines klar gewaschenen Himmels färbt die Fenster und die Wände der Kapelle und das Gesicht der alten Pförtnerin. Das ist eine fromme himmlische Schminke für alte Frauen.

Die Stadt schläft am Abend, die krummen und ängstlichen Gassen ruhen von ihrer unermüdlichen Flucht aus. Jetzt gehe ich an den Fluss. Jetzt sehe ich den weissen, halbrunden Turm der Bastei, mit den schwarzen, schmalen Scharten im Leib und den winzigen, vergitterten Fenstern, die ganz willkürlich und ohne Plan über die ganze Mauer verstreut sind und hinter denen jetzt die Arrestanten von Tournon sitzen. Aber auch der Bürgermeister, der Unterpräfekt und der Gefangenenwärter leben hinter denselben Mauern. An dem Turm drängen sich kleinere, jüngere Gebäude, aus der Ferne sieht man ein Bündel von Dächern, ein ungeordnetes, gleichsam frisch gepflücktes Häuserbukett.

So weiss, wie dieser einzelne Turm werden alle Türme von Avignon sein. In der Nacht gehe ich nach Avignon. In Avignon muss man bei Tag ankommen. Morgen werde ich dort sein.

AVIGNON

Das Antlitz der Landschaft verändert sich oft und plötzlich. Nur die drei Grundfarben bleiben immer: weisser Stein, blauer Himmel, dunkles Grün der Gärten. Die Gestalt der Erde aber ist wechselreich. Die Hügel sind bald schroff und spitz, bald sanft und rund. Hier starrt der rissige Fels, dort lächelt schon die leisgeschwellte zwischen zarten Erhebungen. Daudet, der grosse Erzähler der Provence, hat die sehr treffende Beobachtung gemacht, dass die starke Sonne die Dimensionen vergrössert. Scharfes Licht erzeugt scharfe Schatten und stärkern Gegensatz zwischen belichtetem und beschattetem Teil. Die Sonne lässt die Details wachsen und vermehrt sie. In sonnenschwachen und nebelreichen Ländern verlieren sich die Einzelheiten und es ist, als drückte der tiefe und lastende Himmel das Ragende nieder. Ich bin immer nur durch nebelreiche Länder gewandert. Meine Wanderung war ein Kampf gegen die unerforschten Verborgenheiten der Landschaft. Ich fühlte durch alle ihre Güte hindurch die Unverlässlichkeit der Natur, das, was man im vermenschlichendem Jargon »Tücke des Elements« nennt. Hier wanderte ich zum ersten Mal mit Behagen. Ich konnte das Glück der Menschen verstehn, die sich sorglos einem Weg überlassen dürfen. Nichts Schreckliches konnte sie unterwegs treffen. Ihnen fehlte nur eines: der Wald.

Ja, es fehlte hier der Wald. Es fehlte die süsse Feuchtigkeit und der geheime Gesang der Wälder. Wälder sind die Geheimnisse einer Landschaft. Diese Landschaft hat keine Geheimnisse. Ach, ich verstehe, dass hier die Rationalisten wachsen und anderswo die Mystiker blühn. Der Wind, der berühmte, besungene und gefürchtete Mistral ist voll Vehemenz und ohne Widerstand. Die Wälder halten anderswo die Winde auf, hüllen sie ein, besänftigen sie, wie es Mütter mit grossen, starken und wilden Kindern tun. Hier gibt es keine Wälder. Hier gibt es nur Gärten. Die Hälfte der Natur ist Privateigentum. Welch ein reiches Land! Jeder zweite Einwohner hat eine riesige glatte Festungsmauer um seinen Besitz errichtet und ihren oberen Rand mit hässlichen Glasscherben bestreut. Hier darf kein Wanderer müde werden. Er müsste sich in den weissen, dichten, schweren Kreidestaub der Landstrasse legen. Alle Seitenwege führen zu verschlossenen Häusern, zu umzäunten Äckern. Ach, ich begreife: wo die Natur so liebenswürdig ist, können die Gärten verschlossen und hart sein. Die Sonne zündet die spärlichen Wälder an, sie brennen ab, einer nach dem andern. Die Wälder sterben, der Sonne ist es noch immer nicht klar, übersichtlich, scharf genug in diesem Land. Wie rücksichtslos kann das gepriesene Licht sein und wie gütig der gescholtene Nebel! ...

Avignon aber könnte nicht zwischen Wäldern stehn. Avignon braucht Licht. Avignon ist die weisseste aller Städte. Sie braucht keinen Wald. Sie ist ein steinerner Garten voll steinerner Blüten. Ihre Häuser, Kirchen und Paläste sind gewachsen und nicht gebaut, Um ihre klaren Formen noch webt ein Geheimnis. In ihren Mauern rauscht es, wie in Wäldern. Ihr Stein ist weiss und grenzenlos und tragisch, wie Alles Unermessliche. Einfältige Legendenbücher enthalten manchmal Bilder von solchen Städten. Töricht-fromme Menschen stellen sich so die himmlische Stadt vor, in der die Seligen wohnen. Knaben träumen vielleicht von solchen Städten mit weissen breiten Mauern, hundert Glocken, flachen Dächern, auf denen Königinnen spazieren gehn.

Mit dem Begriff Festung verbinden wir das Bild einer drohend gezackten Burg hinter einer grauen, bemoosten und schroffen Mauer. Siehe da: hier ist eine freundliche, beinahe einladende Festung. Sie zu belagern wäre ein Genuss. Vor Bewunderung würde man vergessen, sie zu bekämpfen. Um sie zu erobern, müsste man sie umwerben. Hier flösse kein Blut. Hier gäbe es keinen grausamen Tod. Vor dem starken Klang der Glocken erstürbe jedes Getümmel.

Als ich vor einem der grossen Tore stand, die in die weissen Mauern der Festung eingefasst sind, wie graue Steine in einen silbernen Ring, als ich die flach gezackten Türme und die edle Stärke, die adlige Festigkeit, die unerschrockene Schönheit dieser Steine sah, begriff ich, dass eine himmlische Macht wohl ihren irdischen Ausdruck finden kann und dass sie keinen Kompromiss zu schliessen braucht, wenn sie sich selbst den irdischen Bedingungen anpasst. Ich verstand, dass eine geistige Macht die Möglichkeit hat, ohne ihr Niveau zu verlassen, sich militärisch zu sichern und dass es einen himmlischen Militarismus gibt, der nicht einmal die Art der Bewaffnung mit dem irdischen gemein hat. Diese Festungen haben Päpste angelegt. Es sind religiöse Festungen. Es sind geweihte Kräfte. Ich verstehe, dass sie den Frieden sichern konnten. Es gibt pazifistische Festungen und Waffen, die dem Frieden dienen und den Krieg verhindern.

Ist das eine mittelalterliche, ist das eine römische Stadt? Ist sie orientalisch oder europäisch? Sie ist nichts von Alledem und Alles zusammen. Sie ist eine katholische Stadt. Und wie diese Religion alle Völker umfasst und wie diese Religion kosmopolitisch ist, so ist Avignon die Festung der katholischen Kirche, kosmopolitische, organische Verschmelzung aller Traditionen und Stile. Es ist Jerusalem und Rom, und es ist Altertum und Mittelalter.

Fünf Jahrhunderte lang regierte hier der vornehmste Geschmack. Fünf Jahrhunderte lang sammelten sich hier alle künstlerischen, politischen, literarischen Traditionen. Durch fünf Jahrhunderte lebte hier der geistige und der gesellschaftliche Adel Europas. Die Urbevölkerung dieser Stadt gehörte dem intelligenten, flinken und harten Volk der Kelten an. Aber Phönizier aus Marseille, Orientalen, die durch griechische Bildung gegangen waren, hatten Avignon begründet. Viele phönizische Familien blieben hier. Es waren Händler. Aber Händler einer Zeit, in der Handel noch Heldentum bedeutete und jedes Geschäft neben dem materiellen Zweck noch einen völkerverbindenden, Horizont erweiternden, historischen Sinn hatte! Welch eine Zeit, in der die Kaufleute die Aristokratie an wirklicher Bildung, Weltkenntnis und Weitblick um ein Beträchtliches übertrafen und in der zum Abschluss eines Vertrags mehr Mut gehörte, als zu einem Krieg. In so einer Zeit, von einem Volk solch heldenhafter Kaufleute wurde Avignon begründet. Phönizisches Blut mischte sich mit keltischem, römischem, gallischem und germanischem. Aber es ging nicht unter. Im Mittelalter noch behielt diese Bevölkerung den heitern und offenen Sinn, der ein Erbgut der orientalischen und griechisch gebildeten Seefahrer ist, und in der Hauptstadt der Kirche regierte ein fröhlicher Katholizismus, der Dionysos leben liess, ohne dass es dem Glauben und der Macht geschadet hätte. Heute noch sind die Bewohner von Avignon halbe Phönizier: laut, unternehmungsfroh, schnelldenkend, gute Rechner und Kosmopoliten.

Die eigentliche Geschichte Avignons beginnt im zwölften Jahrhundert. Die frühesten Bauten, die wir heute in Avignon sehen, stammen aus diesem Jahrhundert: Die Kathedrale und die noch ältere Brücke von Avignon, deren Bau 1177 begonnen wurde. Sie war nur für Fussgänger und Reiter bestimmt. Denn sie ist zwar 900 Meter lang, aber nur 4 Meter breit. Im XIII. Jahrhundert wurde sie abgebrochen. Heute sieht man nur noch eine halbe Brücke. Ihr letzter Pfeiler ruht in der kleinen Insel in der Mitte des Flusses. Ich habe einen alten farbigen Stich gesehn. Er stellt den traditionellen Tanz des Volkes auf dieser Brücke dar. Obwohl sie so schmal war, dass eine unvorsichtige Drehung gefährlich werden konnte, war sie doch der Tanzboden des Volkes von Avignon. Es rührt mich, dass die Leute hieher tanzen gingen, wo es am schmalsten und gefährlichsten war. Sie taten es sicherlich nicht bewusst und es kam ihnen wahrscheinlich nicht in den Sinn, dass sie buchstäblich hart über einem Abgrund tanzten. Sie narrten den Tod. Sie hüpften über dem Wasser. Ihre Heiterkeit spiegelte sich in den heitern Wellen des Flusses und vom Wasser entliehen sie die Fröhlichkeit. Auf dem alten Stich ist zu sehen, wie Kinder, Bürger, Frauen, Bettler und Mönche sich bei den Händen halten. Welch ein Trubel unter dem Protektorat der Kirche! Welch ein Fest unter den Augen des Papstes! Man kennt die schöne Geschichte Daudet's vom »Esel des Papstes« und weiss, wie populär das Oberhaupt der Kirche in Avignons Strassen war. Hier, am Fluss, ging der Vater der Christenheit spazieren und lächelte. Es hätte wenig gefehlt und er hätte mitgetanzt.

Denn die Päpste hatten Ferien. Die Geschichte nennt ihren Aufenthalt in Avignon sehr feierlich: das babylonische Exil der Päpste -- aber es war das lustigste Exil, das die Welt je gesehn hat. »Rom«, schreibt Renan, »war in Wirklichkeit die turbulenteste italienische Republik --- Seine Umgebung war eine Wüste, jedem Wanderer gefährlich. -- Der Aufenthalt in Rom war für die Päpste eine der unerträglichsten Gefangenschaften.« Clemens V. wanderte nach Avignon aus. Sein Nachfolger Johann XXII. begann zu bauen, er legte die Festungen an, die unter der Herrschaft Benedikts XII. verbessert und beinahe vollendet wurden. Drei grosse Kirchen haben die Päpste überdies in Avignon errichtet: Saint Agricol, St. Pierre und St. Didier.

Die imposanteste und dauerndste historische Erinnerung bleibt der Palast. Er ist im Innern durch die Ereignisse der Revolution fast vollständig vernichtet worden. Später war er lange Zeit und bis kurz vor dem Krieg eine Kaserne. Die Militärbehörde weigerte sich, den Palast zu räumen. Sein Inneres ist wüst, graue rissige Kalktünche klebt an den Wänden. Die Restaurierung, vor einigen Jahren begonnen, schreitet sehr langsam fort. Zweimal täglich ist er das Ziel neugieriger Touristen und das Objekt falscher Erläuterungen, die ein Führer gegen Trinkgeld den Amerikanern erteilt.

Aber nichts kann vollkommen untergehn, was die Frömmigkeit gebaut hat und was in der Hoffnung auf eine ganz andere Unsterblichkeit, als es die irdische sein kann, entstanden ist. Hört nicht auf den Führer! Sondert Euch ein wenig vom Tross der Touristen ab und Ihr werdet ein Fenster sehn, »Fenêtre de l'Indulgence«, das wie ein Tor zum Reich der Sonne ist, von vier Säulen gestützt und fünf schmale

Portale bildend unter einem halbgeschwungenen und überraschend spitz endenden Bogen, in dem ein grosses kreisrundes Ornament über zwei kleinen eingefasst ist, wie eine himmlische Blume; ein Rad, mit lebendigen Speichen, geschwungene Kreuze aus Licht und Glas; eine runde Ruhestatt für das Licht des Tages; die Sonne eingefangen in einem kunstvollen Netz. Ich bleibe einen Augenblick am Anfang der grossen Galerie stehn, die schmal und lang ist, deren Decke hundert Bogen gebärt, alle paar Sekunden einen Bogen, wie ein Vorhang aus gerafftem Stein, lebendig und wechselreich, wie aus weichem Stoff und eine Unendlichkeit vortäuschend, wie durch raffinierte Spiegelungen. Am Ende des Korridors ein schmaler Streifen einbrechender Sonne und hinter dieser rechteckigen Insel aus Licht, Gold, Silber und flimmerndem Staub eine Treppe, die wer weiss wo hinaufführt, zum Himmel vielleicht, unzählige, kleine schmale, steile Stufen, ohne Pause, ohne Rast, eine unermüdlich eilende Leiter.

Dann stehe ich im Hof. Er ist von vier Seiten eingeschlossen, wie ein Kleinod. Er hat viele schwarze Tore in den Wänden, aber man glaubt nicht, dass sie hinausführen. In diesem Hof müsste ein Gefangener seine Ohnmacht stärker fühlen, als in einer kleinen und finstern Zelle. Er könnte in Fenster hineinsehn, aber niemals durch Fenster hinaus. Da ist ein Brunnen, da liegt meterhoch der Sand, da lagern Holzklötze und hier sind Bretter und alte Pfosten. Und dennoch ist es immer noch der Hof eines Palastes. Wunderbare Fenster sehen in diesen Hof hinaus. Hier haben Soldaten Schiessübungen veranstaltet und hier hat man exerziert. In diesen Torbögen lehnten die Gewehre. Und doch hat der Hof der Kaserne, in der ich »abgerichtet« wurde, ganz anders ausgesehn. Ob es nicht eine Weihe gibt, die von einem Stein, einem Glas, einer Wölbung ausstrahlt und einen Hof vor der endgültigen Vernichtung schützen kann?

Die Militärbehörde wusste nicht, was sie tat, als sie die zarten Wandbilder übertünchen liess. Unter dem schwachen, aber dauernden Schutz des Kalks haben sie lange Jahre ausgehalten. Sie hatte recht, die Militärbehörde. Das ist kein Anblick für exerzierende Menschen. Solche Bilder könnten die Disziplin einschläfern. Gebt weissen Kalk darüber, Kalk darüber, Kalk darüber! Verdeckt die Fresken von Matteo Giovanetti de Viterbio, den Christus am Kreuz. Er hat die armseligsten hagersten Arme, sein Körper ist schmal, wie ein Bein, seine durchstossenen Hände sind halb gewölbt, noch offen, dem Betrachter zugekehrt, als schenkten sie noch im Tod, die Augen sind geschlossen, wie bei einem Schlafenden, es ist die erste Sekunde nach dem Tod, im Gesicht ist kein Schmerz mehr, sondern eine stille Zufriedenheit, die spitzen armen Knie ragen, beinahe starrend, und die Zehen sind schmal, stolz, lang, wie Finger. Weder das ist ein Bild für Soldaten, noch der schöne Kopf des Johannes, mit wallendem Haupt und Barthaar, mit naiv gefurchter Stirn und klugen, bittern und guten Augen, ein Grossvater der die Welt kennt, mehr, als ein Heiliger, nämlich ein menschlicher Heiliger, ein Evangelist für fromme Kinder. Und auch die Jagdscenen, erst vor kurzer Zeit entdeckt und vom Kalk befreit, waren nichts für Krieger, obwohl die Jagd ja ein männliches Gewerbe ist. Nach diesen Bildern ist es allerdings keine Jagd, die eine Militärbehörde anerkennen könnte. Denn die Wälder, die Jäger, die Tiere sind nicht von dieser Welt, man hat die Überzeugung, dass diese Tiere noch leben, auch wenn sie erlegt sind. Sie sind flach, sie kleben an der Wand, es sind nur zweidimensionale Geschöpfe, sie werfen keinen Schatten, sie kommen aus dem Traum und bleiben ewig ein Traum und man weiss nie recht, ob sie wirklich mit irdischen Farben von irdischen Händen gemalt sind. Blätter, flach, schmal, immer unbeweglich, wie aus Gold gegossen; edle, schmale Hunde mit ornamental geringeltem zartem Schweif und flachem, schmalem Kopf, magere langgestreckte Körper auf dünnen, laufenden Beinen. Es ist unwirklich und von der tiefsten Wahrheit, die nur im Traum offenbar wird.

*

Die Mauern der Festung sind unregelmässig. Sie folgen den Launen des Felsens. Es ist eine fast demütige Nachgiebigkeit der Natur gegenüber. Das waren wirklich fromme Baumeister. Sie wollten nichts mehr, als die Stadt befestigen. Es kam ihnen auf eine schöne Wirkung gar nicht an. Aber die Schönheit erblühte aus der Zweckmässigkeit. Sie entspross dem frommen Sinn des Baumeisters. Er baute gegen feindliche Menschen und zur Ehre Gottes. Niemals ist eine Festung so sehr religiöser Lobgesang geworden. Gott liess den weissen Stein wachsen. Niemals wird er seine Farbe verändern. Er wird mit den Jahren immer weisser, immer festlicher, immer jünger. So wie jemand, der unaufhörlich, lange Jahre betet, immer verzückter, immer strahlender und himmlischer werden kann. Kathedrale und Palast schliessen sich an die Festungsmauern. Sie sind Anfang und Ziel. Und so bleibt auch die Mauer noch Teil des Palasts und der Kathedrale, Fortsetzung des Herrschaftlichen und des Heiligen. Jenseits der Rhone liegt die Sommerresidenz der Päpste mitten im Grün.

Dieselben Mauern, eine kleine Tochterfestung, sommerlich, ein Ferienschloss. Villeneuve ist ein kleiner Ort, Filiale von Avignon, ebenfalls mit alten Schätzen beladen. Dort sah ich die marmorne Muttergottes mit den zwei Gesichtern, eine römische Reminiscenz, versprengt in die christliche Legende, und die Muttergottes aus Elfenbein, das Jesuskind auf dem linken Arm, mit einem römischen Gesicht, auch das Kind, wie ein kleiner Römer, mit rundem Kopf und welligem Haar. Die Augen der Jungfrau sind gesenkt, aus Scham vor den Betrachtern. In der Chapelle de l'Hospice ist das Grab Innozenz VI., eine kleine eigene Kirche für sich. Der Sarg steht zwischen eckigen Pfeilern, die oben in spitze Türme auslaufen. Das ganze Grabmal sieht aus, wie eine hohe Krone aus Stein. Der Sarg noch ist gekrönt. Er steckt in der Krone und füllt ihren unteren Teil ganz aus.

*

Keine einzige Kirche in Avignon, auch nicht die schöne St. Peterskirche ist an Pracht und weihevoller Grösse der Kathedrale zu vergleichen. Ihre runden weiten Wölbungen, haben himmlische Masse, das Tageslicht fällt reich und doch gemildert und milchig ein, es sind viele Fenster da, der Altar liegt in vollem Licht und eine unvergleichliche Atmosphäre entstand durch die Verbindung von Tag und Wölbung, durch die Sättigung des Schattens mit Licht und durch die gleichzeitige Dämpfung der starken südlichen Sonne mit Hilfe des Schattens: Eine gleichmässige Helle, aber auch ein gleichmässiges Dunkel. Ein bescheidenes Portal führt in die Kirche, verhältnismässig niedrig, von zwei Säulen flankiert, die sich beinahe furchtsam in die Ecken drücken. Ein glattes Tor, ein altes verblasstes Bild darüber. Durch solche unscheinbare Tore führt der Weg zur Seligkeit, wie hier so im ganzen Schloss, in allen Gemächern. Überall bergen sich die Türen. Sie wollen die Wände nicht stören. Der Raum, seine Eintracht sind das Wichtigste.

*

In den Buchhandlungen von Avignon verkauft man das Bild Petrarcas, dessen Wahlheimat die Provence war, der 20jährig sich in Avignon ansiedelte, dem Geburtsort Lauras, der dann in Vaucluse lebte und sang und nach dem Tode der Geliebten nach Venedig zog, wo er die Stadtbibliothek anlegte. Aus Dankbarkeit überwies man ihm als Wohnstätte ein Schloss.

Ich glaube nicht an Zufälle. Dass in Avignon die berühmteste Frau aller Zeiten gelebt hat, das hätte ich dieser Stadt auf den ersten Blick zugetraut. Den Anspruch, von grossen Dichtern besungen, aber auch geliebt zu werden, könnten heute noch die Frauen dieser Stadt mit Recht erheben. Ich habe beobachtet, dass in den Gegenden, in denen häufige und günstige Rassenmischungen vorgekommen sind, die weiblichen Nachkommen am meisten gewinnen. Die Frauen von Avignon sind mit Unrecht weniger berühmt, als die Arleserinnen. Ich habe in Arles *einen* Frauentyp am häufigsten getroffen: den römisch-provençalischen, etwas herben, strengen, mit der schmalen, langen Nase und dem schmalen Mund, mit grossen Augen und einem spitzen Kinn, herzförmige Frauengesichter, geeignet, leidenschaftlich besungen, aber nur mit Bedacht geküsst zu werden und mit dem Bewusstsein, dass der Kuss eine

Bindung ist. Andere Frauen leben in Avignon. Hier gibt es keinen einheitlichen Typus. Aber alle Mädchen gehn zart und flink auf hohen Beinen, alle, auch die blonden, haben die sanfte olivenfarbene Haut, die niemals braun, niemals rot wird und an welcher die Sonne, der Wind, der Regen und selbst das Alter machtlos vorübergleiten. Ja, auch das Alter! Denn obwohl das sagenhafte Vorurteil von Männermund zu Männermund geht, dass die südlichen Frauen schneller alt werden, als die nördlichen, sind in Avignon noch die Fünfzigjährigen mit jenem Liebreiz begabt, der die Treue der Männer erhält und ein temperamentvolles Altern verbürgt, das ich einem sanften Absterben vorziehe. Übrigens ist es kein Wunder. Die Liebe erhält jung und eine Lebensfreude, bei der das Wohlergehn nur eine angenehme Begleiterscheinung und bei der die Hauptsache ein geistiges Geniessen ist, verbürgt eine späte Beweglichkeit. In Avignon freuen sich alle Mädchen. In den engen Gassen, in denen alle Familien am Abend sitzen, mit Kindern, Hunden, Katzen Papageien, Schwiegersöhnen und Grossmüttern, habe ich immer nur Lachen gehört und mir, einem fremden Spaziergänger, dem man seine Fremdheit ansehen musste, rief man freundliche Grüsse zu, und wenn einer grade mehr Wein getrunken hatte, als er gewöhnt war, wäre er bereit gewesen, mich in seinem Hause zu bewirten. Sein Haus war allerdings die Gasse.

Ich habe in den Lettres historiques galantes den Abschnitt über Avignon gelesen. Der Autor dieses Buches ist die kluge Frau Dunoyer, in der Literaturgeschichte besser bekannt durch eine Art schwiegermütterlicher Beziehung zum jungen Voltaire, als durch ihre Werke. Sie ist die Mutter jener Pimpette, welche die erste Geliebte Arouet's war. Frau Dunoyer, eine Journalistin mit Beziehungen, hatte es verstanden, das Verhältnis Voltaires zu ihrer Tochter durch List und Gewalt zu lösen. Bei den Voltaireforschern kommt sie schlecht weg, Brandes urteilt über sie am schärfsten. Aber sie war schliesslich eine Schriftstellerin. Als ich sie las, erfuhr ich wieder einmal, dass bei schreibenden Menschen, sogar bei schreibenden Frauen, Talent und Stil beurteilt werden wollen, nicht Charakter und Handlungen. Nie hätte ich, nach dem was von ihr bekannt war, Frau Dunoyer eine so begabte Hand zugetraut. Sie schildert das Leben im Avignon des XVII. Jahrhunderts so lebendig, dass ich es ganz gegenwärtig fühlte. Wenn man der Autorin glauben soll, war Avignon galanter, als Paris. Da kamen die reichsten Lebemänner der Welt zusammen, es war ein Gedränge vornehmer Karossen, ein Korso der verschiedensten Stämme, Länder, Stände und Uniformen, man sah Diplomaten, Kardinäle, Edelmänner in bunten Uniformen. Am Meisten imponieren der Madame Dunoyer die goldbestickten Schweizer, die Garde der Legaten. Frau Dunoyer war schliesslich doch eine Frau. Und sie wird nicht die einzige gewesen sein, der diese Schweizer gefallen haben. So oft ich eine breitschultrige, starke Tellgestalt unter den schmächtigen, schlanken, knabenhaften Männern sah, dachte ich an die segensreiche Wirkung der päpstlichen Schweizer.

Sie sind nicht umsonst so lang noch, nach der Rückkehr der Päpste nach Rom, in Avignon geblieben. Wäre ich ein Papst, ich sässe heute noch dort. Ich sässe, was bestimmt keine Sünde wäre, vor dem Porträt von Delorme: »Eine Avignonerin in Gala-Toilette« im Musée Calvet und müsste lange, lange dieses Angesicht bewundern, ein kindlich spöttisches Gesicht mit vorgeschobener Unterlippe, den Blick erhoben, wie gegen einen Balkon gerichtet oder auch gegen den Blauen Himmel von Avignon, die zarten, aber festen Bogen der schwarzen Brauen im sichern Schwung emporgezogen, ohne, dass ein Fältchen auf der glatten, freien runden Stirn entstanden wäre. Ein hochmütiger Augenaufschlag, ein bischen skeptisch, ein bischen spöttisch, und dennoch voll kindlicher Erwartung. Diese kurze aber sehr bestimmte Nase liebe ich und diese lange Oberlippe mit dem zarten Kanal in der Mitte. Eine galante Frau, eine aus den besten Ständen: sie ist dennoch volkstümlich, ein Kind vom Lande, sie könnte in einer andern Tracht eine Bäuerin sein. Denn dieses »Land« macht seine Töchter nicht grob und ich habe Mägde mit den zartesten Händen von der Welt gesehn. Es ist ein sehr kultivierter Boden, ein Land ohne Mais, ohne Kartoffeln und ohne Schwarzbrot. Es erzeugt gesunde, aber nervöse Menschen. Ich habe gesehn, mit welcher eleganten Sicherheit sich alte Bäuerinnen in ihrer ländlichen Tracht in den Luxuslokalen der Stadt benahmen. Es gibt in der Provence überhaupt nicht den Unterschied zwischen städtischer Dame und ländlicher Frau. Einer alten Führerin in Les Beaux sagte ich, als sie mir ihre zwei Photographien zur Wahl vorlegte – jeder alte Mensch in Les Beaux verkauft seine eigene Ansichtskartenphotographie – dass ich nicht entschlossen wäre, weil sie auf beiden Bildern so verschieden schön sei. Sie antwortete sofort: »Oh, mein Herr, wenn Sie mir das vor 30 Jahren gesagt hätten!«

*

Wenn ich der Papst wäre – ich lebte in Avignon. Mich würde es freuen zu sehn, was dieser europäische Katholizismus zustande gebracht hat, welch grossartige

Rassenmischung, welch einen farbigen Wirrwarr der verschiedenen Lebenssäfte und wie trotz dieser Vermengung kein langweiliges Einerlei entstanden ist. Jeder Mensch trägt in seinem Blut fünf Rassen, alte und junge und jedes Individuum ist eine Welt von fünf Erdteilen. Jeder versteht jeden und die Gemeinschaft ist frei, sie zwängt niemanden in eine bestimmte Haltung. Der höchste Grad von Assimilation: gerade so fremd, wie Einer ist, soll er bleiben, um heimisch zu werden.

Wird die Welt einmal so aussehn, wie Avignon? Welch eine lächerliche Furcht der Nationen, und sogar der Europäisch gesinnten unter den Nationen, diese und jene »Eigenart« könnte verloren gehn und aus der farbigen Menschheit ein grauer Brei werden! Aber Menschen sind keine Farben und die Welt ist keine Palette! Je mehr Mischung, desto mehr Eigenart! Ich werde diese schöne Welt nicht erleben, in der jeder Einzelne das Ganze repräsentieren wird, aber ich fühle diese Zukunft schon heute, wenn ich auf dem »Platz der Turmuhr« in Avignon sitze und alle Rassen der Erde im Gesicht eines Polizisten, eines Bettlers, eines Kellners leuchten sehe. Das ist die höchste Stufe der »Humanität«. Und »Humanität« ist die Kultur der Provence, deren grosser Dichter Mistral, auf die Frage eines Gelehrten, welche Rassen in diesem Teil des Landes leben, verwundert sagte: »Rassen? Aber es gibt ja nur eine Sonne!«

LES BAUX

Die verzauberte Welt der kleinen mittelalterlichen Epen romanisch-orientalischen Charakters ist verwüstet, aber noch nicht spurlos verschwunden. Ihre Heimat ist das »Herz der Provence«, die Gegend von Maillane und Les Beaux. Ich kenne noch die Abenteuer der fahrenden Ritter. Sie reisen, von einem kleinen, bunten Vogel geführt, durch einen dichten Wald, kaum ein paar Meilen weit und befinden sich plötzlich in einem andern Land, in dem achtzig Burgen ragen, in der Mitte die höchste, und Alles ist aus weissem Stein. Sie reiten über gläserne Brücken, an Felsen vorbei, die versteinerte Könige sind, versteinerte Bäume, versteinerte Seen. In der Burg lebt die schöne Königin, eine junge Witwe, die auf einen tapferen Mann wartet, oder die schöne, sanfte Tochter eines grimmigen Königs. Ich erinnere mich, dass das Glas-Motiv immer wiederkehrt. Entweder bricht ein gläserner See und der stürzende Reiter ist im verzauberten Land, oder er schläft ein und träumt, dass er durch eine gläserne Mauer schreitet, hinter der die unbekannte, überraschend weisse Welt sich auftut.

Als ich nach Les Baux kam, begriff ich die Häufigkeit des Glasmotivs in den Rittersagen des Mittelalters. Die Luft ist hier ganz klar und gläsern und ganz verschieden von der Wärme, in die ich noch vor einer halben Stunde wohlig eingehüllt war. Auf diesen Höhen bläst scharf der Mistral an manchen Tagen, er verfängt sich in den Höhlen des Kreidefelsens und in den hohen Ruinen der Türme und weiten fensterlosen Gemächer, er vertreibt die dichte Luft und putzt die Atmosphäre blank, so, dass man glaubt, den Felsen hinter Glas zu sehn und sich wundert, ihn mit der Hand greifen zu können. Alles Nahe rückt in die Ferne. Vielleicht, weil man sich wundern muss, ein so Fernes so nahe zu sehn. Weil man seinen Augen nicht traut, wenn mitten aus grünem Blühen eine weisse Kreidewüste dem Wanderer entgegenspringt. Man muss nicht der naive Ritter des frühen Mittelalters sein, um zu glauben, dass man im Traum durch eine gläserne Mauer gestossen sei. Diese Berge sind aggressiv und man gelangt nicht zu ihnen, sondern sie überfallen den ahnungslosen Wanderer. Die breite Landstrasse wird immer steiler. Schon rücken die Felsen ganz nahe heran, schon säumen sie den Wegrand, auf einmal reisst ein Berg sein grünes Kleid von seinem kreidigen, zerklüfteten Leib, dann noch einer und ein dritter. Jetzt sind sie ganz nackt. Jetzt ist weit und breit kein Baum, kein Strauch zu sehn, nur ein gefrorenes Kreidemeer, mit stehengebliebenen Wogen und Wellen, mit versteinerten Schiffen und seltsamen erfrorenen Tiergestalten. Kein Ufer, kein Rand, kein Land! Der tiefblaue Himmel säumt das unerbittliche Weiss von allen Seiten und die Sonne brennt schwer auf die Kreide. Aber das ist kein Eis, das schmelzen könnte. Das ist Glas, Glas, Glas.

Hier also liegen die Ruinen von Les Beaux.

Es sind keine Ruinen in der üblichen Bedeutung. Sondern es ist die Rückkehr des Steins zum Stein. Kreide war einmal ein Schloss und ist wieder Kreide. Die ganze Burg lag im Felsen. Der Fels hatte sie geboren und einige Jahrhunderte in seinem Schoss gehalten. Jetzt ist der Fels wieder Fels. Er wächst wieder. Er erneuert sich und überwuchert die Formen der Burg. Und immer noch leben in seinen Eingeweiden Menschen. Die Bevölkerung von Les Baux zählt 300 Seelen. Von ihnen wohnen 100 in den Ruinen.

Kinder werden geboren und wachsen auf zwischen wüstem Stein und historischen Monumenten. Verliebte junge Menschen wandern am Abend durch Kavernen. Sie umarmen sich auf Kreide. Sie zeugen in leeren Gräbern. Alle Alten werden hier »Fremdenführer«. An jeder zweiten Tür steht ein Mann, der ein Trinkgeld verdienen möchte. Es ist traurig, zu sehn, wie die Unproduktivität der Wüste die Menschen unproduktiv macht. Wie alle davon leben, dass sie einen Stein zeigen, den man ohnehin sieht. Und niemand weiss, wie hier in das grossartige Schweigen toter Geschichte der Lärm von sechzig Führern sechzig schreckliche Löcher schlägt.

Ach, man müsste hier schweigsam sein, wie der Stein und daran denken, dass dieses Schloss einmal das Symbol einer Epoche der Menschheit war. Die Herren des Schlosses – man sagt, es wären die von Hugues – waren die mächtigsten Fürsten im Land. Sie besassen achtzig Schlösser und sie hatten tagsüber viel zu tun mit Kriegen, Belagerungen und kleinen Überfällen auf Kaufleute. Aber ihre schönen Frauen sassen zu Hause und es war jene grossartige Zeit, in der die »Holdheit« noch keine kitschige Bedeutung hatte und eine ehrliche Eigenschaft der Frauen war. Die Troubadours kamen von allen Seiten zur Burg Les Baux gezogen, die Kollegen unserer Minnesänger, wahrscheinlich ein wenig galanter, als diese und wahrscheinlich auch weniger innig. Aber alle schönen Worte von Liebe und der ganze Tross der Begriffe, die in den amoureusen Diensten stehn, waren noch funkelnagelneu, eben aus dem Volksmund gekommen und noch nicht zersungen. Noch im 15. Jahrhundert regierte hier eine Frau, die Königin Jeanne, und verspätete Troubadours, in anderen Kleidern mit neuen Sitten, aber dem alten Gesang, pilgerten immer in dieses gläserne verwunschene Schloss, das unwahrscheinlich und furchtbar weiss und trotzig war und in dessen Innerm die Zartheit wohnte.

An die Königin Jeanne erinnert hier nur noch der kleine nach ihr benannte Renaissance-Pavillon, den Mistral so gut besang, dass man ihn zum Lohn in einem getreu nachgebildeten Pavillon begrub. Es ist ein kleines Schlösschen zwischen zwei Wänden mit einer kleinen moosbewachsenen aus Quadern zusammengewölbten Kuppel, die an den Panzer einer Schildkröte erinnert, mit vier kleinen Säulchen und einem Miniaturtörchen, ein bischen zernagt vom Zahn der Zeit, von Touristen zu häufig besucht und ganz rührend in einer Bescheidenheit, die warm ist und beinahe menschlich. Viel imponierender ist das berühmte »Höllental«, eine 300 Meter lange Schlucht, von den Eingeborenen mit Scheu betrachtet. Höllengeister sollen hier wohnen. Noch zackiger ist der Stein, noch wüster die Kreide, es könnte der Rachen eines 300 Meter langen teuflischen Krokodils sein. In einigen Büchern steht es schwarz auf weiss, mit jener Sicherheit, die eine zweifelhafte Tugend der Historiker ist, dass Dantes Höllengesang durch dieses Tal verursacht wurde. Sicher ist nur, dass Dante sein grosses Lied zuerst in der provençalischen Sprache schreiben wollte. Man zeigte mir auch die »Feengrotte«, die in Mistral's »Mireille« besungen ist. Aber in der Nähe dieser Schlossruinen und in einer Welt, die so ungewöhnliche Formen aufweist, ist eine Feengrotte eine Kleinigkeit.

Nicht aber die Kirche St. Vincent aus dem XII., XIII., XIV., XV., XVI. und XVII. Jahrhundert. Es scheint, dass Menschen, die in einer Steinwüste leben, in dem Hause Gottes Erholung suchen, wie andere auf einer Wiese. Strenge, Schärfe, Unerbittlichkeit, war ringsum, soweit das Auge sehn konnte. In der Kirche aber blühte die Heiterkeit. Es ist eine wunderbare helle Kirche mit frischen, gesunden und lebensfreudigen Heiligen, mit viel hölzernem Zierat, das noch Waldgeruch auszuströmen scheint, mit niederen Bänken, wie für Kinder und einem menschlichen, nahen Altar. Als ich in die Kirche trat, rüstete man gerade zu einem lokalen Fest, der Pfarrer hatte die Soutane aufgeschürzt und die Ärmel hochgerückt, Kinder trugen Reisig, Frauen säuberten Teppiche, Säuglinge lagen in Wiegen neben Opferstöcken, das ganze Dorf war da, die Türen standen offen, die eigene Helligkeit der Kirche mischte sich mit der des Tags und es war wie ein Lichtaustausch zwischen zwei befreundeten und verwandten Welten. Ich glaube, die Leute könnten unter den Steinen niemals froh werden, wenn es diese Kirche nicht gäbe. Die Kinder, die in den Höhlen geboren werden, erblicken erst bei der Taufe das Licht der Welt.

*

Ich habe dann in St. Remy das berühmte Mausoleum und den Arc de Triomphe betrachtet, zwei kolossale Monumente der römischen Herrschaft, berühmt und oft beschrieben, imposante Zeugen einer imposanten Grösse, Stein, der so dauerhaft war, wie der Geist und der sich nichts aus den Jahrhunderten macht. Diese Monumente haben es allerdings leichter, als Bauten in anderen Ländern. Denn es regnet hier selten, der freie Himmel ist, wie ein schützendes Zelt, er selbst sendet keine vernichtenden Kräfte aus, sondern eher erhaltende. Hier haben die Steine ein gutes und langes Leben.

Diese Betrachtung allein aber war es nicht, die

mich zwang, auch im Anblick eines alten Triumphbogens, eines Mausoleums, eines wunderbar erhaltenen römischen Theaters in Orange, fortwährend an das Mittelalter und Les Baux zu denken. Was also war es? Ist es nicht erhebend die Ewigkeit Roms zu erleben, noch einmal die blühende Jugend Europas, unwiderleglich das Leben des längst Vergessenen zu sehn und zu erfahren, dass irgendwo noch die Steine beweisen können, was die Stumpfen nicht glauben wollen? Waren es nicht steinerne Seelen? Fühlte ich hier nicht noch den Weg nach Rom? Hier hinunter führte er über die Alpen, schnurgerade, wie nur ein Weg, auf dem unverrückbare und ewige Ziele wandern. Felder und Städte verdecken ihn, aber sie schaffen ihn nicht aus der Welt. Auch die verdeckten Wege führen nach Rom. Wie hier, so stehen noch einige Triumphbogen in einigen Ländern und selbst, wo sie verfallen sind, weht noch immer ihr riesiger, steinerner, kühler Schatten Allen, die Geschichte fühlen.

Und dennoch kann ich Les Baux nicht vergessen. Hier, scheint es mir, siegten zum ersten Mal Trümmer über Monumente. Die Monumente sind erhaben. Aber die Trümmer sind tragisch. In aller Grösse des Triumphbogens ist noch die Heiterkeit einer singend siegenden Welt. In aller Kolossalität lauter Harmonie und nichts von Konflikten. Wie schlossen sie die heidnischen Augen vor dem Problem und wie kühn und licht überwölbten sie mit den schönen Bogen die Hässlichkeit und die Trauer!

Aber Les Beaux ist zerklüftet. Das Mittelalter ist tragisch. Nicht weil es zerstört wurde. Ganz erhalten wäre es noch tragischer. Tragisch selbst der Troubadour, dessen Ankunft Frohsinn verbreitete. Tragisch die schöne Königin im schroffen Gemäuer. Tragisch der Tod, die Geburt, das Fest, die Hochzeit, das Mahl. Die Welt noch naiv, aber schon problematisch. Schon liegt der Schatten des Gekreuzigten, Stillen, Traurigen über den Jahrhunderten. Noch ist Pans Flöte nicht verklungen und schon erhebt sich die Stimme der Orgel.

Ein paar Kilometer liegen zwischen dem Triumphbogen und den weissen Ruinen. Schmal sind die Grenzen der Epochen. Ein Schritt trennt die Zeiten. Trennt er sie? Ist das eine Grenze? Ist das nicht ein Übergang? Liegen sie nicht heute friedlich nebeneinander, heute, da Beides ausgekämpft hat? Lag nicht Beides kindlich nebeneinander im Land meiner Kindheit? Floss nicht eine in's Andere in meinen Träumen? Ist es heute nicht wieder eine Welt, zusammengeschweisst von der Macht der Erinnerung? Lebt nicht der Orient im römischen Bogen, lebt nicht der Orient im mittelalterlichen Epos? Gibt es wirklich verschiedene Welten? Gibt es nicht eine einzige? Was uns trennend erscheint, ist es nicht einigend?

Kein Führer gibt Antwort. Wir sind da, um zu fragen. Wir sind da, um zu glauben.

Im kleinen Stadtpark von Nimes ist Alphonse Daudet in Marmor verewigt, in der Mitte eines kleinen Bassins, von zwei weissen Schwänen ständig umkreist, die sich hintereinander mit der schweigsamen und präzisen Stätigkeit von Uhrzeigern drehn. Daudet sitzt in den etwas lockeren Kleidern, die damals noch die Gewänder der Dichter waren, für unsern Geschmack zu betont »künstlerisch« und das Gesicht in einer zu realistischen Lebendigkeit festgehalten, in der überlieferten Pose des Dichtens, worunter sich die Bildhauer um die Wende des Jahrhunderts eine Art zielbewusster Geistesabwesenheit vorzustellen liebten. Daudet »sinnt« – wenn man dem Bildhauer Falgnière glauben soll. Dennoch ist es ein rührendes Denkmal für einen so stillen, feinen und empfindsamen Dichter, der die Grenzen der Bürgerlichkeit niemals verliess, auch nicht, wenn er die Bürgerlichkeit ironisierte. Er konnte sich und uns sehr gut über die Welt lustig machen, von deren Art er selbst war, und diese Welt hat ihm deshalb nichts übelgenommen, obwohl gerade sie es ist, die den Spott am wenigsten verträgt. Daudet ist vielleicht der einzige seiner Art, der eine westeuropäisch begrenzte Unsterblichkeit errang. Im schönen kultivierten Ziergarten der Provence ist er eine gepflegte Blüte, die über ihr heimatliches Beet hinauswächst, aber es niemals verlässt. Maupassant, der nördliche Franzose, spottete so gründlich, dass die französischen Bürger sich heute noch getroffen fühlen. Maupassant hat erst 1925 ein Denkmal in seiner Heimatstadt bekommen. Er hätte selbst darauf verzichtet. Daudet lebt schon seit

1900 in Marmor und in Nimes und er ist gewiss bescheiden-stolz auf sein Denkmal.

Denn der Süden konserviert. Im Süden kann man vielleicht ein echter Dichter und »reaktionär« sein und die traditionellen Lügen der Gesellschaft für heilige Traditionen halten. Der Süden konserviert die Steine, die Fragmente, die Weltanschauungen. Im Norden ist es anders. Wem die Augen im Norden nicht aufgehn, der kann vielleicht ein »Dichter« im engsten Sinn des Wortes sein, aber er bleibt als Schriftsteller – das heisst zur Hälfte ein Wissender und zur Hälfte ein Weiser – unbeholfen. Er kann uns was zu singen haben. Er hat uns nichts zu sagen.

Wer in Nimes geboren wird und noch 14 Jahre vor dem grossen Krieg sein Denkmal erhält, kann leicht mit der Welt zufrieden sein. Nichts stört den bürgerlichen Frieden von Nimes. Hier hat man sogar verstanden, die grossen Monumente der wahrhaft unbürgerlichen Römerzeit der Stadt, auch ihren neuen Teilen, einzuverleiben und in der grossen römischen Arena ein Freiluft-Kino zu errichten. Den Einwohnern von Nimes kommt es gar nicht in den Sinn, dass den Kinematograph von der Arena nicht nur die Jahrhunderte scheiden. Sie leben sorglos und mit vergnügter, beharrlicher Ahnungslosigkeit flechten sie die Epochen der Geschichte ineinander, wie Blinde Körbe flechten, die sie niemals sehen werden. Sie wissen nicht, was sie tun, aber vielleicht erfüllen sie eine grosse Aufgabe. Das ist die Unschuld der Menschen, die im Schatten der Geschichte wachsen. Sie sind, wie Kinder am Fusse eines Vulkans. Sie halten die steinernen historischen Feiertage für gewöhnliche Wochentage. Den Kaiser Augustus behandeln sie, wie einen toten guten Bekannten der

Familie, mit dem der Grossvater noch Domino gespielt hat. Ich könnte, mit einer Gesinnung beladen, die den Braven, Guten im höchsten Grade gefährlich erscheinen müsste, unter ihnen leben. Ich käme mir um zwei Jahrzehnte jünger vor. Ich könnte, mit ihnen, die Arena vor jedem Sturm verteidigen, von dessen geschichtlicher Notwendigkeit ich selbst überzeugt wäre.

Denn es täten mir alle Schätze der Vergangenheit leid und ich wünschte, dass der neue, der nächste und der übernächste Mensch, der Mensch aller Formen, durch die wir noch zu wandeln und uns noch zu wandeln haben, den Zusammenhang mit der Kindheit Europas behalte und mit seiner eigenen, oder, dass er sie so wiederfinde, wie ich. Es muss, glaube ich, irgendwo einen geschützten Bezirk geben, in den das Neue ohne die vorangehende Zerstörung dringen soll, mit gesenkten Waffen und mit gehisster weisser Friedensfahne. Diese Bezirke sind nicht alle geographische, aber manche sind auf der Landkarte genau abzuzeichnen. Zu ihnen gehört der Süden Europas.

Ich habe hier gelernt, dass nichts beständig ist, was nicht Fortsetzung ist, überraschende Fortsetzung vielleicht, aber doch eine. Die Kette reisst nicht ab und man darf sie nicht zerreissen. Intellekte und Kulturen gehn nicht unter. Rassen gehn nicht unter. Mitten unter uns, vielleicht in jedem von uns leben die Völker, die scheinbar von der Erdoberfläche oder eben nur von der Oberfläche verschwunden sind. Uns oben, uns, den Stürmen unmittelbar Ausgesetzten mag es manchmal vorkommen, dass irgendwo ein Volk, eine Rasse, eine Epoche ihr Leben ausgehaucht hat und dass anderswo ein neues Leben, eine neue Rasse, ein neuer Kampf, ein neuer Sieg beginnt. Welch eine Kurzsichtigkeit. In den allerersten Kulturwehen einer längst unsichtbar gewordenen Rasse, ja eines vom Meer verschlungenen Erdteils, lag unsere letzte endgiltige Kulturform schon beschlossen. Es gibt kein unbeschränkt und allein »kommendes«, kein endgiltig »Verlorenes«. Im Kommenden ist das Vergangene. Wir können die Antike aus unsern Augen, aber nicht aus unserm Blut verlieren. Wer eine römische Arena, einen griechischen Tempel, die ägyptischen Pyramiden und ein hilfloses Werkzeug aus der Steinzeit gesehn hat, muss es wissen.

*

In Nimes sind, wie gesagt, alle römischen Denkmäler durch eine Art Einverleibung bürgerlich gemacht. Aus dem Tempel der Diana hätten sie beinahe ein Magistratsbüro gemacht, im »Maison Carrée«, der einmal ein Tempel Jupiters war, statt des kleinen Museums ein Standesamt, im mächtigen Amphitheater ein Schiedsgericht. In dieser furchtbaren Nähe des Kleinbürgertums wird, obwohl es ohne Zweifel Kultur hat, jede Grösse niedlich.

Und obwohl das Amphitheater zu grausamen Zwecken errichtet worden ist und obwohl die blutigen Spiele der Römerzeit eine (klassische) Bestialität waren, füllt sich eine Arena als Schauplatz eines provençalischen Stierkampfs, besonders, wenn dieser ein Spektakel des Kleinbürgertums ist, mit der Atmosphäre eines bürgerlichen Kasinos. Das ist das Furchtbarste an den Stierkämpfen: dass der Barbiergehilfe, der Schneider, der Feldwebel im Anblick eines Tiers Heroen werden. Der berufliche Stierkämpfer ist es nicht einmal. Im Zivil ist er ein Spiesser. Aber heute, am Sonntag nachmittag, hat er wenigstens ein Kostüm und es mag sein, dass ein buntes Tuch, das den Stier mit Recht reizt, einen geizigen Bauern, der vor seiner Frau Angst hat, mit wirklichem Mut erfüllt. Er setzt sich ja schliesslich auch der Gefahr aus. Aber rings um den Zaun, der sie schützt, stehn die kleinen Männer in den Sonntagsanzügen, Männer mit Bäuchen und Schwächlinge mit dem Kummer im Angesicht, den nur ein ganz kleinlicher Alltag und ein winziger Ehrgeiz zeichnen. Und diese Leute werfen dem Stier Mützen und Schimpfrufe in den Weg, sie reizen ihn, und, wenn er gegen den Zaun stösst, verschwinden sie schnell. Alle sind sachverständig. Alle tun so, als könnten sie den Stier bei den Hörnern packen. Und ich sehe ihre kleinen kümmerlichen Tage, die sauer sind, wie ihre Gesichter, ihre Unterwürfigkeit gegen Alles, was »reich« und »vorgesetzt« sein könnte, ihren Hochmut im Anblick eines Wehrlosen, ihre Demut im Anblick der Stärke. Ein Bauer stösst eine Lanze in den Rücken des Stiers, ein Bauer, der morgen feilschen wird, beim Schweinehandel: ein Held! Besungen in den Heldenliedern des Landes, Erbe verwegener Sitten, Träger alter Traditionen, geboren auf historischer Erde und ein Kleinbürger vor Allem. Ein furchtsamer, scheuer, kühner, heldenmütiger Kleinbürger. Ich kann dieses sagenhaft weisse, unermessliche Oval der Arena nicht vergessen. Auf den alten Steinen, vor denen ich Achtung hätte, wenn sie leer wären, befinden sich die Repräsentanten des sonntäglichen Familienlebens im Süden. Die Erhabenheit des Stiers aber ist jener der Steine verwandt. Ich weiss: es ist auch damals so gewesen, als die Gladiatoren einem Mörder unter einer Krone: Ave Cäsar zuriefen! Aber das Geschlecht, dessen Blutdurst so unstillbar war, hat eben diese mächtigen Quadern aufgeschichtet. Und sie lebten vor zwei Jahrtausenden! Dagegen hat eine Generation, die durch Grammophon und Zeitung, Kasino und Bakkarat gekennzeichnet ist, kein Recht auf Blut.

Keiner von den Dichtern dieses Landes hat gegen die Stierkämpfe etwas einzuwenden. Viele verherrlichen sie. Ich kann weder einen Patriotismus noch ein Genie begreifen, welche die Bestialität nicht sehn.

Man hat über die Stierkämpfe viel Wissenschaftliches, Historisches, Dichterisches geschrieben. Jedes Jahr im Mai veranstaltet man in Paris provencalische Stierkämpfe. Und weshalb wundert sich noch jemand über die Nutzlosigkeit des Völkerbundes und der Schiedsgerichte?

*

Die Arena von Arles konnte ich zum Glück an einem Tag sehn, an dem man keine Stiere reizte. Es war ein stiller Wochentag. In Arles liegen die Denkmäler ausserhalb der bürgerlichen Sphäre. Sie sind im mittelalterlichen und spätern Arles niemals ganz heimisch geworden. In den »Alyscamps« haben sich die ersten Christen verborgen und die mittelalterlichen Arlesier haben sich da begraben lassen. In der Arena haben sie sich eine Zeitlang gegen Stürme feindlicher Belagerer verteidigt. Aber weder die Lebenden noch die Toten haben den römischen Bauten etwas von ihrer fernen Unberührtheit genommen. Sie stehn eigentlich ausserhalb der Stadt: die Arena, die noch grösser ist, als die von Nimes, nicht besser erhalten, aber weisser, stolzer, sonnenreicher; die Reste des alten Theaters mit den zwei steinernen, dünnen Säulen vor dem Halbrund, die wie durch einen heiligen Zufall noch stehen geblieben sind, während rings um sie Alles versank und Erde wurde; das kleine, runde, ein wenig orientalische Palais Constantin, zu ebener Erde, hart am Strassenrand, wie ein Privathaus, mit drei dichtvergitterten Fenstern, an denen die Eisenstäbe, wie ein zartes Gewebe sind; und die »Alyscamps«, von denen nur noch wenig geblieben ist; ein breites Tor mit weiten stubengrossen Nischen in den Seitenwänden; Steine, Büsten, Köpfe; und Särge, Särge, Särge.

In Arles sind die Gassen so eng, dass die Wagen, Autos, und Lastfuhrwerke aneinander nicht vorbei können und dass immer einer von zwei einander begegnenden Wagen in einer Seitengasse warten muss. Aber es ist keine planlose Enge, wie in Tournon, sondern eine vorsorglich berechnete. Es gibt auch einen kleinen, stillen, viereckigen Ringplatz. Der ist ganz grün vom Sonnenlicht, das durch die Bäume gefiltert wird und vom Moos, das an allen Steinen wächst. Auf diesem Platz steht Mistral, der grosse, provençalische Dichter, mit Schlapphut, Spazierstock und Bratenrock, mit einem Spitzbart und einer dünnen, zartflügeligen Nase, ein guter Mann und ein Patriot. Er hat hier in Arles das berühmte provençalische Museum angelegt: mit wenig Gelehrsamkeit und viel dichterischer Lebendigkeit, manchmal nach panoptikalen Grundsätzen und mit einer naiven Freude an einer naiven Wirksamkeit und an kindlichen Lichteffekten. In einem Fenster, hinter bläulich schimmerndem Glas sieht man eine alte provençalische Stube die Menschen aus Wachs, mit historischer und physiognomischer Treue nachgebildet, eine Wiederauferstehung im toten Material. Man sieht Waffen, Wiegen, schlechte und gute Bilder, Briefe, Werkzeuge, Bedarfsgegenstände grosser provençalischer Männer, es ist ein sehr herzliches Haus – und ein Familienalbum für die Provence. Es gibt noch ganz andere Monumente, antike, in den Museen von Arles: die berühmte Nachbildung der berühmten Venus, Köpfe aus frührömischer Zeit, Köpfe aus christlich-römischer Zeit. Die Kunsthistoriker haben grosse Bände darüber verfasst.

Ich wundere mich, dass die Arlesier nichts von der antiken Grösse ihrer Denkmäler, bei denen sie aufgewachsen sind, aufgenommen haben. Sie sind stille, feine, bescheidene Menschen. Sie sitzen auch in den Gassen, wie die Leute von Avignon, aber sie sprechen mit leisen Stimmen und nur zweimal in der Woche lassen sie sich im Kino einen Film vorführen. In keiner der kleinen provençalischen Städte habe ich solche verhaltene stille Dämmerungen, solche Abende, an denen kein Geräusch die Glocken störte, erlebt. Die Klänge hatten freie Bahn, sie lustwandelten noch lange in der Luft, ehe sie schlafen gingen.

Diese Glocken kamen von der reichen Kirche St. Trophime, die aus dem XII. Jahrhundert stammt. Sie hat ein prächtiges Tor, vor dem ich lange stehn konnte. Es ist immer geschlossen, als wäre es ganz unmöglich, dass dieser unwahrscheinliche Eingang für gewöhnliche Menschen bestimmt wäre. Sieben weisse Stufen führen empor. Da ist ein Giebel von Köpfen gehalten, darunter ein tiefer Bogen, wie aus vielfach gefaltetem Stein, zu beiden Seiten starke Säulen, in der Mitte hohl, und von kleinen, schlanken, runden Säulen unterbrochen, hinter denen je vier Heilige stehn. Sie stehen unter steinernen Baldachinen, die Köpfe gesenkt und halb im Schatten, sie laden ein, die Kirche zu betreten, demütig, wie Heilige es tun. Aber durch dieses zweiflügelige, in der

Mitte durch eine runde Säule mehr zusammengehaltene, als getrennte Tor geht niemand. Es ist geschlossen und vielleicht nur an hohen Feiertagen offen.

Durch den Hof gelangt man in einen der berühmtesten Klostergänge der Welt, eine Galerie aus dem XIII. Jahrhundert. Die Galerie umrahmt, viereckig, den viereckigen, grünen, überwucherten und bemoosten Hof. Aus Stein, Sonne, Laub und Feuchtigkeit entsteht das merkwürdige Tageslicht, das wir manchmal träumen. Aus vielen breiten langen Wölbungen besteht die Decke. An den vielen Doppelsäulen, die den Hof vom Gang trennen, lehnen Heilige. Jeder Heilige hat einen Winkel einem Schwalbenpaar geschenkt. Jeder hat ein paar Vögel zu versorgen. Es ist grün, feucht und dennoch heiter. Es ist ein Hof für Greise, die vor dem Tod keine Furcht haben und sich nach dem Himmel sehnen, weil sie in diesem Wandelgang schon eine Ahnung finden von den schattigen, grünen und dennoch lichtgetränkten Wandelgängen des Himmels.

Die ganze Stadt hat etwas von der kühlen, alten Heiterkeit eines Klostergangs und viel von vegetativem Stein und lebendigem Marmor. Wände, Mauern, Denkmäler und Fragmente werden erst nach Jahrhunderten lebendig und mit jedem vergehenden Jahrhundert lebendiger. Alte Mauern werden klangreicher mit jedem Jahr, wie alte Geigen. Arles hat solche lebendigen Steine. Seine alte Grösse – es wurde einmal das »gallische Rom« genannt – sieht man ihm nicht mehr an. Ich muss immer daran denken, dass es eine Kolonie von römischen Veteranen war, die Julius Cäsar hier angesiedelt hat. Veteranen könnten heute noch in Arles leben. Hier liessen sich die Fürsten des Landes, später die deutschen Kaiser krönen. Von der

Pracht einer Krönungsstadt ist wenig geblieben. Arles ist nicht, wie Vienne, mitten in der Blüte erloschen. Es ist langsam erstorben. Es hat viele Erinnerungen bewahrt, aber sie blieben eigentlich fremd in dieser Stadt. Es ist, als hätte ihr die Geschichte hier eine Arena, dort einen Palast, hier eine Kirche und dort ein Museum zur Aufbewahrung, aber nicht als Eigentum übergeben.

Arles ist auch eine weisse Stadt. Aber sie hat das weisse Silber des Alters, nicht die weisse Festlichkeit der ewigen Freude. Sie liegt in der Sonne, wie ein Abend, bewachsen vom grünen Moos der Erinnerungen.

TARASCON UND BEAUCAIRE

Das grossartige Fest der »Tarasque« beschreibt Frederic Mistral sehr genau. Es wird von den »Chevaliers de la Tarasque« gefeiert. Diesen Orden hat der gute König René am 14. April 1474 gegründet. Seine Statuten lauten:

1) Ehrerbietigste Wahrung der »Tarasque-Spiele«, die mindestens siebenmal in einem jeden Jahrhundert gefeiert werden müssen.
2) Der grosse Jubel, die Feste und die »Farandolen« sollen 50 Tage dauern. Es darf nichts gespart werden, um die Spiele so bunt wie möglich zu gestalten.
3) Die Fremden sind gut aufzunehmen und während der ganzen Dauer der Feste so zu behandeln, dass sie sich wohl befinden und nichts von ihrer Laune und Freiheit einbüssen.

Die Ritter von der »Tarasque« marschieren zu den Klängen des provençalischen Marsches durch die Stadt, trinken, und essen dabei eine »Tortillade«. Am Sonntag vor Himmelfährt gehn die Ordensritter die alte Statue der Mutter Gottes aus der Schlosskapelle holen, an der Spitze einer ebenso langen, wie festlichen Prozession. Das ganze Volk von Tarascon, Beaucaire, St. Remy, Maillane und der andern Städte und Ortschaften ist anwesend. Die Schiffer von der Rhone erwarten die Muttergottes mit Pfeifen und Tambourins vor der Stadt. Am Himmelfahrtstag, vor Sonnenaufgang sieht man zum ersten Mal die Tarasque. Sie hat einen Löwenkopf und den Panzer einer Schildkröte, den Bauch eines Fisches und im Innern dieses Ungeheuers sitzen sechs Männer. Am Pfingstfeiertag findet wieder ein grosses Mahl statt, das alle Ritter an einer langen Tafel vereinigt. In der Kirche St. Marthe befinden sich die Bewohner aller näheren und ferneren Ortschaften. Dort werden das Banner und die Lanze geweiht. Am Pfingstmontag beginnt erst das eigentliche Fest. Nach der feierlichen Messe ein Paradezug des Volkes, die Ritter an der Spitze, durch die Strassen der Stadt. Die Rhone-Schiffer marschieren hinter der Fahne des Heiligen Peter. Dann kommt die Tarasque. Ihr gegenüber stehen die Ritter in Kampfstellung. Die Tarasque sprüht Feuer aus den Nüstern. Der Kampf beginnt. Sie unterliegt. Und die Ritter marschieren ab, um noch einmal einen tiefen Trunk zu tun.

Dieses sagenhafte Untier die Tarasque ist in Tarascon zu Hause. Sie ist in der ganzen Provence sehr populär, oft abgebildet, in vielen Museen aufgestellt und ein dankbares Objekt der Ansichtskartenindustrie. Die Bewohner von Tarascon nennen sie »Grossmutter«. Man sieht daraus, wie harmlos sie ist. Sie ist der durch die Sonne des Südens gemilderte, durch den Witz des Südens karikierte Drache der germanischen, slavischen und skandinavischen Welt. Sie wird nur zum Spass bekämpft und eigentlich geliebt und verehrt. Die mythologischen Ungeheuer täten gut daran im Norden zu bleiben, wo der Nebel sie isoliert und ihre Schrecklichkeit vergrössert. Wenn sie nach dem Süden kommen, verlieren die Leute die Distanz und den Respekt. Die blutigsten, mörderischsten Tiere werden nicht nur zahm, sondern auch komisch. Und das Heldentum der Menschen ist nicht mehr furchtbar und tragisch, sondern ein weinseliger, grotesker Traum. Aus der Blut- ist eine Alkoholrünstigkeit geworden.

Seitdem ich in Tarascon war und die Geschichte

von der Tarasque kenne, wundere ich mich nicht mehr über Tartarin. In dieser Stadt, in der mindestens siebenmal in einem Jahrhundert ein Drache bekämpft wird, der eine Großmutter ist, kommt mindestens einmal in einem Jahrhundert ein Tartarin zur Welt, der gegen die zahmen Löwen zu Felde zieht und der ganz Afrika in ein grosses Tarascon verwandelt. Hier lebt das einzige Heldentum, das noch erträglich ist unter allen schauerlichen Heldentümern, die durch ihre Häufigkeit in der letzten Zeit in Misskredit geraten sind. Tartarin ist die Negierung des Heldentums überhaupt. Lange noch, bevor alle Begriffe ihre Inhalte geändert haben, hat Tartarin den Begriff des Helden verwandelt. Jeder Held geht ein bischen nach Afrika, zahme Löwen jagen. Die Grösse dieses Buches beruht nicht darin, dass ein ewiger Typus geschaffen wird, ein »komischer Held«. Sondern, dass der Typus: Held komisch wird.

Tartarin ist die Fortsetzung der Tarasque-Spiele. Die Tarasque-Spiele sind die Folge dieser Sonne, die so strahlend ist, dass sie die Phrase schmelzen lässt, bis ihr wahrer, ihr Kerninhalt zum Vorschein kommt.

Es spricht für die Grösse des Buches, dass es der Stadt eine eigene Physiognomie verleiht. Ich sehe immer nur das Tarascon Daudets, das Tarascon Tartarins. Es ist eine helle, kleine, freundliche, gutmütige, ein bischen kümmerliche, ein bischen komische Stadt. Ihre angesehenen Bürger träumen heute noch von Löwenjagden. Ihr Bahnhof schon ist ausserordentlich, wie eigens für Tarascon erfunden. Der Eingang zur Halle ist im ersten Stock. Wenn man unten vor dem Portal steht, weiss man nicht, ob man schon am Bahnhof angelangt ist. Die Strasse, die zur Stadt führt, und aus der eigentlich die Stadt besteht, ist breit, behaglich, voll Sonne, aber auch nicht ohne Schatten. Einfache, weisse, einstöckige Häuser stehen friedlich nebeneinander, bescheidenes Bürgertum bergen sie. Hier ist auch schon das Eckhaus, das Daudet Tartarin zuschreibt. Lauter wohlbeleibte und selbstbewusste Männer gehen durch die Strasse, die gelungenen Nachkommen des grossen Helden. Auf einigen hundert Ansichtskarten vor allen Papier- und Buchläden sieht man das Bild Tartarins. Das grosse Schaufenster der einzigen grossen Buchhandlung enthält die Werke Daudets in verschiedenen Ausgaben. Wie ist diese Stadt dankbar, dass man sie berühmt gemacht hat! Schon drohte ihr der dunkle Schatten der bedeutungslosen Jahrhunderte, der auf einigen Städten von grosser Vergangenheit ruht. Ach, auch Tarascon hat eine Vergangenheit, die älter ist, als Tartarin. Es war im Mittelalter die Hauptstadt eines Rhone-Arrondissements. Im Schloss an der Rhone wohnten die noblen und tapferen Herren. Das Schloss ist heute ein Gefängnis. Aber die Kirche St. Marthe ist heute noch schön wie ehemals. Sie stammt aus dem Ende des XII. Jahrhunderts und man baute an ihrer Vervollkommnung noch durch das halbe XIV. Jahrhundert. Sie enthält schöne, sanfte Bilder, darunter Szenen aus dem Leben der heiligen Martha von Vien, Pierre Parrocel, C. Vanloo und anderen Malern. In dieser Kirche ruht der Seneschall des guten Königs René, in einem herrlichen Sarg, eine italienische Renaissancearbeit, die man Franz Laurana zuschreibt. Und auch die heilige Martha, die Schutzpatronin der Stadt, deren Leichnam nach der Legende in Tarascon gefunden wurde, ruht in dieser Kirche.

Sonst haben die bescheidenen Tarasconer keine Sehenswürdigkeiten. Ganz Tarascon ist eine Sehenswürdigkeit. Es liegt, wie ein gelungener, freundlicher, behaglicher Scherz zwischen den erhabenen Kapiteln der Weltgeschichte, ein verlorenes Lächeln zwischen pathosgefüllten Begriffen. Es hat keine Denkmäler. Es hat keine Arena. Es hat nur Tartarin.

*

Die Brücke ist noch immer da, die Tartarin zu überschreiten fürchtete. Sie führt nach Beaucaire. Das war einmal der grösste Jahrmarkt des Orients und des Okzidents. Beaucaire war die lauteste europäische Messestadt, jedes Jahr, zwischen dem 21. und dem 28. Juli. Hieher kamen die Griechen, die Phönizier, die Spanier, die Türken, die Franzosen, die Italiener und die Deutschen. Hier lebten reiche jüdische Kaufleute. Hier flossen die verschiedensten Blutströme zusammen und hier bildete sich die grossartige kosmopolitische Rassenmischung, die den europäischen Süden kennzeichnet.

Ja, Beaucaire war eine grosse und wichtige Stadt. Sie ist heute düster, verbittert, säuerlich, erfüllt vom kleinmütigen Misstrauen gegen Fremde, das man oft bei heruntergekommenen Händlern findet. Hier wohnen die kleinen Nachkommen grosser Kaufleute. Nichts lastet so schwer auf den Menschen, wie eine berühmte Ahnenschaft, derer man nicht mehr würdig sein kann. Wäre es eine Stadt der Fürsten, der Dichter, der Denkmäler und der Wissenschaft gewesen – es hätte heute die stolze Trauer verlorenen Adels. Aber es war nur eine Stadt des Geldes gewesen. Und es hat heute die kümmerliche Trauer, die ein verlorenes Vermögen ausmacht.

*

Zurück nach Tarascon, obwohl dort wenig zu sehn ist! Die Schildastädte des Nordens, der Schweiz, der deutschen und slavischen Länder (es gibt viele slavisch-jüdische Schildas) haben ausser ihrem literarischen Leben noch ein anderes, nüchternes Geschäftsleben. Aber in diesem südfranzösischen Land kann sich Schilda erlauben, nur Tarascon zu sein und nichts mehr. Hier führt man nicht nur siebenmal im Jahrhundert, sondern siebenmal in der Woche den fröhlichen Krieg gegen den grossmütterlichen Drachen.

Tarascon ist ein gesteigertes Schilda. Denn alle Tarasconer haben genug Selbstironie, um zu wissen, dass sie Tarasconer sind. Jeder Tartarin ist sein eigener Daudet. Jeder Händler verkauft die Karikatur Tartarins, dem er wie ein Bruder ähnlich ist sieht. Wo noch sonst kann diese Behaglichkeit wuchern, friedlich an der Seite der Ironie? Wo sonst noch findet der Mensch das nötige Gleichgewicht, um Objekt und Autor eines und desselben Witzes zu sein? Hier ist die bürgerliche Seele, wie eine Schaukel, an deren einem Ende die Lächerlichkeit, an deren anderm der Spott sitzt. Das ist das lustigste Auf und Ab der alten Schalksnarren-Seelen, die nirgends mehr zu finden sind.

Welch profunde Sicherheit des gesellschaftlichen Grundes gehört dazu! Wie wenig muss man hier von den Erschütterungen Europas fühlen! Wie selig das Behagen einer Welt, die sich so gelungen vorkommt, dass sie witzig wird vor Sicherheit, statt, wie wir es zu sehen gewohnt sind, platt zu werden!

Es gibt in Tarascon keine grossen römischen Denkmäler! Ich glaube aber, dass hier noch der helle, schalkhafte, mit den heidnischen Augen zwinkernde Geist der spätrömischen Humoristen lebt. Nur ist seine Epigrammatik epischer geworden, breiter, gemächlicher. Das kommt von Spanien und von Frankreich.

Tartarin ist die lustige, die andere Seite der ernsten mit Historie gefüllten Welt. Er ist das private Gesicht des Offiziösen. Er ist der Held in Pantoffeln. Er gibt mir die tröstliche Gewissheit, dass der Mensch auch im Panzer nicht stirbt. Gesegnet sei Tartarin!

MARSEILLE

Tartarin war in Marseille ratloser, als später in Afrika. Zwischen Tarascon und den Ländern der wilden Abenteuer ist der Unterschied nicht erschreckend. Aber Marseille ist eine Welt, in der das Abenteuerliche alltäglich und der Alltag abenteuerlich ist. Hier kann man ratlos sein. Marseille ist das Tor zur Welt, Marseille ist die Schwelle der Völker. Marseille ist Orient und Okzident. Von hier schwammen die Kreuzritter in's heilige Land. Durch diesen Hafen strömten viele Märchen von Tausend und einer Nacht nach Europa. Hier landeten orientalische Motive, hier warfen sie die Anker aus, hier betraten sie den Boden europäischer Literatur und Kunst. Von hier aus drangen, einige Jahrhunderte vor Christi Geburt, die Forscher Pytheas und Euthymenes bis zum Baltischen Meer, von hier aus entdeckten sie Island. Das ist die Erbin und die alte Feindin Carthagos, die schöne Freundin Roms, die griechische Stadt, das »gallische Athen«. Hier versanken Visigothen, Lombarden, Sarazenen und Normannen, besiegte Eroberer, in lateinisch-griechisch-phönizischer Kultur. Hier wurde die grosse Revolution mit Jubel begrüsst, hier fand sie ihre zweite Heimat, ihre eigentliche, ihren Text und ihre Melodie. Marseille ist die Heimat von Pierre Puget und Thiers, und – Edmond Rostand.

Marseille ist New-York und Singapore, Hamburg und Kalkutta, Alexandria und Port-Arthur, San Franzisko und Odessa. In Marseille erzeugt man Zucker, Stearin, Seife, Chemikalien, Essig, Schnäpse, Keramik, Zement, Farben. In acht Stunden macht der Schneider einen Anzug fertig. In 24 Stunden ist das

Gesicht der Strasse verändert. In den Strassenecken, in hölzernen Buden hausen die Winkelschreiber. In einer halben Stunde haben sie Testamente und Heiratsurkunden verfasst und Prozesse erledigt. Vom Reichtum zur Armut ist weniger, als ein Schritt. Der Obdachlose schläft auf der Schwelle des Palasts. Die Lebensmittel verkauft man in einem, die Liebe im andern offenen Laden. Das Boot der armen Schiffer schwimmt hart neben dem grossen Ozeandampfer. Muscheln liegen neben den Auslagen der Brillantenhändler. Der Flickschuster verkauft korsische Messer. Der Ansichtskartenhändler bietet Schlangengift feil. Den ganzen Tag spielen die Kinos im alten Hafen. Jede Stunde läuft ein Schiff ein. Jede zehnte Welle spült Fremde an Land, wie Fische. Der algerische Jude macht im Kaffeehaus Geschäfte mit dem Chinesen. Der »Dollarkönig« amüsiert sich in der Spelunke. Jede zweite Nacht ereignet sich ein Totschlag, ein Mord, ein Überfall, ein Familiendrama. Das Leben tanzt auf der Klinge eines Rasiermessers, das im Hafen als Waffe beliebt ist. Das Elend ist tief, wie das Meer, das Laster ist frei, wie die Wolke.

Alle Geräusche haben einen und denselben Takt. In allen Geräuschen ist etwas vom Lärm einer Schiffsmaschine. Der Stiefelputzer kündet sich an, indem er mit dem Bürstengriff auf den Deckel seines Utensilienkastens trommelt. Auch das Ende seiner Arbeit begleitet ein Trommeln. Die Strassenbahnen und alle Wagen tuten, wie Automobile. Jeder macht Geräusch. Jeder schlägt den Takt der Stadt. Jeder übersetzt die Musik der Welle in seine eigene Sprache. Der Kolporteur ruft mahnend seine Zeitung, wie eine Kirchenglocke. Und die Glocken der Türme vermengen sich populär mit den profanen Geräuschen von Unten.

Greifbar, sichtbar, körperlich und nahe ereignet sich in jeder Stunde die grosse unaufhörliche Blutmischung der Völker und Rassen. Schon wachsen die Palmen, noch rauschen die Kastanien. Nach Norden und Westen führt der Rhonekanal, nach Süden und Osten das Meer. Da pfeift die Lokomotive, da heult die Sirene. Wasser bespült Land und Land streckt sich vor in Wasser. Die schmalste, dunkelste Gasse mündet in den breiten leuchtenden Boulevard. Man sieht den riesengrossen Zeiger der historischen Uhr wandern. Die »Entwicklung« und das »Werden« sind keine abstrakten Begriffe mehr. Man sieht den Fuss der Geschichte und zählt ihre Schritte.

Das ist nicht mehr Frankreich. Das ist Europa, Asien, Afrika, Amerika. Das ist weiss, schwarz, rot und gelb. Jeder trägt seine Heimat an der Sohle und führt an seinem Fuss die Heimat nach Marseille. Alle Erden aber segnet dieselbe nahe, sehr heisse, sehr helle Sonne und über alle Völker wölbt sich dasselbe blaue Porzellan des Himmels. Alle trug das Meer auf seinem breiten schwankenden Rücken hieher, jeder hatte ein anderes Vaterland, jetzt haben alle ein einziges Vatermeer.

Die Geschichte lässt hier keine steinernen Zeugen stehen. Sie spült sie schnell hinweg. Nur der Atem ihrer Vergangenheit bleibt in ihrem Wehn. Vor einer Woche waren hier Phönizier, vorgestern die Römer, gestern die Germanen, heute die Franzosen. Wie alle Riesenmeilen der Erde auf einigen Quadratkilometern Platz finden, so drängen sich hier die Zeiten zusammen, als gäbe es keinen Platz in den weiten Räumen der Ewigkeit. Wer nicht an Gott glaubt, spürt hier irgendeinen gewaltigen Treiber der Jahrhunderte und ahnt einen tiefen Sinn in der Regellosigkeit der Wanderungen. In einem zweiten, ebenso elementaren, ebenso unerklärlichen Wechsel von Ebbe und Flut rauschen die Völker heran und rauschen wieder zurück.

Wie schwarze Fäden gegen den blauen Himmel spannen sich die Taue an den wartenden Segelschiffen. Der neue Hafen ist eine Stadt aus Schiffen. Auf dem Meer schwimmt Öl.

Ich sehe vor lauter Mastbäumen nicht das Meer. Es riecht im Hafen nicht nach Salz und Wind, sondern nach Terpentin, Öl schwimmt an der Oberfläche der See. Boote, Barken, Flösse, Fussböden sind so eng nebeneinander gepflastert, dass man trockenen Fusses durch den Hafen spazieren könnte, wäre nicht die Gefahr, in Essig, Öl und Seifenwasser zu ertrinken. Ist hier das unermessliche Tor zu den unermesslichen Meeren der Welt? Das ist vielmehr das unermessliche Magazin für die Bedarfsartikel des europäischen Kontinents. Da sind Fässer, Kisten, Balken, Räder, Hebel, Bottiche, Leitern, Zangen, Hämmer, Säcke, Tücher, Zelte, Wagen, Pferde, Motore, Autos, Gummischläuche. Da ist der berauschende kosmopolitische Gestank, der entsteht, wenn tausend Hektoliter Terpentin neben tausend Zentnern Häringen lagern; wenn Petroleum, Pfeffer, Tomaten, Essig, Sardinen, Juchten, Guttaperche, Zwiebeln, Salpeter, Spiritus, Säcke, Stiefelsohlen, Leinewand, Königstiger, Hyänen, Ziegen, Angorakatzen, Ochsen und Smyrnateppiche ihre warmen Dünste ausatmen; und wenn schliesslich der klebrige, fette und lastende Rauch der Steinkohle alles Tote und Lebende umhüllt, alle Gerüche eint, alle Poren tränkt, die Luft sättigt, die Steine umflort, und endlich so stark wird, dass er die Geräusche dämpfen kann, wie er längst schon das Licht gedämpft hat. Ich habe hier die Grenzenlosigkeit des Horizonts erwartet, die blaueste Bläue des Meers und Salz und Sonne. Aber das Meer des Hafens besteht aus Spülwasser mit riesenhaften graugrünen Fettaugen. Ich besteige einen der grossen Passagierdampfer und hoffe, hier einen leisen Duft jener Fernen zu erhaschen, die das Schiff durchfahren hat. Aber hier riecht es, wie zu Hause, vor Ostern: nach Staub und gelüfteten Matratzen; nach Lack für die Türen; nach feuchter Wäsche und Stärke; nach angebrannten Speisen; nach geschlachtetem Schwein; nach gesäubertem Hühnersteig; nach Schmirgelpapier; nach einer gelben Pasta für Messing; nach einem Mittel gegen Ungeziefer; nach Naftalin; nach Bohnerwachs; nach Eingemachtem.

In dieser Stunde stehen mehr als siebenhundert Schiffe im Hafen. Das ist eine Stadt aus Schiffen. Die Bürgersteige bestehn aus Booten und die Strassenmitten aus Flössen. Die Einwohner dieser Stadt tragen blaue Kittel, braune Gesichter und harte, grosse, schwarzgraue Hände. Sie stehen auf Leitern, streichen die Rümpfe der Schiffe mit frischem, braunem Lack an, tragen schwere Eimer, wälzen Fässer, sortieren Säcke, werfen eiserne Haken aus und nageln Kisten, drehn an Kurbeln und ziehn auf eisernen Rollen Waren in die Höhe, polieren, hobeln, säubern und verursachen neuen Mist. Ich möchte zurück in den alten Hafen, wo die romantischen Segelschiffe stehn und die knatternden Motorboote und wo man die frischen, triefenden Muscheln verkauft, das Stück zu dreissig Centimes.

Weiss leuchtet die Stadt, sie ist aus demselben Stein, wie das Schloss der Troubadours in Les Baux und der Palast der Päpste in Avignon. Aber sie ist nicht festlich. Sie ist betriebsam. Millionen zertrümmerter Existenzen birgt sie. In Avignon waren noch die Bettler stolz. Im alten Hafen von Marseille ist die Armut mehr als eine Not. Sie ist eine unausweichliche Hölle. Aufgeschichtet in höllischer Unordnung lagern die menschlichen Wracks aufeinander. Die Krankheit blüht gelb und giftig aus den verstopften Kanälen. Räudige Hunde spielen mit Kindern in den Pfützen. Die Zerlumpten kämpfen mit den Tieren um weggeworfene Knochen, tausende Frauen und Männer sammeln Zigarettenstummel, der Hund belauert den Menschen, die Katze den Hund, die Ratte die Katze, und alle lauern auf dasselbe Stück faules Fleisch im Misthaufen.

Die Gasse der Liebe hat ihren bürgerlichen Namen abgelegt und trägt keine Schilder. Man kennt und findet sie. Wer von der grossen Kathedrale nach dem alten Hafen geht, hört die metallene Musik von fünfzig unaufhörlich spielenden Automaten aus fünfzig kleinen und schmalen Läden. Vor den Läden sitzen die Frauen, die ältesten und dicksten der Welt. Sie verkaufen Leiber den ganzen Tag, die ganze Nacht. Männer, von den Schiffen kommend, durchziehen die Gasse in losen Trupps zu zehn und fünfzehn. Sie verlieren sich unterwegs in den Läden. Dann verstummt ein Automat, ein Vorhang aus Glasperlen fällt vor ein graues, düsteres Kanapee und in der geraden Reihe der Verkäuferinnen vor den Türen entsteht eine Lücke.

Nichts mehr ereignet sich, als Liebe und Musik. Manche Frauen halten ihre Kinder auf dem Schoss. In dieser Gasse wachsen viele Kinder heran, die traurigsten Kinder der traurigsten Mütter. An ihrer Wiege spielt ein Musikautomat. Seit dem Augenblick, in dem sie die Finsternis der Welt erblickten, kennen sie das Lager der billigen Liebe. Die Rätsel der Welt werden ihnen mit der banalen Auflösung zugleich geliefert. Das Leben beschenkt sie verschwenderisch mit Erfahrungen. Die Spielgefährten ihrer ersten Jahre sind kranke Katzen, die Glück bringen, und das Spielzeug der Rinnstein, eine Muschel, oder ein Kiesel.

Der Morgen, der Mittag, der Vorabend, der Abend, die Nacht, alle Tageszeiten sind hier gleich. Vom Himmel sieht man nur einen Streifen, von der Sonne nichts. Auch diese Liebe ist zeitlos. Auch ihre Trägerinnen haben kein Alter. Vor vierzig Jahren waren sie schon alt und hässlich. Vierzig Jahre noch können sie jung und schön sein. Vor vierzig Jahren rasselte der Automat schon dieselben Melodien. Vierzig Jahre noch treibt er göttliche Musik für die Ohren betäubter Menschen. Vor vierzig Jahren schon trieb er Lauscher in die Flucht. Und noch vierzig Jahre wird er Hörer anlocken. Was ist alt, was ist jung, was hässlich, was schön, was ein Lärm und was Musik? – – Wenn der Tag aus lauter Liebesnächten besteht und ein Moment eine Liebesnacht ist? Wenn die Ware aus einer Verkäuferin besteht, die Liebe einen Groschen wert ist und ein Groschen die Liebe enthält? Wenn die Nacht ein betriebsamer Tag ist und der Schlaf ein Geschäft?

In dieser Gasse gelten nicht die Gesetze der Welt. Mit stieren Atropinaugen, die Brauen bis zu den Schläfen gemalt, mit falschem Haar, das niemals grau wird, mit einem geschminkten Alter, das von der ewigen Jugend nur die Stupidität besitzt, starren die Frauen, alle, wie Zwillingsschwestern und also ohne Konkurrenzneid, immer auf denselben Rinnstein, dieselbe Katze, dasselbe Pflaster – – und denselben Mann, den der Zufall in zehntausend Exemplaren durch die Gasse treibt. Wenn eine ihre Arme ausbreitet, verstummt der Automat, denn durch einen

Mechanismus voller Kunst ist die Maschine mit der Maschine verbunden.

*

Hier löst sich alles scheinbar Bleibende auf. Hier schliesst es sich zusammen. Hier ist fortwährender Aufbau und Zerstörung. Keine Zeit, keine Macht, kein Glaube, kein Begriff ist hier ewig. Was nenn ich Fremde? Die Fremde ist nah. Was nenn ich Nähe? Die Welle trägt es fort. Was ist das Jetzt? Schon ist es vergangen. Was ist das Tote? Schon schwimmt es wieder heran.

Während ich dies schreibe, sieht Marseille schon anders aus Und was ich in tausend Worten berichte, ist ein kleiner Tropfen aus dem Meer des Geschehens, mit dem freien Aug nicht zu sehn, zitternd auf der dünnen Spitze meiner Feder.

DIE MENSCHEN

Das, was ich in einer Stadt zu beobachten liebe,
sind ihre Einwohner.

Stendhal

Zuerst wohnten hier Ligurier. Rot war ihre Lieblingsfarbe. Die rote Farbe blieb, als die Phönizier kamen, Die Griechen, die Langobarden, die Sarazenen und die Visigothen. Rot ist die Freude. Man hat niemals in diesem Land aufgehört, sich zu freuen. Alle geschichtlichen Schrecken wurden gemildert. Die Barbaren blieben nicht lange Barbaren, als sie einfielen. Wer in dieses Land mit dem Willen kam, es zu erobern, wurde erobert. Die Völker sanken linde in den Boden ein, wie eine Saat. Immer wieder kam eine Zeit der Ernte. Immer wieder erntete man Freude.

Ehe ich zu den weissen Städten fuhr, sah ich an einem Abend in Paris die provençalischen Festspiele, die jedes Jahr im Sommer die alte Volkskultur des Südens den Heimischen und den Fremden beweisen sollen. Die Hirten der Provence kamen mit ihren Frauen, zogen im Kreis um die Arena, die Pfeifer und Trommler an der Spitze. Es war eine sehr einfache, sehr helle, sehr heitere Marschmelodie. Sie hatte sanfte Töne, die an Mondlicht erinnerten, aber einen schnellen Rhythmus, der ein Ausdruck jener Art von Eile war, die nichts mit Geschäftigkeit zu tun hat. Es war die Eile, die Kinder erfüllt, wenn sie zu einem Fest gehn. Dazwischen schlugen die kleinen Trommeln, die zarten, die nicht mit Kalbfellen, sondern mit dünnen Silberhäuten bespannt zu sein schienen. Die Menschen marschierten mit kurzen leichten, beinahe weiblichen Schritten. Es waren dennoch männliche Erscheinungen. Es war eine gesunde Rasse. Die Männer in Hirtenkostümen, mit weissen Hosen, bunten Westen, schwarzen, kurzen Röcken und schwarzen Hüten, bunte Bänder um den Leib. Die Frauen in weiten Kleidern, ein kleines, weisses Spitzenkrönchen auf den hohen Frisuren, bunte Mieder, hohe Schuhe. Es war eine echte Landbevölkerung. Es war echtes Bauernblut. Es waren Menschen, die zu Hause harte Arbeit verrichteten. Aber sie hatten die Bewegungen, die das Erbteil einer langen, reichen, wohlgebildeten Ahnenreihe sind. Die Frauen warteten, rote Rosensträusse in den Händen, auf die Männer. Einer nach dem Andern sprengte heran und nahm von seiner Dame einen Strauss entgegen, den er vor den Angriffen aller seiner Genossen zu verteidigen hatte. Zwölf Reiter umringten ihn, er entfloh ihnen immer, in der erhobenen Hand jubelte sein Strauss. Er hielt ihn fest, er brachte ihn bis zur geschützten Stelle. Er sprengte noch einmal zu seiner Dame, schwenkte den Hut, ritt zurück. Der nächste kam. Zwölfmal wiederholte sich das Spiel.

Es scheint, dass das Galante eine gesunde Reaktion gegen das gleichzeitig Rohe ist und dass die Troubadours ihre Existenz den Raubrittern zu verdanken haben. Der ritterliche Kampf um einen Blumenstrauss ist ebenso entzückend, wie ein Stierkampf abstossend ist. Dennoch musste ich diesen in Kauf nehmen, um jenen zu sehn.

Die Ritterlichkeit ist in der Provence zum Glück häufiger, als die Stierkämpfe. Alle Menschen leben wohlgeordnet, die Sitte ist alt, begründet und ohne Widerspruch und mit Freude ertragen. Man hat Ruhe genug, ritterlich zu sein. Jeden Tag guterhaltene

Monumente aus einer sagenhaft weiten Zeit zu sehn, gibt ein ganz merkwürdiges Gefühl von Sicherheit. Man glaubt nicht an Änderungen und Wechsel. In Wirklichkeit vollziehen sich Wechsel und Änderungen sehr linde. Hieher kommen keine Stürme. Natur und Geschichte arbeiten nicht mit Überraschungen. Jeder hat sein Leben gesichert. Alle Bauern sind Grossgrundbesitzer. Um jeden Besitz erhebt sich eine Mauer. Zwar sind alle Tore offen. Man kann in einen fremden Garten gehn und schlafen. Niemand stiehlt, niemand verwehrt, niemand verwahrt. Jeder baut Mauern, nicht, um sich abzusperren, aber, um die Grösse seines Eigentums zu kennzeichnen. Seine Mauer symbolisiert seine Macht. Aber Mauern sind herzlose Gegenstände. Auch der schöne weisse Stein verhärtet das Herz. Wer hinter den Mauern sitzt, sieht den hungernden Bettler auf der Landstrasse nicht. Und ehe man ein offenes Tor erreicht, ist man am Rade der Mauer vor Hunger gestorben.

Es gibt wenig Elend in diesem Land und infolgedessen mehr freundliche Gesichter, als offene Herzen. Alles ist ererbt, das Haus, der Schmuck und die Sitte. Kinder wachsen auf, die niemals gesehn haben, wie Hunger weh tut. Sie werden es niemals sehn. Jeder hat sein Brot. Es ist nicht schwarz, sondern schneeweiss. Man kennt die Kartoffel zu wenig, welche das Mannah der Armen ist.

Alles ist billig. Aber wer hier das Geld nicht besitzt, das einen so geringen und so hohen Wert hat, kann auf Brot nicht rechnen. Die heiteren Menschen lieben die Heiterkeit. Und die Trauer ist ihnen so fremd, dass die Not ihnen verdächtig erscheinen muss. Die Menschen sind gut. Aber die Güte ruht tief und unverbraucht in ihnen, wie Wasser in einem vergessenen Brunnen. Niemand schöpft aus ihnen.

Die Natur richtet kein Unheil an. Durch plötzliche Schläge ist niemand um sein tägliches Brot beraubt. Der Nachbar ist ein Freund. Aber er wird niemals ein Bruder. Alle Hunde und Katzen finden Nahrung an fremden Tischen. Man tötet überzählige Tiere nicht. Aber es gibt viel herrenlose Hunde und Katzen. Jedermann jagt und fischt. Man schiesst auf Singvögel. Man rodet Wälder. Es gibt keine Wälder und fast keinen Vogelgesang. Die Sonne zündet die Wälder an. Die Menschen trauern zu wenig um sie. Gute Geister wohnen in den Felsen. Aber das Volk glaubt kaum noch an sie. Seinen alten Sitten ist es treu. Es trägt die alten Trachten und spricht die schöne, alte, melodische provençalische Sprache. Jeder liebt sein Land. Aber es fällt niemandem schwer dieses Land zu lieben. Es fällt überhaupt nicht schwer, hier zu lieben. Man pflückt die Liebe am Wegrand. Sie wächst reich, wie die kostbarsten Früchte. Voll Kraft und Saft ist die Erde. Jeden nährt der Strauch. Man kann unter freiem Himmel schlafen. Aber vielleicht sehnt sich mancher nach einem Dach? Jeder hat Sonne. Aber vielleicht weint Einer um den Schatten?

Weisser Stein, weisser Stein, weisser Stein! Oliven zwischen weissem Stein. Aber Einer möchte Brot. Seht! das Brot ist hinter hohen Mauern! Kirchen, Kirchen, Kirchen! Reiche Portale, reiche Gemälde, goldene Altäre. Jeder betet um's tägliche Brot und weiss nicht, was sein Fehlen bedeutet. Jeder hat seinen Sitz mit Namen und Datum. Sein Verhältnis zu Gott ist verbürgerlicht. Sein Glauben wurde selten auf die Probe gestellt. Seine Sünden? Er hat keine Sünden, der hinter der Mauer starb. Denn wer kann durch diese Mauern sehn? Ist es eine Sünde, sein Eigentum zu umgrenzen? Ist es eine Sünde, nicht durch Mauern zu sehn?

Aber, wie liebt man die Hilflosen, die Kinder und die Schwachen! Kein Schrei, kein Schlag, kein Weinen. Kein harter Vater. Katzen in jedem Haus. Weiche leise Tiere mit grossen klugen und ewig zielenden Augen. Gute Winkel, warme Winkel, stille Winkel. Hohe Fenster, tiefe Brüstungen, Sonne, Sonne, Sonne. Alte Paläste, warm im linden Winter, kühl im heissen Sommer. Steinerne Fussböden, ohne Fäulnis, leicht zu säubern. Aber wenig Kanäle, Schmalheit und Enge, Drang der Armen in die Gasse. Mächtige Arena, heilige Tempel, Museen voll steinerner Andenken, Tradition, Treue. Aber langsam ist der Blick in die Zukunft. Wie heiter ist das Leben! Aber wie leicht ist die Heiterkeit! Wie weit ist der Tod, obwohl überall Gräber sind, obwohl man täglich überall Menschenknochen findet und Monumente bloss legt.

*

Weites Land ist noch zu vergeben. Es fehlt an Volk. Der Boden ist hungrig nach neuer Saat. Er hat so viel Verschiedenes verschlungen, soviel Verschiedenes geboren und heute sind alle gleich. Er hat sie gleichgemacht. Man wird Fremde kommen lassen. Auf meinem Weg, der nach Norden führt, in den Herbst, in den Nebel, in die Wälder, sehe ich sie wandern. Sie kommen ohne Schwerter. Aber selbst, wenn sie Waffen hätten, werden sie alles Tödliche ablegen. Hier ist das Leben stärker. Hier ist man nicht leicht bereit, sein Blut zu vergiessen. Hier findet man eine Kindheit, seine eigene und die Kindheit Europas. Nirgends wird man so leicht heimisch. Und selbst wer das Land verlässt, nimmt das Beste mit, das eine Heimat mitgeben kann: das Heimweh.

Marseille, Quai de la Fraternité
mit dem Hôtel Beauvau, undatiert

Blick über den alten Hafen von Marseille,
aufgenommen von Joseph oder Friedl Roth, um 1925

Altstadtgasse in Marseille,
Foto von R. Koller, 1928

Friedl und Joseph Roth auf einer Parkbank,
vermutlich im Spätsommer 1925 in Südfrankreich

Joseph Roth auf einem Bahnsteig, vermutlich während einer Reise in Frankreich, 1926

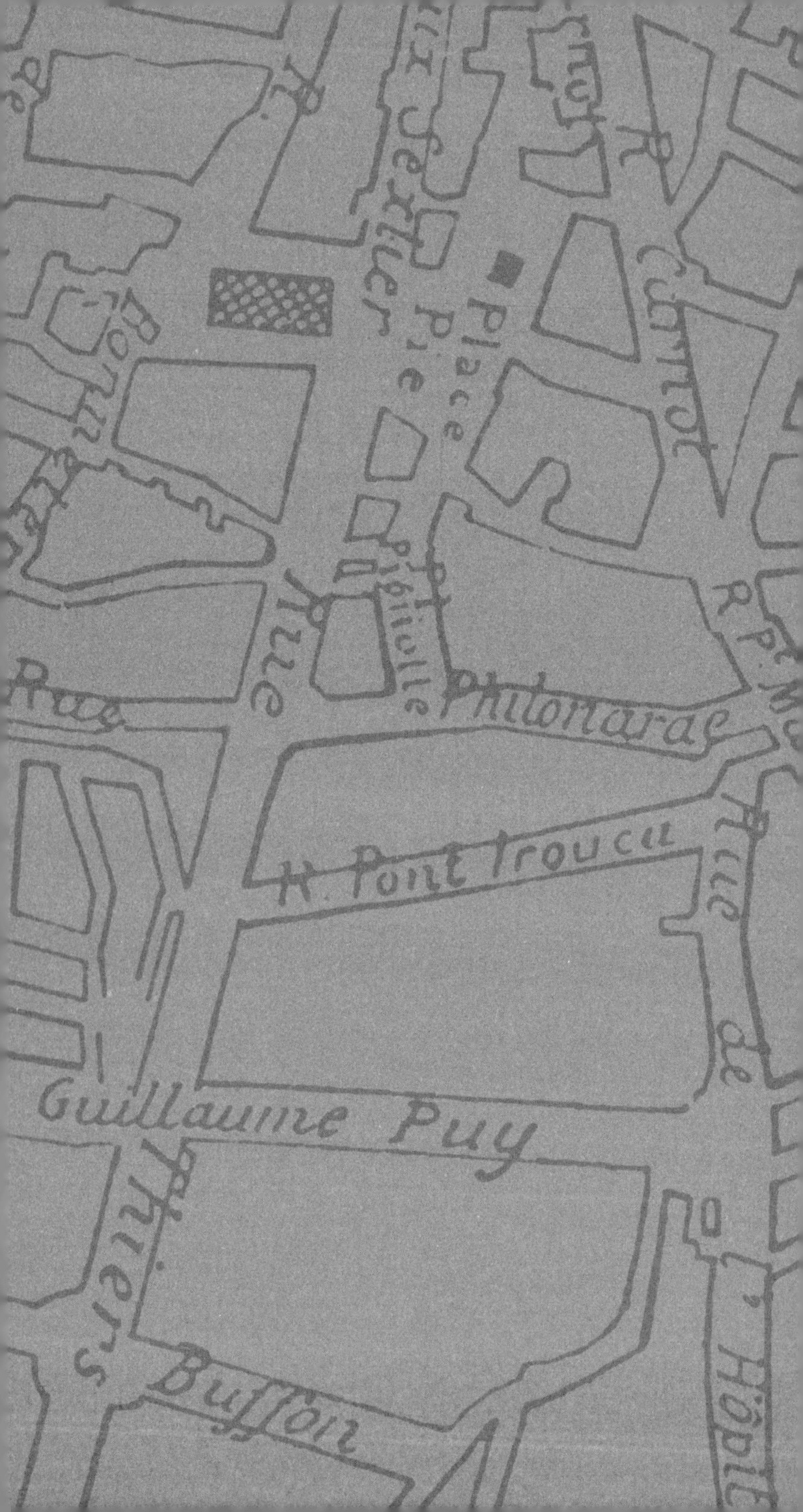
Place Pie
Philonarde
R. Pont Trouca
Guillaume Puy
Buffon
Rue

JUDEN AUF WANDERSCHAFT (1927)

VORWORT

Dieses Buch verzichtet auf den Beifall und die Zustimmung, aber auch auf den Widerspruch und sogar die Kritik derjenigen, welche die Ostjuden mißachten, verachten, hassen und verfolgen. Es wendet sich nicht an jene Westeuropäer, die aus der Tatsache, daß sie bei Lift und Wasserklosett aufgewachsen sind, das Recht ableiten, über rumänische Läuse, galizische Wanzen, russische Flöhe schlechte Witze vorzubringen. Dieses Buch verzichtet auf die »objektiven« Leser, die mit einem billigen und sauren Wohlwollen von den schwanken Türmen westlicher Zivilisation auf den nahen Osten hinabschielen und auf seine Bewohner; aus purer Humanität die mangelhafte Kanalisation bedauern und aus Furcht vor Anstekkung arme Emigranten in Baracken einsperren, wo die Lösung eines sozialen Problems dem Massentod überlassen bleibt. Dieses Buch will nicht von Jenen gelesen werden, die ihre eigenen, durch einen Zufall der Baracke entronnenen Väter oder Urväter verleugnen. Dieses Buch ist nicht für Leser geschrieben, die es dem Autor übelnehmen würden, daß er den Gegenstand seiner Darstellung mit Liebe behandelt, statt mit »wissenschaftlicher Sachlichkeit«, die man auch Langeweile nennt.

Für wen also ist dieses Buch bestimmt?

Der Verfasser hegt die törichte Hoffnung, daß es noch Leser gibt, vor denen man die Ostjuden nicht zu verteidigen braucht; Leser, die Achtung haben vor Schmerz, menschlicher Größe und vor dem Schmutz, der überall das Leid begleitet; Westeuropäer, die auf ihre sauberen Matrazen nicht stolz sind; die fühlen, daß sie vom Osten viel zu empfangen hätten, und die vielleicht wissen, daß aus Galizien, Rußland, Litauen, Rumänien große Menschen und große Ideen kommen; aber auch (in ihrem Sinne) nützliche, die das feste Gefüge westlicher Zivilisation stützen und ausbauen helfen – nicht nur die Taschendiebe, die das niederträchtigste Produkt des westlichen Europäertums, nämlich der Lokalbericht, als »Gäste aus dem Osten« bezeichnet.

Dieses Buch wird leider nicht imstande sein, das ostjüdische Problem mit der umfassenden Gründlichkeit zu behandeln, die es erfordert und verdient. Es wird nur die Menschen zu schildern versuchen, die das Problem ausmachen und die Verhältnisse, die es verursachen. Es wird nur Bericht erstatten über Teile des riesigen Stoffgebiets, das, um in seiner Fülle behandelt zu werden, vom Autor so viel Wanderungen verlangen würde, wie viel einige ostjüdische Generationen durchlitten haben.

I.
OSTJUDEN IM WESTEN

Der Ostjude weiß in seiner Heimat nichts von der sozialen Ungerechtigkeit des Westens; nichts von der Herrschaft des Vorurteils, das die Wege, Handlungen, Sitten und Weltanschauungen des durchschnittlichen Westeuropäers beherrscht; nichts von der Enge des westlichen Horizonts, den Kraftanlagen umsäumen und Fabrikschornsteine durchzacken; nichts von dem Haß, der bereits so stark ist, daß man ihn als Daseinerhaltendes (aber Lebentötendes) Mittel sorgfältig hütet, wie ein ewiges Feuer, an dem sich der Egoismus jedes Menschen und jedes Landes wärmt. Der Ostjude sieht mit einer Sehnsucht nach dem Westen, die dieser keinesfalls verdient. Dem Ostjuden bedeutet der Westen Freiheit, die Möglichkeit, zu arbeiten und seine Talente zu entfalten, Gerechtigkeit und autonome Herrschaft des Geistes. Ingenieure, Automobile, Bücher, Gedichte schickt Westeuropa nach dem Osten. Es schickt Propagandaseifen und Hygiene, Nützliches und Erhebendes, es macht eine lügnerische Toilette für den Osten. Dem Ostjuden ist Deutschland zum Beispiel immer noch das Land Goethes und Schillers, der deutschen Dichter, die jeder lernbegierige jüdische Jüngling besser kennt, als unser hakenkreuzlerische Gymnasiast. Der Ostjude hat im Krieg nur jenen General kennengelernt, der eine humane Ansprache an die Jidden in Polen affichieren ließ, die das Kriegspressequartier formuliert hatte, nicht aber den General, der kein schöngeistiges Buch gelesen hat und trotzdem den Krieg verliert.

Dagegen sieht der Ostjude nicht die Vorzüge seiner Heimat; nicht die grenzenlose Weite des Horizonts; nichts von der Qualität dieses Menschenmaterials, das Heilige und Mörder aus Torheit hergeben kann, Melodien von trauriger Größe und besessener Liebe. Er sieht nicht die Güte des slavischen Menschen, dessen Roheit noch anständiger ist, als die gezähmte Bestialität des Westeuropäers, der sich in Perversionen Luft macht und das Gesetz umschleicht, mit dem höflichen Hut in der furchtsamen Hand.

Der Ostjude sieht die Schönheit des Ostens nicht. Man verbot ihm, in Dörfern zu leben, aber auch in großen Städten. In schmutzigen Straßen, in verfallenen Häusern leben die Juden. Der christliche Nachbar bedroht sie. Der Herr schlägt sie. Der Beamte läßt sie einsperren. Der Offizier schießt auf sie, ohne bestraft zu werden. Der Hund verbellt sie, weil sie in einer Tracht erscheinen, die Tiere ebenso, wie primitive Menschen reizt. In dunklen »Chedern« werden sie erzogen. Die schmerzliche Aussichtslosigkeit des jüdischen Gebets lernen sie im frühesten Kindesalter kennen; den leidenschaftlichen Kampf mit einem Gott, der mehr straft, als er liebt, und der einen Genuß, wie eine Sünde ankreidet; die strenge Pflicht, zu lernen und mit jungen Augen, die noch hungrig nach der Anschauung sind, das Abstrakte zu suchen.

Ostjuden gehen meist nur als Bettler und Hausierer über Land. Die große Mehrzahl kennt den Boden nicht, der sie ernährt. Der Ostjude fürchtet sich in fremden Dörfern und in Wäldern. Er ist teils freiwillig teils gezwungen ein Abgesonderter. Er hat nur Pflichten und keine Rechte, außer denen auf dem bekannten Papier, das nichts verbürgt. Aus

Zeitungen, Büchern und von optimistischen Emigranten hört er, daß der Westen ein Paradies sei. In Westeuropa gibt es einen gesetzlichen Schutz vor Pogromen. Juden werden in Westeuropa Minister und sogar Vizekönige. In vielen ostjüdischen Häusern ist das Bild jenes Moses Montefiore zu sehn, der am Tisch des Königs von England rituell gespeist hat. Der große Reichtum der Rothschilds wird im Osten märchenhaft übertrieben. Hie und da schreibt ein Ausgewanderter einen Brief, in dem er den Daheimgebliebenen die Vorzüge der Fremde schildert. Die meisten jüdischen Emigranten haben den Ehrgeiz, nicht zu schreiben, so lange es ihnen schlecht geht; und das Bestreben, die neue Wahlheimat vor der alten herauszustreichen. Sie haben die naive Sucht des Kleinstädters, den Ortsgenossen zu imponieren. In einer kleinen Stadt des Ostens wird der Brief eines Ausgewanderten eine Sensation. Alle jungen Leute des Orts – und sogar die Älteren – ergreift die Lust, auch auszuwandern; dieses Land zu verlassen, in dem jedes Jahr ein Krieg und jede Woche ein Pogrom ausbrechen könnte. Und man wandert, zu Fuß, mit der Eisenbahn und auf dem Wasser, nach den westlichen Ländern, in denen ein anderes, ein bischen reformiertes, aber nicht weniger grausames Ghetto sein Dunkel bereit hält, die neuen Gäste zu empfangen, die den Schikanen der Konzentrationslager halb lebendig entkommen sind.

Wenn hier die Rede von Juden war, die das Land nicht kennen, das sie ernährt – so war damit der größte Teil der Juden gemeint: nämlich der in Frömmigkeit und nach den alten Gesetzen lebende. Es gibt freilich Juden, die weder den Herrn, noch den Hund, weder die Polizei, noch die Offiziere fürchten, die nicht im Ghetto leben, Kultur und Sprache der

Wirtsvölker angenommen haben, – den Westjuden ähnlich und eher gesellschaftliche Gleichberechtigung genießend, als diese; dennoch in der freien Entfaltung ihrer Talente immer noch gehemmt, so lange sie ihre Konfession nicht gewechselt und sogar, nachdem sie es getan haben. Denn unvermeidlich ist die durchaus jüdische Verwandtschaft des glücklich Assimilierten und selten entgeht ein Richter, ein Advokat, ein Kreisarzt jüdischer Abstammung dem Schicksal, einen Onkel zu besitzen, einen Vetter, einen Großvater, der schon durch sein Aussehen die Karriere des Arrivierten gefährdet und dessen gesellschaftliche Achtung beeinträchtigt.

Diesem Schicksal entgeht man schwer. Und statt es zu fliehen, beschließen viele, sich ihm zu unterwerfen, indem sie ihr Judentum nicht nur nicht verleugnen, sondern sogar kräftig betonen und sich zu einer »jüdischen Nation« bekennen, über deren Bestand seit einigen Jahrzehnten kein Zweifel mehr ist und über deren »Berechtigung« unmöglich ein Streit entstehen kann, weil schon der Wille von einigen Millionen Menschen genügt, eine »Nation« zu bilden, selbst, wenn sie früher nicht bestanden haben sollte.

Der jüdisch-nationale Gedanke ist im Osten sehr lebendig. Sogar Menschen, die weder mit der Sprache, noch mit der Kultur, noch mit der Religion ihrer Väter viel gemein haben, bekennen sich, kraft ihres Blutes und ihres Willens, zur »jüdischen Nation«. Sie leben als »nationale Minderheit« im fremden Lande, um ihre staatsbürgerlichen und nationalen Rechte besorgt und kämpfend, teils der palästinensischen Zukunft entgegen, teils ohne den Wunsch nach einem eigenen Land, und mit Recht überzeugt, daß die Erde Allen gehört, die ihre Pflicht ihr gegenüber erfüllen;

doch nicht imstande, die Frage zu lösen, wie der primitive Haß gelöscht werden könnte, der im Wirtsvolk gegen eine gefährlich scheinende Anzahl Fremder brennt und Unheil anrichtet. Auch diese Juden leben nicht mehr im Ghetto, ja, nicht einmal mehr in der wahren und warmen Tradition – heimatlos, wie auch die Assimilierten und zuweilen heroisch, weil sie freiwillig Opfer für eine Idee sind – und sei es auch für eine nationale ...

Sowohl die nationalen, als auch die assimilierten Juden bleiben meist im Osten. Jene, weil sie ihre Rechte erkämpfen und nicht fliehen wollen, diese weil sie sich einbilden, die Rechte zu besitzen, oder, weil sie das Land lieben, wie der christliche Teil des Volkes – und mehr als dieser. Die Emigranten also sind Menschen, die müde werden dieser kleinen und grausamen Kämpfe und die wissen, fühlen, oder nur ahnen, daß im Westen ganz andere Probleme lebendig werden, neben den nationalen, und daß die nationalen Streitigkeiten im Westen ein lärmendes Echo von gestern sind, und nur ein Schall von heute; daß im Westen ein europäischer Gedanke geboren ist, der übermorgen oder sehr spät und nicht ohne Leid zu einem Weltgedanken reifen wird. Diese Juden ziehen es vor, in Ländern zu leben, in denen die Rassen- und nationalen Fragen nur noch die stimmkräftigen und sogar mächtigen, aber zweifellos gestrigen und mit einem Geruch von Moder, Blut und Dummheit umherwandelnden Teile der Völker beschäftigt, in Ländern, in denen trotz Allem einige Köpfe an den Fragen von Morgen arbeiten. (Diese Emigranten stammen aus den russischen Grenzländern, *nicht* aus Rußland). Andere wandern aus, weil sie Beruf und Arbeit verloren haben oder nicht finden. Es sind Brotsucher, Proletarier, wenn auch nicht immer mit proletarischem Bewußtsein. Andere sind vor dem Krieg und der Revolution geflohen. Es sind »Flüchtlinge«, meist Kleinbürger und Bürger, verbissene Feinde der Revolution und konservativ, wie es kein bodenständiger Landadeliger sein könnte.

Viele wandern aus Trieb und ohne recht zu wissen, warum. Sie folgen einem unbestimmten Ruf der Fremde, oder dem bestimmten eines arrivierten Verwandten, der Lust die Welt zu sehen und der angeblichen Enge der Heimat zu entfliehen, dem Willen zu wirken und ihre Kräfte gelten zu lassen.

Viele kehren zurück. Noch mehr bleiben unterwegs. Die Ostjuden haben nirgends eine Heimat, aber Gräber auf jedem Friedhof. Viele werden reich. Viele werden bedeutend. Viele werden schöpferisch in fremder Kultur. Viele verlieren sich und die Welt. Viele bleiben im Ghetto und erst ihre Kinder werden es verlassen. Die Meisten geben dem Westen mindestens so viel, wieviel er ihnen nimmt. Manche geben ihm mehr, als er ihnen gibt. Das Recht im Westen zu leben, haben jedenfalls Alle, die sich opfern, indem sie ihn aufsuchen.

Ein Verdienst um den Westen erwirbt sich jeder, der mit frischer Kraft gekommen ist, die tödliche, hygienische Langeweile dieser Zivilisation zu unterbrechen – und sei es selbst um den Preis einer Quarantäne, die wir den Emigranten vorschreiben, ohne zu fühlen, daß unser ganzes Leben eine Quarantäne ist und alle unsere Länder Baracken und Konzentrationslager, allerdings mit modernstem Komfort. Die Emigranten assimilieren sich – leider! – nicht zu langsam, wie man ihnen vorwirft, sondern viel zu rasch an unsere traurigen Lebensbedingungen. Ja, sie werden sogar Diplomaten und Zeitungsschreiber, Bürgermeister und Würdenträger, Polizisten und

Bankdirektoren und ebensolche Stützen der Gesellschaft, wie es die bodenständigen Glieder der Gesellschaft sind. Nur sehr wenige sind revolutionär. Viele sind Sozialisten aus persönlicher Notwendigkeit. In der Lebensform, die der Sozialismus erkämpfen will, ist die Unterdrückung einer Rasse unmöglich. Viele sehen im Antisemitismus eine Erscheinung der kapitalistischen Wirtschaftsform. Sie sind nicht bewußt *deshalb* Sozialisten. Sie sind Sozialisten, weil sie Unterdrückte sind.

Die meisten sind Kleinbürger und Proletarier ohne proletarisches Bewußtsein. Viele sind reaktionär aus bürgerlichem Instinkt, aus Liebe zum Besitz und zur Tradition, aber auch aus der nicht unbegründeten Furcht vor einer veränderten Situation, die für Juden keine verbesserte sein könne. Es ist ein historisches Gefühl, genährt durch Erfahrungen, daß die Juden die ersten Opfer aller Blutbäder sind, welche die Weltgeschichte veranstaltet.

Deshalb ist vielleicht der jüdische Arbeiter ruhig und geduldig. Der jüdische Intellektuelle mag mit leidenschaftlicher Aktivität der revolutionären Bewegung Antrieb und Schärfe geben. Der ostjüdische Arbeiter ist in seiner Liebe zur Arbeit, seiner nüchternen Denkweise, seinem ruhigen Leben dem Deutschen zu vergleichen.

Es gibt nämlich ostjüdische Arbeiter – ich vermute, daß man diese Selbstverständlichkeit unterstreichen muß, in einem Land, in dem in so kurzen Abständen »Organe der Öffentlichkeit« das Wort von der »unproduktiven Masse der östlichen Einwanderer« wiederholen. Es gibt ostjüdische Arbeiter, Juden, die nicht feilschen, handeln, überbieten und »rechnen« können, alte Kleider nicht einkaufen, mit Bündeln nicht hausieren, die aber dennoch oft gezwungen werden, einen demütigenden und traurigen Handel zu betreiben, weil keine Fabrik sie nimmt, weil (gewiß notwendige) Gesetze die einheimischen Arbeiter vor der Konkurrenz Fremder schützen und weil, gäbe es selbst diese Gesetze nicht, das Vorurteil der Unternehmer, aber auch der Kameraden den jüdischen Arbeiter unmöglich machen könnte. In Amerika ist er nicht selten. In Westeuropa weiß man nichts von seiner Existenz und leugnet sie.

Man leugnet im Westen auch den jüdischen Handwerker. Im Osten gibt es jüdische Klempner, Tischler, Schuster, Schneider, Kürschner, Faßbinder, Glaser und Dachdecker. Der Begriff von Ländern im Osten, in denen alle Juden Wunderrabbis sind oder Handel treiben, die ganze christliche Bevölkerung aus Bauern besteht, die mit den Schweinen zusammen wohnen, und aus Herren, die unaufhörlich auf die Jagd gehen und trinken, diese kindischen Vorstellungen sind ebenso lächerlich, wie der Traum des Ostjuden von einer westeuropäischen Humanität. Dichter und Denker sind unter den Menschen im Osten häufiger, als Wunderrabbis und Händler. Im übrigen können Wunderrabbis und sogar Händler im Hauptberuf Dichter und Denker sein, was westeuropäischen Generälen zum Beispiel sehr schwer zu fallen scheint.

Der Krieg, die Revolution in Rußland, der Zerfall der österreichischen Monarchie haben die Zahl der nach dem Westen emigrierenden Juden bedeutend erhöht. Sie sind gewiß nicht gekommen, um die Pest zu verbreiten und die Schrecken des Krieges und die (übertriebenen) Grausamkeiten der Revolution. Sie sind von der Gastfreundschaft der Westeuropäer noch weniger entzückt gewesen, als diese von dem

Besuch der geschmähten Gäste. (Die Ostjuden hatten die westeuropäischen Soldaten ganz anders aufgenommen.) Da sie nun einmal, diesmal nicht freiwillig, im Westen waren, mußten sie einen Erwerb suchen. Sie fanden ihn am leichtesten im Handel, der durchaus kein leichter Beruf ist. Sie gaben sich auf, indem sie Händler im Westen wurden.

Sie gaben sich auf. Sie verloren sich. Ihre traurige Schönheit fiel von ihnen ab, und eine staubgraue Schicht von Gram ohne Sinn und niedrigem Kummer ohne Tragik blieb auf ihren gekrümmten Rücken. Die Verachtung blieb an ihnen kleben, – früher hatten sie nur Steinwürfe erreicht. Sie schlossen Kompromisse. Sie veränderten ihre Tracht, ihre Bärte, ihr Kopfhaar, ihren Gottesdienst, ihren Sabbath, ihren Haushalt – sie selbst hielten noch an den Traditionen fest, aber die Überlieferung löste sich von ihnen. Sie wurden einfache kleine Bürger. Die Sorgen der kleinen Bürger waren ihre Sorgen. Sie zahlten Steuern, bekamen Meldezettel, wurden registriert und bekannten sich zu einer »Nationalität«, zu einer »Staatsbürgerschaft«, die ihnen mit vielen Schikanen »erteilt« wurde, sie benutzten die Straßenbahnen, die Lifts, alle Segnungen der Kultur. Sie hatten sogar ein »Vaterland«.

Es ist ein provisorisches Vaterland. Der jüdische Nationalgedanke ist im Ostjuden lebendig, auch dann noch, wenn er eine halbe Assimilation an die westlichen Sitten und Gebräuche vollzogen hat. Ja, Zionismus und Nationalitätsbegriff sind im Wesen westeuropäisch, wenn auch nicht im Ziel. Nur im Orient leben noch Menschen, die sich um ihre »Nationalität«, das heißt Zugehörigkeit zu einer »Nation« nach westeuropäischen Begriffen nicht kümmern. Sie sprechen mehrere Sprachen und sind ein Produkt mehrerer Rassenmischungen und ihr Vaterland ist dort, wo man sie zwangsweise in eine militärische Formation einreiht. Die kaukasischen Armenier waren lange Zeit weder Russen, noch Armenier, sie waren eben Mohammedaner und Kaukasier und sie lieferten den russischen Zaren die treuesten Leibgarden. Der nationale Gedanke ist ein westlicher. Den Begriff »Nation« haben westeuropäische Gelehrte erfunden und zu erklären versucht. Die alte österreichisch-ungarische Monarchie lieferte den scheinbar praktischen Beweis für die Nationalitäten-Theorie. Das heißt, sie hätte den Beweis für das Gegenteil dieser Theorie liefern können, wenn sie gut regiert worden wäre. Die Unfähigkeit ihrer Regierungen lieferte den praktischen Beweis für eine Theorie, die also durch einen Irrtum erhärtet wurde und sich durchgesetzt hat, dank den Irrtümern. Der moderne Zionismus entstand in Österreich, in Wien. Ein österreichischer Journalist hat ihn begründet. Kein anderer hätte ihn begründen können. Im österreichischen Parlament saßen die Vertreter verschiedener Nationen und waren damit beschäftigt, um nationale Rechte und Freiheiten zu kämpfen, die ganz selbstverständlich gewesen wären, wenn man sie gewährt hätte. Das österreichische Parlament war ein Ersatz für nationale Schlachtfelder. Versprach man den Tschechen eine neue Schule, so fühlten sich die Deutschen in Böhmen gekränkt. Und gab man den Polen in Ostgalizien einen Statthalter polnischer Zunge, so hatte man die Ruthenen beleidigt. Jede österreichische Nation berief sich auf die »Erde«, die ihr gehörte. Nur die Juden konnten sich auf keinen eigenen Boden (»Scholle« sagt man in diesem Fall) berufen. Sie waren in Galizien in ihrer Mehrheit weder Polen, noch Ruthenen. Der

Antisemitismus aber lebte sowohl bei Deutschen, als auch bei Tschechen, sowohl bei den Polen, als auch bei den Ruthenen, sowohl bei den Magyaren, als auch bei den Rumänen in Siebenbürgen. Die Juden widerlegten das Sprichwort, das da sagt, der Dritte gewänne, wenn zwei sich stritten. Die Juden waren der Dritte, der immer verlor. Da rafften sie sich auf, und bekannten sich zu einer, zu ihrer Nationalität: zur jüdischen. Den Mangel an einer eigenen »Scholle« in Europa ersetzten sie durch ein Streben nach der palästinensischen Heimat. Sie waren immer Menschen im Exil gewesen. Jetzt wurden sie eine Nation im Exil. Sie entsandten jüdischnationale Vertreter ins österreichische Parlament und begannen ebenfalls um nationale Rechte und Freiheiten zu kämpfen, ehe man ihnen noch die primitivsten menschlichen zuerkannt hatte.

»Nationale Autonomie« war der Schlachtruf Europas, in den die Juden einstimmten. Der Versailler Friedensvertrag und der Völkerbund bemühten sich, auch den Juden das Recht auf ihre »Nationalität« zuzuerkennen. Heute sind die Juden in vielen Staaten eine »nationale Minderheit«. Sie haben noch lange nicht, was sie wollen, aber sie haben viel: eigene Schulen, das Recht auf ihre Sprache und einige solcher Rechte mehr, mit denen man glaubt, Europa glücklich zu machen.

Aber selbst, wenn es den Juden gelingen würde, in Polen, in der Tschechoslowakei, in Rumänien, in Deutschösterreich alle Rechte einer »nationalen Minderheit« zu erkämpfen, so erhöbe sich immer noch die große Frage, ob die Juden nicht noch viel mehr sind, als eine nationale Minderheit europäischer Fasson; ob sie nicht mehr sind, als eine »Nation«, wie man sie in Europa versteht; und ob sie nicht einen

Anspruch auf viel Wichtigeres aufgeben, wenn sie den auf »nationale Rechte« erheben.

Welch' ein Glück, eine »Nation« zu sein, wie Deutsche, Franzosen, Italiener, nachdem man schon vor dreitausend Jahren eine »Nation« gewesen ist und »heilige Kriege« geführt und »große Zeiten« erlebt hat! Nachdem man fremde Generäle enthauptet und eigene überwunden hat? Die Epoche der »National-Geschichte« und »Vaterlandskunde« haben die Juden schon hinter sich. Sie besetzten und besaßen Grenzen, eroberten Städte, krönten Könige, zahlten Steuern, waren Untertanen, hatten »Feinde«, wurden gefangen genommen, trieben Weltpolitik, stürzten Minister, hatten eine Art Universität, Professoren und Schüler, eine hochmütige Priesterkaste und Reichtum, Armut, Prostitution, Besitzende und Hungrige, Herren und Sklaven. Wollen sie es noch einmal? Beneiden sie die europäischen Staaten?

Sie wollen gewiß nicht nur ihre »nationale Eigenart« bewahren. Sie wollen ihre Rechte auf Leben, Gesundheit, persönliche Freiheit, Rechte, die man ihnen in fast allen europäischen Ländern entzieht oder schmälert. In Palästina vollzieht sich tatsächlich eine nationale Wiedergeburt. Die jungen Chaluzim sind tapfere Bauern und Arbeiter und sie beweisen die Fähigkeit des Juden zu arbeiten und Ackerbau zu treiben und ein Sohn der Erde zu werden, obwohl er Jahrhunderte lang ein Buchmensch war. Leider sind die Chaluzim auch gezwungen, zu kämpfen, Soldaten zu sein und das Land gegen die Araber zu verteidigen. Und damit ist das europäische Beispiel nach Palästina übertragen. Leider ist der junge Chaluz nicht nur ein Heimkehrer in das Land seiner Väter und ein Proletarier mit dem gerechten Sinn eines arbeitenden Menschen; sondern er ist auch ein »Kulturträger«. Er ist ebenso Jude, wie Europäer. Er bringt den Arabern Elektrizität, Füllfedern, Ingenieure, Maschinengewehre, flache Philosophien und den ganzen Kram, den England liefert. Gewiß müßten sich die Araber über neue, schöne Straßen freuen. Aber der Instinkt des Naturmenschen empört sich mit Recht gegen den Einbruch einer angelsächsisch-amerikanischen Zivilisation, die den ehrlichen Namen der nationalen Wiedergeburt trägt. Der Jude hat ein Recht auf Palästina, nicht, weil er aus diesem Lande kommt, sondern, weil ihn kein anderes Land will. Daß der Araber um seine Freiheit fürchtet, ist aber ebenso verständlich, wie der Wille der Juden ehrlich ist, dem Araber ein treuer Nachbar zu sein. Und dennoch wird die Einwanderung der jungen Juden nach Palästina immer an eine Art jüdischen Kreuzzugs erinnern, weil sie leider auch schießen.

Wenn also auch die Juden durchaus die üblen Sitten und Gebräuche der Europäer ablehnten, sie können sie nicht ganz ablegen. Sie sind selbst Europäer. Der jüdische Statthalter von Palästina ist ohne Zweifel ein Engländer. Und wahrscheinlich mehr Engländer, als Jude. Die Juden sind Objekt oder ahnungslose Vollstrecker europäischer Politik. Sie werden benutzt, oder mißbraucht. Jedenfalls wird es ihnen schwer gelingen, eine Nation mit einer ganz neuen, uneuropäischen Physiognomie zu werden. Das europäische Kainszeichen bleibt. Es ist gewiß besser, selbst eine Nation zu sein, als von einer anderen mißhandelt zu werden. Aber es ist nur eine schmerzliche Notwendigkeit. Welch ein Stolz für den Juden, der längst abgerüstet hat, noch einmal zu beweisen, daß er *auch* exerzieren kann!

Denn es ist gewiß nicht der Sinn der Welt, aus »Nationen« zu bestehen und aus Vaterländern, die, selbst, wenn sie wirklich nur ihre kulturelle Eigenart bewahren wollten, noch immer nicht das Recht hätten, auch nur ein einziges Menschenleben zu opfern. Die Vaterländer und Nationen wollen aber in Wirklichkeit noch mehr, noch weniger: nämlich Opfer für materielle Interessen. Sie schaffen »Fronten«, um Hinterländer zu bewahren. Und in dem ganzen tausendjährigen Jammer, in dem die Juden leben, hatten sie nur den einen Trost: nämlich den, ein solches Vaterland *nicht* zu besitzen. Wenn es jemals eine gerechte Geschichte geben wird, so wird sie es den Juden hoch anrechnen, daß sie die Vernunft bewahren durften, weil sie kein »Vaterland« besaßen, in einer Zeit, in der die ganze Welt sich dem patriotischen Wahnsinn hingab.

Sie haben kein »Vaterland«, die Juden, aber jedes Land, in dem sie wohnen und Steuer zahlen, verlangt von ihnen Patriotismus und Heldentod und wirft ihnen vor, daß sie nicht gerne sterben. In dieser Lage ist der Zionismus wirklich noch der einzige Ausweg: wenn schon Patriotismus, dann lieber einen für das eigene Land.

Solange aber die Juden noch in fremden Ländern leben, müssen sie für diese Länder leben und leider auch sterben. Ja, es gibt sogar Juden, die für diese Länder gerne leben und gerne sterben. Es gibt Ostjuden, welche sich an die Länder ihrer Wahl assimilieren und die Vorstellungen der einheimischen Bevölkerung von »Vaterland«, »Pflicht«, »Heldentod« und »Kriegsanleihe« vollkommen aufgenommen haben. Sie sind Westjuden, Westeuropäer geworden.

Wer ist »Westjude«? Ist es derjenige, der nachweisen kann, daß seine Ahnen in der glücklichen Lage waren, vor den westeuropäischen, bezw. deutschen Pogromen im Mittelalter und später, niemals fliehen zu müssen? Ist ein Jude aus Breslau, das lange Zeit »Wroclaw« hieß und eine polnische Stadt war, mehr Westjude, als einer aus Krakau, das heute noch polnisch ist? Ist derjenige schon Westjude, dessen Vater sich nicht mehr erinnern kann, wie es in Posen oder in Lemberg aussieht? Fast alle Juden waren einmal Westjuden, ehe sie nach Polen und Rußland kamen. Und alle Juden waren einmal »Ostjuden«, ehe ein Teil von ihnen westjüdisch wurde. Und die Hälfte aller Juden, die heute verächtlich oder geringschätzig vom Osten sprechen, hatte Großväter, die aus Tarnopol kamen. Und selbst, wenn ihre Großväter nicht aus Tarnopol kamen, so ist es nur ein Zufall, daß ihre Ahnen nicht nach Tarnopol hatten fliehen müssen. Wie leicht konnte einer im Gedränge eines Pogroms nach dem Osten geraten, wo man ihn noch nicht zu prügeln begonnen hatte! ... Es ist deshalb ungerecht, zu behaupten, daß ein Jude, der 1914 aus dem Osten nach Deutschland kam, den Sinn der Kriegsanleihe oder der Musterung weniger begriffen hätte, als ein Jude, dessen Ahnen schon seit 300 Jahren zur Musterung oder zum Steueramt gingen. Je dümmer der Einwanderer war, desto schneller zeichnete er Kriegsanleihe. Viele Juden, Ostjuden oder Söhne und Enkel von Ostjuden, sind für alle europäischen Länder im Kriege gefallen. Ich sage es nicht, um die Ostjuden zu entschuldigen. Im Gegenteil: *ich werfe es ihnen vor.*

Sie starben, litten, bekamen Typhus, lieferten »Seelsorger« für das Feld, obwohl Juden ohne Rabbiner sterben dürfen und der patriotischen Feldpredigt noch weniger bedurften, als ihre christlichen Kameraden. Sie näherten sich vollkommen den westlichen Unsitten und Mißbräuchen. Sie assimilierten sich.

Sie beten nicht mehr in Synagogen und Bethäusern, sondern in langweiligen Tempeln, in denen der Gottesdienst so mechanisch wird, wie in jeder besseren protestantischen Kirche. Sie werden Tempeljuden, das heißt: guterzogene, glattrasierte Herren in Gehröcken und Zylindern, die das Gebetbuch in den Leitartikel des jüdischen Leibblattes packen, weil sie glauben, man erkenne sie an diesem Leitartikel weniger, als an dem Gebetbuch. In den Tempeln hört man die Orgel, der Kantor und der Prediger tragen eine Kopfbedeckung, die sie dem christlichen Geistlichen ähnlich macht. Jeder Protestant, der sich in einen jüdischen Tempel verirrt, muß zugeben, daß der Unterschied zwischen Jud und Christ gar nicht groß ist und daß man eigentlich aufhören müßte, ein Antisemit zu sein, wenn die jüdische Geschäftskonkurrenz nicht gar so gefährlich wäre. Die Großväter kämpften noch verzweifelt mit Jehovah, schlugen sich die Köpfe wund an den tristen Mauern des kleinen Bethauses, riefen nach Strafe für ihre Sünden und flehten um Vergebung. Die Enkel sind westlich geworden. Sie bedürfen der Orgel, um sich in Stimmung zu bringen, ihr Gott ist eine Art abstrakter Naturgewalt, ihr Gebet ist eine Formel. Und darauf sind sie stolz! Sie sind Leutnants in der Reserve und ihr Gott ist der Vorgesetzte eines Hofkaplans und just jener Gott, von dessen Gnaden die Könige herrschten.

Das nennt man dann: westliche Kultur haben. Wer diese Kultur hat, darf bereits den Vetter verachten, der, noch echt und unberührt, aus dem Osten kommt und mehr Menschlichkeit und Göttlichkeit besitzt, als alle Prediger in den theologischen Seminaren Westeuropas finden können. Hoffentlich wird dieser Vetter genug Kraft haben, nicht der Assimilation zu verfallen.

Im Folgenden werde ich versuchen, zu beschreiben, wie er und Menschen seiner Art in der Heimat und in der Fremde leben.

II.
DAS JÜDISCHE STÄDTCHEN

Die kleine Stadt liegt mitten im Flachland, von keinem Berg, von keinem Wald, keinem Fluß begrenzt. Sie läuft in die Ebene aus. Sie fängt mit kleinen Hütten an und hört mit ihnen auf. Die Häuser lösen die Hütten ab. Da beginnen die Straßen. Eine läuft von Süden nach Norden, die andere von Osten nach Westen. Im Kreuzungspunkt liegt der Marktplatz. Am äußersten Ende der Nord-Südstraße liegt der Bahnhof. Einmal im Tag kommt ein Personenzug. Einmal im Tag fährt ein Personenzug ab. Dennoch haben viele Leute den ganzen Tag am Bahnhof zu tun. Denn sie sind Händler. Sie interessieren sich auch für Güterzüge. Außerdem tragen sie gern eilige Briefe zur Bahn, weil die Postkasten in der Stadt nur einmal täglich geleert werden. Den Weg zur Bahn legt man zu Fuß in 15 Minuten zurück. Wenn es regnet, muß man einen Wagen nehmen, weil die Straße schlecht geschottert ist und im Wasser steht. Die armen Leute tun sich zusammen und nehmen gemeinsam einen Wagen, in dem sechs Personen zwar nicht sitzen können, aber immerhin Platz finden. Der reiche Mann sitzt allein in einem Wagen und bezahlt für die Fahrt mehr, als sechs Arme. Es gibt acht Droschken, die dem Verkehr dienen. Sechs sind Einspänner. Die zwei Zweispänner sind für vornehme Gäste, die manchmal durch einen Zufall in diese Stadt geraten. Die acht Droschkenkutscher sind Juden. Es sind fromme Juden, die ihre Bärte nicht schneiden lassen, aber keine allzulangen Röcke tragen, wie ihre Glaubensgenossen. Ihren Beruf können sie in kurzen Joppen besser ausüben. Am Sabbath fahren sie nicht. Am Sabbath hat auch niemand etwas bei der Bahn zu suchen. Die Stadt hat achtzehntausend Einwohner, von denen 15000 Juden sind. Unter den 3000 Christen sind etwa 100 Händler und Kaufleute, ferner 100 Beamte, einer Notar, einer Bezirksarzt und acht Polizisten. Es gibt zwar zehn Polizisten. Aber von diesen sind merkwürdigerweise zwei Juden. Was die andern Christen machen, weiß ich nicht genau. Von den 15000 Juden leben 8000 vom Handel. Sie sind kleine Krämer, größere Krämer und große Krämer. Die anderen 7000 Juden sind kleine Handwerker, Arbeiter, Wasserträger, Gelehrte, Kultusbeamte, Synagogendiener, Lehrer, Schreiber, Thoraschreiber, Tallesweber, Ärzte, Advokaten, Beamte, Bettler und verschämte Arme, die von der öffentlichen Wohltätigkeit leben, Totengräber, Beschneider und Grabsteinhauer.

Die Stadt hat zwei Kirchen, eine Synagoge und etwa 40 kleine Bethäuser. Die Juden beten täglich dreimal. Sie müßten sechsmal den Weg zur Synagoge und nach Hause oder in den Laden zurücklegen, wenn sie nicht so viele Bethäuser hätten, in denen man übrigens nicht nur betet, sondern auch jüdische Wissenschaft lernt. Es gibt jüdische Gelehrte, die von fünf Uhr früh bis zwölf Uhr nachts im Bethaus studieren, wie europäische Gelehrte etwa in einer Bibliothek. Nur am Sabbath und an Feiertagen kommen sie zu den Mahlzeiten heim. Sie leben, wenn sie nicht Vermögen oder Gönner haben, von kleinen Gaben der Gemeinde und gelegentlichen frommen Arbeiten, wie zum Beispiel: Vorbeten oder Unterricht oder Schofarblasen an hohen Feiertagen. Ihre Familie, das Haus, die Kinder versorgen die Frauen, die einen kleinen Handel mit Kukuruz im Sommer, mit

Naphta im Winter, mit Essiggurken und Bohnen und Backwerken betreiben.

Die Händler und die andern im Leben stehenden Juden beten sehr schnell und haben noch hie und da Zeit, Neuigkeiten zu besprechen und die Politik der großen Welt und die Politik der kleinen. Sie rauchen Zigaretten und schlechten Pfeifentabak im Bethaus. Sie benehmen sich wie in einem Kasino. Sie sind bei Gott nicht seltene Gäste, sondern zu Hause. Sie statten ihm nicht einen Staatsbesuch ab, sondern versammeln sich täglich dreimal an seinen reichen, armen, heiligen Tischen. Im Gebet empören sie sich gegen ihn, schreien zum Himmel, klagen über seine Strenge und führen bei Gott Prozeß gegen Gott, um dann einzugestehn, daß sie gesündigt haben, daß alle Strafen gerecht waren und daß sie besser sein wollen. Es gibt kein Volk, das dieses Verhältnis zu Gott hätte. Es ist ein altes Volk und es kennt ihn schon lange! Es hat seine große Güte erlebt und seine kalte Gerechtigkeit, es hat oft gesündigt und bitter gebüßt und es weiß, daß es gestraft werden kann, aber niemals verlassen.

Dem Fremden erscheinen alle Bethäuser gleich. Aber sie sind es nicht und in vielen ist der Gottesdienst verschieden. Die jüdische Religion kennt keine Sekten, wohl aber verschiedene sektenartige Gruppen. Es gibt eine unerbittlich strenge und eine gemilderte Orthodoxie, es gibt eine Anzahl »aschkenasischer« und »sephardischer« Gebete und Textverschiedenheiten in denselben Gebeten.

Sehr deutlich ist die Trennung zwischen sogenannten aufgeklärten Juden und den Kabbalagläubigen, den Anhängern der einzelnen Wunderrabbis, von denen jeder seine bestimmte »Chassidim«-gruppe hat. Die aufgeklärten Juden sind nicht etwa ungläubige Juden. Sie verwerfen nur jeden Mystizismus und ihr fester Glaube an die Wunder, die in der Bibel erzählt werden, kann nicht erschüttert werden durch die Ungläubigkeit, mit der sie den Wundern des gegenwärtigen Rabbis gegenüberstehn. Für die Chassidim ist der Wunderrabbi der Mittler zwischen Mensch und Gott. Die »aufgeklärten« Juden bedürfen keines Mittlers. Ja, sie betrachten es als Sünde, an eine irdische Macht zu glauben, die imstande wäre, Gottes Ratschlüssen vorzugreifen, und sie sind selbst ihre eigenen Fürsprecher. Dennoch können sich viele Juden, auch, wenn sie keine Chassidim sind, der wunderbaren Atmosphäre, die um einen Rabbi weht, nicht entziehen und ungläubige Juden und selbst christliche Bauern begeben sich in schwierigen Lagen zum Rabbi, um Trost und Hilfe zu finden.

Dem Fremden und dem Feind stellen alle Ostjuden eine geschlossene Front entgegen, oder eine scheinbar geschlossene Front. Nichts dringt an die Außenwelt von dem Eifer, mit dem einzelne Gruppen einander bekämpfen, von dem Haß und der Bitterkeit, welche die Anhänger des einen Wunderrabbis gegen die des andern aufbringen und von der Verachtung, die alle frommen Juden gegen jene Söhne ihres Volkes hegen, die sich äußerlich an die Sitten und die Tracht ihrer christlichen Umgebung angepaßt haben. Die meisten frommen Juden verurteilen einen Mann aufs Schärfste, der sich den Bart rasieren läßt – – wie überhaupt das rasierte Gesicht das deutliche Merkmal für den Abfall vom Glauben darstellt. Der rasierte Jude trägt nicht mehr das Kennzeichen seines Volkes. Er versucht, auch wenn er es nicht will, so auszusehen, wie einer der glücklichen Christen, die man nicht verfolgt und nicht verspottet. Auch er entgeht dem Antisemitismus nicht. Aber es ist eben die Pflicht der Juden, nicht von den Menschen, sondern von Gott eine Milderung ihres Schicksals zu erwarten. Jede, noch so äußerliche Assimilation ist eine Flucht, oder der Versuch einer Flucht aus der traurigen Gemeinschaft der Verfolgten; ist ein Versuch, Gegensätze auszugleichen, die trotzdem vorhanden sind.

Man hat keine Grenzen mehr, um sich vor Vermischung zu schützen. Deshalb trägt jeder Jude Grenzen um sich. Es wäre schade, sie aufzugeben. Denn so groß die Not ist, die Zukunft bringt die herrlichste Erlösung. Die scheinbare Feigheit des Juden, der auf den Steinwurf des spielenden Knaben nicht reagiert und den schmähenden Zuruf nicht hören will, ist in Wahrheit der Stolz Eines, der weiß, daß er einmal siegen wird und daß ihm nichts geschehen kann, wenn Gott es nicht will und daß eine Abwehr nicht so wunderbar schützt, wie Gottes Wille es tut. Hat er sich nicht schon freudig verbrennen lassen? Was tut ihm ein Kieselstein und was der Speichel eines wütigen Hundes? Die Verachtung, die ein Ostjude gegen den Ungläubigen empfindet, ist tausendmal größer, als jene, die ihn selbst treffen könnte. Was ist der reiche Herr, was der Polizeioberst, was ein General, was ein Statthalter gegen ein Wort Gottes, gegen eines jener Worte, die der Jude immer im Herzen hat? Während er den Herrn grüßt, verlacht er ihn. Was weiß dieser Herr von dem wahren Sinn des Lebens? Selbst, wenn er weise wäre, seine Weisheit schwämme an der Oberfläche der Dinge. Er mag die Gesetze des Landes kennen, Eisenbahnen bauen und merkwürdige Gegenstände erfinden, Bücher schreiben und mit Königen auf die Jagd gehn. Was ist das alles gegen ein kleines Zeichen in der Heiligen Schrift und gegen die dümmste Frage des jüngsten Talmudschülers?

Dem Juden, der so denkt, ist jedes Gesetz, das ihm persönliche und nationale Freiheit verbürgt, höchst gleichgültig. Von den Menschen kann ihm nichts wirklich Gutes kommen. Ja, es ist fast eine Sünde, bei den Menschen um etwas zu kämpfen. Dieser Jude ist kein »nationaler« Jude im westeuropäischen Sinne. Er ist Gottes Jude. Um Palästina kämpft er nicht. Er haßt den Zionisten, der mit den lächerlichen europäischen Mitteln ein Judentum aufrichten will, das keines mehr wäre, weil es nicht den Messias erwartet hat und nicht Gottes Sinnesänderung, die ja bestimmt kommen wird. Es liegt in diesem großen Wahn so viel Opfermut, wie in der Tapferkeit der jungen Chaluzim, die Palästina aufbauen – – mag diese auch zu einem Ziele führen und jene zur Vernichtung. Zwischen dieser Orthodoxie und einem Zionismus, der am Sabbath Wege baut, kann es keine Versöhnung geben. Einem ostjüdischen Chassid und Orthodoxen ist ein Christ näher als ein Zionist. Denn dieser will das Judentum von Grund aus verändern. Er will eine jüdische Nation, die ungefähr so aussehen soll, wie die europäischen Nationen. Man wird dann vielleicht ein eigenes Land haben, aber keine Juden. Diese Juden merken nicht, daß der Fortschritt der Welt die jüdische Religion vernichtet und daß immer weniger Gläubige ausharren und daß die Zahl der Frommen zusammenschmilzt. Sie sehen die jüdische Entwicklung nicht im Zusammenhang mit der Entwicklung der Welt. Sie denken erhaben und falsch.

Viele Orthodoxe haben sich überzeugen lassen. Sie sehen nicht mehr im rasierten Bart das Abzeichen des Abtrünnigen. Ihre Kinder und Enkel gehen als Arbeiter nach Palästina. Ihre Kinder werden jüdischnationale Abgeordnete. Sie haben sich abgefunden und versöhnt und sie haben trotzdem nicht aufgehört, an das Wunder des Messias zu glauben. Sie haben Kompromisse geschlossen.

Unversöhnlich und erbittert bleibt noch eine große Masse der Chassidim, die innerhalb des Judentums eine sehr merkwürdige Stellung einnehmen. Sie sind für den Westeuropäer ebenso ferne und rätselhaft, wie etwa die Bewohner des Himalaja, die jetzt in Mode gekommen sind. Ja, sie sind schwerer zu erforschen, denn sie haben, vernünftiger, als die wehrlosen Objekte europäischen Forschungseifers, bereits die zivilisatorische Oberflächlichkeit Europas kennen gelernt und man kann ihnen weder mit einem Kinoapparat, noch mit einem Fernglas, noch mit einem Aeroplan imponieren. Aber selbst, wenn ihre Naivetät und ihre Gastfreundschaft so groß wären, wie die der andern fremden Völker, die von unserem Wissensdrang mißbraucht werden -- selbst dann fände sich schwerlich ein europäischer Gelehrter, der eine Forschungsreise zu den Chassidim unternehmen würde. Man betrachtet die Juden, weil sie überall in unserer Mitte leben, als bereits »erforscht«. Am Hof eines Wunderrabbis ereignet sich aber ebenso viel Interessantes, wie bei den indischen Fakiren.

Viele Wunderrabbis leben im Osten und jeder gilt bei seinen Anhängern als der größte. Die Würde des Wunderrabbis vererbt sich seit Generationen vom Vater auf den Sohn. Jeder hält einen eigenen Hof, jeder hat seine Leibgarde, Chassidim, die in seinem Haus aus- und eingehn, die mit ihm beten, mit ihm fasten, mit ihm essen. Er kann segnen und sein Segen geht in Erfüllung. Er kann verfluchen und sein Fluch erfüllt sich und trifft ein ganzes Geschlecht. Wehe dem Spötter, der ihn leugnet. Wohl dem Gläubigen, der ihm Geschenke bringt. Der

Rabbi verwendet sie nicht für sich. Er lebt bescheidener, als der letzte Bettler. Seine Nahrung dient nur dazu, sein Leben knapp zu erhalten. Er lebt nur, weil er Gott dienen will. Er nährt sich von kleinen Bissen der Speisen und von kleinen Tropfen der Getränke. Wenn er im Kreis der Seinen am Tische sitzt, nimmt er von seinem reichlich gefüllten Teller nur einen Bissen und einen Schluck und läßt den Teller rings um den Tisch wandern. Jeder Gast wird von des Rabbis Speise satt. Er selbst hat keine leiblichen Bedürfnisse. Der Genuß des Weibes ist ihm eine heilige Pflicht und nur deshalb ein Genuß, weil er eine Pflicht ist. Er muß Kinder zeugen, damit das Volk Israels sich vermehre, wie der Sand am Meer und wie die Sterne am Himmel. Immer sind Frauen aus seiner nächsten Umgebung verbannt. Auch das Essen ist weniger Nahrung, als ein Dank an den Schöpfer für das Wunder der Speisen und eine Erfüllung des Gebotes, sich von Früchten und Tieren zu nähren – denn alles hat *Er* für den Menschen geschaffen. Tag und Nacht liest der Rabbi in heiligen Büchern. Er kann viele schon auswendig, so oft hat er sie gelesen. Aber jedes Wort, ja, jeder Buchstabe hat Millionen Seiten und jede Seite kündet von der Größe Gottes, an der man niemals genug lernen kann. Tag für Tag kommen die Menschen, denen ein teurer Freund erkrankt ist, eine Mutter stirbt, denen Gefängnis droht, die von der Behörde verfolgt werden, denen der Sohn assentiert wird, damit er für Fremde exerziere und für Fremde in einem törichten Krieg falle. Oder solche, deren Frauen unfruchtbar sind und die einen Sohn haben wollen. Oder Menschen, die vor einer großen Entscheidung stehen und nicht wissen, was sie zu tun haben. Der Rabbi hilft und vermittelt nicht nur zwischen Mensch und

Gott, sondern, was noch schwieriger ist, zwischen Mensch und Mensch. Aus weiten Gegenden kommen sie zu ihm. Er hört in einem Jahr die merkwürdigsten Schicksale und kein Fall ist so verwickelt, daß er nicht einen noch komplizierteren schon gehört hätte. Der Rabbi hat ebenso viel Weisheit, wie Erfahrung und ebenso viel praktische Klugheit, wie Glauben an sich selbst und sein Auserwählt-sein. Er hilft mit einem Rat ebenso, wie mit einem Gebet. Er hat gelernt, die Sprüche der Schriften und die Gebote Gottes so auszulegen, daß sie den Gesetzen des Lebens nicht widersprechen und daß nirgend eine Lücke bleibt, durch die der Leugner schlüpfen könnte. Seit dem ersten Tag der Schöpfung hat sich vieles geändert, nicht aber Gottes Wille, der sich in den Grundgesetzen der Welt ausdrückt. Man bedarf keiner Kompromisse, um das zu beweisen. Alles ist nur Sache des Begreifens. Wer soviel erlebt hat, wie der Rabbi, kommt bereits über den Zweifel hinaus. Das Stadium des Wissens hat er schon hinter sich. Der Kreis ist geschlossen. Der Mensch ist wieder gläubig. Die hochmütige Wissenschaft des Chirurgen bringt dem Patienten den Tod und die schale Weisheit des Physikers dem Jünger den Irrtum. Man glaubt nicht mehr dem Wissenden. Man glaubt dem Glaubenden.

Viele glauben ihm. Er selbst, der Rabbi, macht keinen Unterschied zwischen den treuesten Erfüllern der geschriebenen Gebote und den weniger treuen, ja, nicht einmal zwischen Jude und Nichtjude, nicht zwischen Mensch und Tier. Wer zu ihm kommt, ist seiner Hilfe gewiß. Er weiß mehr, als er sagen darf. Er weiß, daß über dieser Welt noch eine andere ist, mit anderen Gesetzen und vielleicht ahnt er sogar, daß Verbote und Gebote, in dieser Welt von Sinn, in einer anderen ohne Bedeutung sind. Es kommt ihm auf die Befolgung des ungeschriebenen, aber desto gültigeren Gesetzes an.

Sie belagern sein Haus. Es ist gewöhnlich größer, heller, breiter als die kleinen Judenhäuser. Manche Wunderrabbis können einen wirklichen Hof halten. Ihre Frauen tragen kostbare Kleider und befehlen Dienerinnen, besitzen Pferde und Ställe: nicht, um es zu genießen, sondern um zu repräsentieren.

*

Es war ein Tag im Spätherbst, an dem ich mich aufmachte, den Rabbi zu besuchen. Der Tag eines östlichen Spätherbstes, der noch warm ist, von einer großen Demut und einer goldenen Entsagung. Ich stand um fünf Uhr früh auf, die Nebel hoben sich feucht und kalt und über die Rücken der wartenden Pferde strichen sichtbare Schauer. Fünf jüdische Frauen saßen mit mir im Bauernwagen. Sie trugen schwarze wollene Tücher, sahen älter aus, als sie waren, der Kummer hatte ihre Leiber und ihre Gesichter gezeichnet, sie waren Händlerinnen, sie brachten Geflügel in die Häuser der Wohlhabenden und lebten von geringen Verdiensten. Alle führten ihre kleinen Kinder mit. Wo hätte man die Kinder lassen können, an einem Tage, an dem die ganze Nachbarschaft zum Rabbi fuhr?

Wir kamen, als die Sonne aufging, in die kleine Stadt des Rabbi und sahen, daß schon viele Menschen vor uns gekommen waren. Diese Menschen waren schon einige Tage da, sie schliefen in den Hausfluren, in Scheunen, in Heuschobern und die bodenständigen Juden machten gute Geschäfte und vermieteten Schlafstellen für gutes Geld. Das große

Wirtshaus war überfüllt. Die Straße war holprig, verfaulte Zaunlatten ersetzten ein Pflaster und auf den Zaunlatten hockten die Menschen.

Ich trug einen kurzen Pelz und hohe Reitstiefel und sah aus, wie einer der gefürchteten Beamten des Landes, auf deren Wink man eingesperrt werden kann. Deshalb ließen mich die Leute vorgehen, sie machten mir Platz und wunderten sich über meine Höflichkeit. Vor dem Hause des Rabbi stand ein rothaariger Jude, der Zeremonienmeister, den alle mit Bitten, Flüchen, Geldscheinen und Stößen bedrängten, ein Mann von Macht, der keine Gnade kannte und mit einer Art gemessener Roheit die Flehenden ebenso zurückstieß, wie die Scheltenden. Ja, es kam vor, daß er von Manchen Geld nahm und sie dennoch nicht einließ, daß er vergaß, von wem er Geld bekommen hatte, oder so tat, als hätte er es vergessen. Sein Angesicht war von wachsbleicher Farbe und von einem schwarzen, runden Samthut beschattet. Der kupferrote Bart sprang in dichten Haarknäueln vom Kinn aus den Menschen entgegen, war an den Wangen hier und dort ausgegangen, wie altes Futter und wuchs ganz nach seinem Belieben und ohne eine gewisse Ordnung zu beachten, welche die Natur auch für Bärte bestimmt hat. Der Jude hatte kleine gelbe Augen unter sehr spärlichen, kaum sichtbaren Brauen, breite harte Kinnbacken, die slavische Mischung verrieten und blasse, bläuliche Lippen. Wenn er schrie, sah man sein starkes gelbes Gebiß und wenn er jemanden zurückstieß, seine starke Hand, an der die roten Borsten starrten.

Diesem Mann gab ich einen Wink, den er verstehen mußte. Es bedeutete: hier ist etwas Außerordentliches und wir können nur unter vier Augen miteinander reden. Er verschwand. Er schlug die Tür zu, sperrte sie ab und kam, die Menschenmenge zerteilend, auf mich zu.

»Ich bin von weither gekommen, ich bin nicht von hier und möchte den Rabbi sprechen. Aber ich kann Ihnen nicht viel Geld geben.«

»Haben Sie einen Kranken, oder wollen Sie ein Gebet für seine Gesundheit, oder geht es Ihnen schlecht, dann schreiben Sie auf einen Zettel alles, was Sie wollen und der Rabbi wird es lesen und für Sie beten!«

»Nein, ich will ihn sehen!«

»Dann kommen Sie vielleicht nach den Feiertagen?«

»Das kann ich nicht. Ich muß ihn heute sehen!«

»Da kann ich Ihnen nicht helfen, oder Sie gehen durch die Küche!«

»Wo ist die Küche?«

»Auf der andern Seite.«

»Auf der andern Seite« wartete ein Herr, der offenbar viel gezahlt hatte. Es war ein Herr, in jeder Beziehung ein Herr. Man merkte es an seiner Fülle, an seinem Pelz und an seinem Blick, der weder ein Ziel suchte, noch eines gefunden hatte. Er wußte genau, daß die Küchentür aufgehen werde, in fünf, spätestens in zehn Minuten.

Aber, als sie wirklich aufging, wurde der reiche Herr ein wenig blaß. Wir gingen durch einen dunklen Korridor, dessen Boden holprig war, und der Herr entzündete Streichhölzer und schritt trotzdem unsicher.

Er verweilte lange beim Rabbi und kam in bester Laune wieder heraus. Später hörte ich, daß dieser Herr die praktische Gewohnheit hatte, zum Rabbi jedes Jahr einmal durch die Küche zu kommen, daß er ein reicher Naphtahändler war und Gruben besaß und so viel Geld unter Armen verstreute, daß er viele Pflichten umgehen durfte, ohne eine Strafe fürchten zu müssen.

Der Rabbi saß in einem schmucklosen Zimmer an einem kleinen Tisch vor dem Fenster, das auf einen Hof hinausging, und stützte die Linke auf den Tisch. Er hatte schwarzes Haar, einen kurzen schwarzen Bart und graue Augen. Seine Nase sprang kräftig, wie mit einem plötzlichen Entschluß, aus dem Gesicht und wurde am Ende etwas flach und breit. Die Hände des Rabbi waren dünn und knöchern und die Nägel weiß und spitz.

Er fragte mit starker Stimme nach meinen Wünschen und sah mich nur einen Augenblick flüchtig an, um dann in den Hof hinauszusehen.

Ich sagte, ich hätte ihn sehen wollen und von seiner Klugheit viel gehört.

»Gott ist klug!« sagte er und sah mich wieder an.

Er winkte mich an den Tisch, gab mir die Hand und sagte mit dem herzlichen Ton eines alten Freundes: »Alles Gute!«

Ich ging denselben Weg zurück. In der Küche aß der Rothaarige hastig eine Bohnensuppe mit einem Holzlöffel. Ich gab ihm einen Geldschein. Er nahm ihn mit der Linken und führte dabei mit der Rechten den Löffel zum Munde.

Draußen kam er mir nach. Er wollte Neuigkeiten hören und wissen, ob man in Japan noch einmal zum Kriege rüste.

Wir sprachen von den Kriegen und von Europa. Er sagte: Ich habe gehört, daß die Japaner keine Gojim sind wie die Europäer. Warum führen sie dann Krieg?

Ich glaube, daß jeder Japaner verlegen geworden wäre und keine Antwort gefunden hätte.

*

Ich sah, daß in dieser kleinen Stadt lauter rothaarige Juden wohnten. Einige Wochen später feierten sie das Fest der Thora und ich sah, wie sie tanzten.

Das war nicht der Tanz eines degenerierten Geschlechts. Es war nicht nur die Kraft eines fanatischen Glaubens. Es war gewiß eine Gesundheit, die den Anlaß zu ihrem Ausbruch im Religiösen fand.

Die Chassidim faßten sich bei den Händen, tanzten in der Runde, lösten den Ring und klatschten in die Hände, warfen die Köpfe im Takt nach links und rechts, ergriffen die Thorarollen und schwenkten sie im Kreis, wie Mädchen und drückten sie an die Brust, küßten sie und weinten vor Freude. Es war im Tanz eine erotische Lust. Es rührte mich tief, daß ein ganzes Volk seine Sinnenfreude seinem Gott opferte und das Buch der strengsten Gesetze zu seiner Geliebten machte und nicht mehr trennen konnte zwischen körperlichem Verlangen und geistigem Genuß, sondern Beides vereinte. Es war Brunst und Inbrunst, der Tanz ein Gottesdienst und das Gebet ein sinnlicher Exzeß.

Die Menschen tranken Meth aus großen Kannen. Woher stammt die Lüge, daß Juden nicht trinken können? Es ist halb eine Bewunderung, aber auch halb ein Vorwurf, ein Mißtrauen gegen eine Rasse, der man die Stete der Besinnung vorwirft. Ich aber sah, wie Juden die Besinnung verloren, allerdings nicht nach drei Krügen Bier, sondern nach fünf Kannen schweren Meths und nicht aus Anlaß einer Siegesfeier, sondern aus Freude darüber, daß Gott ihnen Gesetz und Wissen gegeben hatte.

*

Ich hatte schon gesehen, wie sie die Besinnung verloren, weil sie beteten. Das war am Jom Kippur. In Westeuropa heißt er »Versöhnungstag« --- die ganze Kompromißbereitschaft des westlichen Juden liegt in diesem Namen. Der Jom Kippur aber ist kein Versöhnungs- sondern ein Sühne-Tag, ein schwerer Tag, dessen 24 Stunden eine Busse von 24 Jahren enthalten. Er beginnt am Vorabend, um vier Uhr nachmittag. In einer Stadt, deren Einwohner in der überwiegenden Mehrzahl Juden sind, fühlt man das größte aller jüdischen Feste, wie ein schweres Gewitter in der Luft, wenn man sich auf hoher See auf einem schwachen Schiff befindet. Die Gassen sind plötzlich dunkel, weil aus allen Fenstern der Kerzenglanz bricht, die Läden eilig und in furchtsamer Hast geschlossen werden – und gleich so unbeschreiblich dicht, daß man glaubt, sie würden erst am jüngsten Tag wieder geöffnet. Es ist ein allgemeiner Abschied von allem Weltlichen: vom Geschäft, von der Freude, von der Natur und vom Essen, von der Straße und von der Familie, von den Freunden, von den Bekannten. Menschen, die vor zwei Stunden noch im alltäglichen Gewand, mit gewöhnlichen Gesichtern herumgingen, eilen verwandelt durch die Gassen, dem Bethaus entgegen, in schwerer schwarzer Seide und im furchtbaren Weiß ihrer Sterbekleider, in weißen Socken und lockeren Pantoffeln, die Köpfe gesenkt, den Gebetmantel unter dem Arm und die große Stille, die in einer sonst fast orientalisch lauten Stadt hundertfach stark wird, lastet selbst auf den lebhaften Kindern, deren Geschrei in der Musik des Alltagslebens der stärkste Akzent ist. Alle Väter segnen jetzt ihre Kinder. Alle Frauen weinen jetzt vor den silbernen Leuchtern. Alle Freunde umarmen einander. Alle Feinde bitten einander um Vergebung. Der

Chor der Engel bläst zum Gerichtstag. Bald schlägt Jehovah das große Buch auf, in dem Sünden, Strafen und Schicksale dieses Jahres verzeichnet sind. Für alle Toten brennen jetzt Lichter. Für alle Lebenden brennen andere. Die Toten sind von dieser Welt, die Lebenden vom Jenseits nur je einen Schritt entfernt. Das große Beten beginnt. Das große Fasten hat schon vor einer Stunde begonnen. Hunderte, tausende, zehntausende Kerzen brennen neben- und hintereinander, beugen sich zueinander, verschmelzen zu großen Flammen. Aus tausend Fenstern bricht das schreiende Gebet, unterbrochen von stillen, weichen, jenseitigen Melodien, dem Gesang der Himmel abgelauscht. Kopf an Kopf stehen in allen Bethäusern die Menschen. Manche werfen sich zu Boden, bleiben lange unten, erheben sich, setzen sich auf Steinfliesen und Fußschemel, hocken und springen plötzlich auf, wackeln mit den Oberkörpern, rennen auf kleinem Raum unaufhörlich hin und zurück, wie ekstatische Wachtposten des Gebets, ganze Häuser sind erfüllt von weißen Sterbehemden, von Lebenden, die nicht hier sind, von Toten, die lebendig werden, kein Tropfen netzt die trockenen Lippen und erfrischt die Kehlen, die so viel des Jammers hinausschreien -- nicht in die Welt, in die Überwelt. Sie werden heute nicht essen und morgen auch nicht. Es ist furchtbar, zu wissen, daß in dieser Stadt heute und morgen niemand essen und trinken wird. Alle sind plötzlich Geister geworden, mit den Eigenschaften von Geistern. Jeder kleine Krämer ist ein Übermensch, denn heute will er Gott erreichen. Alle strecken die Hände aus, um Ihn am Zipfel seiner Gewänder zu erfassen. Alle, ohne Unterschied: die Reichen sind so arm, wie die Armen, denn Keiner hat etwas zu essen. Alle sind sündig und alle beten.

Es kommt ein Taumel über sie, sie schwanken, sie rasen, sie flüstern, sie tun sich weh, sie singen, rufen, weinen, schwere Tränen rinnen über die alten Bärte und der Hunger ist verschwunden vor dem Schmerz der Seele und der Ewigkeit der Melodien, die das entrückte Ohr vernimmt.

*

Eine ähnliche Verwandlung der Menschen sah ich nur bei jüdischen Begräbnissen.

Die Leiche des frommen Juden liegt in einer einfachen Holzkiste, von einem schwarzen Tuch bedeckt. Sie wird nicht geführt, sondern von vier Juden getragen, im Eilschritt – auf dem kürzesten Wege, ich weiß nicht, ob es Vorschrift ist, oder ob es geschieht, weil den Trägern ein langsamer Schritt die Last verdoppeln würde. Man rennt fast mit der Leiche durch die Straße. Die Vorbereitungen haben einen Tag gedauert. Länger als 24 Stunden darf kein Toter auf der Erde bleiben. Das Wehklagen der Hinterbliebenen ist in der ganzen Stadt zu hören. Die Frauen laufen durch die Gassen und schreien ihren Schmerz hinaus, jedem Fremden entgegen. Sie reden zum Toten, geben ihm Kosenamen, bitten ihn um Vergebung und Gnade, überhäufen sich mit Vorwürfen, fragen ratlos, was sie jetzt tun würden, versichern, daß sie nicht mehr leben wollen – – und alles in der Straßenmitte, auf dem Fahrdamm, im eiligen Lauf – – während aus den Häusern teilnahmslose Gesichter sehen und Fremde ihren Geschäften nachgehen, Wagen vorbeifahren und die Ladenbesitzer Kunden heranlocken.

Auf dem Friedhof spielen sich die erschütterndsten Szenen ab. Frauen wollen die Gräber nicht verlassen, man muß sie bändigen, der Trost sieht wie eine Zähmung aus. Die Melodie des Totengebetes ist von einer grandiosen Einfachheit, die Zeremonie des Begrabens kurz und fast heftig, die Schar der Bettler, die um Almosen ringt, ist groß.

Sieben Tage sitzen die nächsten Hinterbliebenen im Hause des Toten auf dem Boden, auf kleinen Schemeln, sie gehen in Strümpfen und sind selbst wie halbe Tote. In den Fenstern brennt ein kleines, trübes Totenlicht vor einem Stückchen weißer Leinwand und die Nachbarn bringen den Trauernden ein hartes Ei, die Nahrung desjenigen, dessen Schmerz rund ist, ohne Anfang und ohne Ende.

*

Aber die Freude kann ebenso heftig wie der Schmerz sein.

Ein Wunderrabbi verheiratete seinen 14jährigen Sohn mit der 16jährigen Tochter eines Kollegen und dic Chassidim beider Rabbis kamen zum Fest, das acht Tage dauerte und an dem etwa 600 Gäste teilnahmen.

Die Behörde hatte ihnen eine alte, unbenutzte Kaserne überlassen. Drei Tage dauerte die Wanderung der Gäste. Sie kamen mit Wagen, Pferden, Strohsäcken, Pölstern, Kindern, Schmuck und großen Koffern und quartierten sich in den Räumen der Kaserne ein.

Es war große Bewegung in der kleinen Stadt. Etwa 200 Chassidim verkleideten sich, zogen alte russische Gewänder an, umgürteten sich mit alten Schwertern und ritten auf Pferden ohne Sattel durch die Stadt. Es waren gute Reiter unter ihnen und sie desavouierten alle schlechten Witze, die von jüdischen Militärärzten handeln und zu berichten wissen, daß Juden sich vor Pferden fürchten.

Acht Tage dauerte der Lärm, das Drängen, das Singen, das Tanzen und das Trinken. Zum Fest wurde ich nicht zugelassen. Es war nur für die Beteiligten und ihre Anhänger arangiert. Die Fremden drängten sich draußen, sahen durch die Fenster und lauschten der Tanzmusik, die übrigens gut war.

*

Es gibt nämlich gute jüdische Musiker im Osten. Dieser Beruf ist erblich. Einzelne Musiker bringen es zu hohem Ansehen und zu einem Ruhm, der ein paar Meilen über ihre Heimatstadt hinausreicht. Einen größeren Ehrgeiz haben die echten Musiker nicht. Sie komponieren Melodien, die sie, ohne von Noten eine Ahnung zu haben, ihren Söhnen vererben und manchmal großen Teilen des ostjüdischen Volkes. Sie sind die Komponisten der Volkslieder. Wenn sie gestorben sind, erzählt man noch fünfzig Jahre lang Anekdoten aus ihrem Leben. Bald ist ihr Name verschollen und ihre Melodien werden gesungen und wandern allmählich durch die Welt.

Die Musiker sind sehr arm, denn sie leben von fremden Freuden. Man bezahlt sie miserabel und sie sind froh, wenn sie gute Speisen und Lebkuchen für ihre Familie mitnehmen dürfen. Sie bekommen von den reichen Gästen, denen sie »aufspielen«, Trinkgelder. Nach dem unerbittlichen Gesetz des Ostens hat jeder arme Mann, also auch der Musiker, viele Kinder. Das ist schlimm, aber auch gut. Denn die Söhne werden Musiker und bilden eine »Kapelle«, die umsomehr verdient, als sie größer ist und der Ruhm ihres Namens umso weiter verbreitet wird, als es mehr Träger dieses Namens gibt. Manchmal geht ein später Nachkomme dieser Familie in die Welt und wird ein berühmter Virtuose. Es leben einige solche Musiker im Westen, deren Namen zu nennen keinen Sinn hat. Nicht, weil es ihnen etwa peinlich sein könnte, sondern weil es ungerecht wäre gegenüber den unbekannten Ahnen, die es nicht nötig haben, sich ihre Größe durch das Talent ihrer Enkel bestätigen zu lassen.

*

Zu einem künstlerischen Ruhm bringen es auch die Sänger, die Vorbeter, die man im Westen »Kantoren« nennt und deren Berufsname »Chasen« lautet. Diesen Sängern geht es meist besser, als den Musikern, weil ihre Aufgabe eine religiöse, ihre Kunst eine andächtige und weihevolle ist. Ihre Tätigkeit stellt sie in die Nähe der Priester. Manche, deren Ruf bis nach Amerika dringt, erhalten Einladungen in die reichen amerikanischen Judenviertel. In Paris, wo es einige reiche ostjüdische Gemeinden gibt, lassen die Repräsentanten der Synagogen jedes Jahr zu den Feiertagen einen der berühmten Sänger und Vorbeter aus dem Osten kommen. Die Juden gehen dann zum Gebet, wie man zu einem Konzert geht, und sowohl ihr religiöses, als auch ihr künstlerisches Bedürfnis wird befriedigt. Es ist möglich, daß der Inhalt der gesungenen Gebete, der Raum, in dem sie vorgetragen werden, den künstlerischen Wert des Sängers steigern. Ich habe nie nachprüfen können, ob die Juden recht hatten, die mir mit Überzeugung sagten, der und jener »Chasen« hätte besser gesungen, als Caruso.

*

Den seltsamsten Beruf hat der ostjüdische »Batlen«, ein Spaßmacher, ein Narr, ein Philosoph, ein Geschichtenerzähler. In jeder kleinen Stadt lebt mindestens *ein* Batlen. Er erheitert die Gäste bei Hochzeiten und Kindstaufen, er schläft im Bethaus, ersinnt Geschichten, hört zu, wenn die Männer disputieren und zerbricht sich den Kopf über unnütze Dinge. Man nimmt ihn nicht ernst. Er aber ist der ernsteste aller Menschen. Er hätte ebenso mit Federn und mit Korallen handeln können, wie jener Wohlhabende, der ihn zur Hochzeit lädt, damit er sich über sich selbst lustig mache. Aber er handelt nicht. Es fällt ihm schwer, ein Gewerbe zu betreiben, zu heiraten, Kinder zu zeugen und ein angesehenes Mitglied der Gesellschaft zu sein. Manchmal wandert er von Dorf zu Dorf, von Stadt zu Stadt. Er verhungert nicht, er ist immer am Rande des Hungers. Er stirbt nicht, er entbehrt nur, aber er will entbehren. Seine Geschichten würden wahrscheinlich in Europa Aufsehen erregen, wenn sie gedruckt würden. Viele behandeln Themen, die man aus der jiddischen und aus der russischen Literatur kennt. Der berühmte Scholem Alejchem war der Typus eines Batlen, – nur bewußter, ehrgeiziger und von seiner Kulturaufgabe überzeugt.

Die epischen Begabungen sind überhaupt häufig im Osten. In jeder Familie gibt es einen Onkel, der Geschichten zu erzählen weiß. Es sind meist stille Dichter, die ihre Geschichten vorbereiten, oder während sie erzählen, erfinden und verändern.

Die Winternächte sind kalt und lang und die Geschichtenerzähler, die gewöhnlich nicht genug Holz zum Heizen haben, erzählen gerne für ein paar

Glas Tee und ein bißchen Ofenwärme. Sie werden anders, besser behandelt, als die Spaßmacher von Beruf. Denn jene versuchen wenigstens, einen praktischen Beruf auszuüben und sind schlau genug, vor dem durchaus praktisch gesinnten Durchschnittsjuden den schönen Wahn zu verbergen, den die Narren weithin verkünden. Diese sind Revolutionäre. Die Geschichtenerzähler aus Liebhaberei aber haben Kompromisse mit der bürgerlichen Welt geschlossen und sind Dilettanten geblieben. Der Durchschnittsjude schätzt Kunst und Philosophie, sofern sie nicht religiös sind, nur als »Unterhaltung«. Aber er ist ehrlich genug, es zuzugeben und er hat nicht den Ehrgeiz, von Musik und Kunst zu sprechen.

Das jiddische Theater ist seit einigen Jahren im Westen so bekannt geworden, daß an dieser Stelle eine Würdigung überflüssig wäre. Es ist fast mehr eine Institution des westlichen Ghettos, als der östlichen. Der fromme Jude besucht es nicht, weil er glaubt, es verstoße gegen die religiösen Vorschriften. Die Besucher des Theaters im Osten sind »aufgeklärte« Juden, die meist heute schon national fühlen. Sie sind Europäer, wenn auch noch weit entfernt vom Typus des westeuropäischen Theaterbesuchers, der den »Abend totschlägt«.

*

Man kennt im Westen den Typus des ostjüdischen Landmenschen überhaupt nicht. Er kommt nie nach dem Westen. Er ist mit seiner »Scholle« so verwachsen, wie der Bauer. Er ist selbst ein halber Bauer. Er ist Pächter oder Müller, oder Schankwirt im Dorf. Er hat nie etwas gelernt. Er kann oft kaum lesen und schreiben. Er kann gerade noch kleine Geschäfte machen. Er ist gerade noch klüger, als der Bauer. Er ist stark und groß und von einer unwahrscheinlichen Gesundheit. Er besitzt körperlichen Mut, liebt eine Schlägerei und scheut keine Gefahr. Viele nützen ihre Überlegenheit gegenüber den Bauern aus und gaben im alten Rußland Anlaß zu örtlichen Pogromen, in Galizien zu antisemitischen Hetzen. Aber viele sind von einer bäuerlichen Naturfrömmigkeit und einer großen Redlichkeit des Herzens. Viele haben den gesunden Menschenverstand, den man in allen Ländern findet und der sich dort entwickelt, wo eine vernünftige Rasse unmittelbar den Gesetzen der Natur ergeben ist.

*

Es fällt mir schwer, vom ostjüdischen Proletariat zu sprechen. Ich kann einem großen Teil dieses Proletariats nicht den schweren Vorwurf ersparen, daß es seiner eigenen Klasse feindlich gegenübersteht; und wenn nicht feindlich, so doch gleichgültig. Keiner der vielen ungerechten und sinnlosen Vorwürfe, die man im Westen gegen die Ostjuden erhebt, ist so ungerecht, so sinnlos wie der, daß sie Zerstörer der Ordnung sind, also das, was der Spießer Bolschewik nennt. Der arme Jude ist der konservativste Mensch unter allen Armen der Welt. Er ist geradezu eine Garantie für die Erhaltung der alten Gesellschaftsordnung. Die Juden in ihrer großen geschlossenen Mehrheit sind eine bürgerliche Klasse mit eigenen nationalen, religiösen und Rassenmerkmalen. Der Antisemitismus im Osten (wie übrigens auch im Westen) ist oft revolutionärer, nach dem bekannten Wort wirklich ein »Sozialismus der Trottel« – aber immerhin ein Sozialismus. Der slavische arme Teufel, der kleine Bauer, der Arbeiter, der Handwerker, sie leben in der Überzeugung, daß der Jude Geld hat. Er hat ebensowenig Geld, wie seine antisemitischen Feinde. Aber er lebt bürgerlich. Er hungert und darbt mehr geregelt, als der christliche Proletarier. Man kann sagen: er nimmt täglich zu bestimmten Stunden seine Mahlzeiten nicht ein. Nur einmal in der Woche – am Freitagabend ißt er, wie der wohlhabende Glaubensgenosse. Seine Kinder schickt er in die Schule, er kleidet sie besser, er kann sparen und er besitzt, weil er einer alten Rasse angehört, immer etwas: einen Schmuck, den er von den Urvätern ererbt hat, Betten, Möbel. Immer findet er noch eine wertvolle Kleinigkeit in seinem Hause. Er ist klug genug, nichts zu verkaufen. Er betrinkt sich nicht und hat nicht den traurigen, aber gesunden Leichtsinn des christlichen Proleten. Er kann seiner Tochter fast immer eine kleine Mitgift, immer eine Aussteuer geben. Er kann sogar seinen Schwiegersohn erhalten. Mag der Jude ein Handwerker, oder ein kleiner Händler sein, ein armer Gelehrter oder ein Tempeldiener, ein Bettler oder ein Wasserträger – er *will* kein Proletarier sein, er *will* sich von der armen Bevölkerung des Landes unterscheiden, er *spielt* einen Wohlsituierten. Er wird, wenn er ein Bettler ist, es vorziehen, in den Häusern der Reichen zu betteln, nicht auf der Straße. Er bettelt auch in den Straßen, aber seine Haupteinnahme bezieht er bei einer Art Stammkundschaft, die er sehr pünktlich aufsucht. Er wird beim reichen Bauern nicht betteln; aber beim weniger bemittelten Juden. Er hat immer einen bürgerlichen Stolz. Das bourgoise Talent der Juden, wohltätig zu sein, hat seinen Grund im Konservatismus des Judentums und es verhindert eine Revolutionierung der proletarischen Masse. Religion und Sitte verbieten jede Gewaltsamkeit, verbieten Aufruhr, Empörung und sogar offenen Neid. Der arme gläubige Jude hat sich mit seinem Schicksal abgefunden, wie der arme Gläubige jeder Religion. Gott macht den Einen reich, den Andern arm. Empörung gegen den Reichen wäre Empörung gegen Gott.

Bewußte Proletarier sind nur die jüdischen Arbeiter. Da gibt es einen Sozialismus verschiedener Schattierungen. Der ostjüdische Sozialist und Proletarier ist naturgemäß weniger Jude, als sein bürgerlicher oder halbproletarischer Stammesgenosse. Auch dann weniger Jude, wenn er sich zum nationalen Judentum bekennt und zum Zionismus. Der nationalste jüdische Sozialist ist der Poale-Zionist, der ein sozialistisches, mindestens ein Arbeiter-Palästina ersehnt. Zwischen jüdischen Sozialisten und Kommunisten sind die Grenzen weniger scharf und von einer Feindschaft unter Proletariern, wie bei uns, kann keine Rede sein. Viele jüdische Arbeiter gehören den sozialistischen und kommunistischen Parteien ihrer Länder an, sind also polnische, russische, rumänische Sozialisten. Bei fast allen steht die nationale Frage hinter der sozialen. Die Arbeiter aller Nationen denken so. »Nationale Freiheit« ist der Luxusbegriff eines Geschlechts, das keine anderen Sorgen hat. Wenn von allen Nationen eine berechtigt ist, in der »nationalen Frage« einen lebenswichtigen Inhalt zu erkennen, so sind es die Juden, die der Nationalismus der andern zwingt, eine »Nation« zu werden. Dennoch empfinden sogar die Arbeiter *dieser* Nation die größere Wichtigkeit des sozialen Problems. Sie sind stärker in ihrem proletarischen Empfinden, ehrlicher und konsequenter: sie sind also »radikaler«, was ja in Westeuropa durch den modernen Jargon der Parteiführer bereits eine schimpfliche Eigenschaft ist. Es ist nur ein Irrtum der Antisemiten, zu glauben, die Juden wären radikale Revolutionäre. Den bürgerlichen und halbproletarischen Juden ist ein jüdischer Revolutionär ein Greuel.

Ich bin in der großen Verlegenheit, Menschen gegen ihren Willen Proletarier nennen zu müssen. Einigen kann ich die mildernde, in Westeuropa erfundene unsinnige Bezeichnung: geistige Proletarier konzedieren. Es sind dies die Thoraschreiber, die jüdischen Lehrer, die Gebetmäntelhersteller und die Wachslichterzeuger, die rituellen Schlächter und die kleinen Kultusbeamten. Es sind, sagen wir: konfessionelle Proletarier. Dann aber gibt es noch eine ganze große Schar von Leidenden, Getretenen, Mißachteten, die weder im Glauben, noch in einem Klassenbewußtsein, noch in einer revolutionären Gesinnung Trost finden. Zu ihnen gehören zum Beispiel die Wasserträger in den kleinen Städten, die von morgens früh bis zum späten Abend die Fässer in den Häusern der Wohlhabenden mit Wasser füllen – gegen einen kargen Wochenlohn. Es sind rührende, naive Menschen, von einer fast unjüdischen körperlichen Kraft. Ihnen sozial gleichgestellt sind die Möbelpacker, die Kofferträger und eine ganze Reihe Anderer, die von Gelegenheitsarbeiten leben – aber von *Arbeiten.* Es ist ein gesundes Geschlecht, tapfer und gutherzig. Nirgends ist Güte so nahe bei körperlicher Kraft, nirgends Roheit so fern von einer groben Tätigkeit, wie beim jüdischen Gelegenheitsarbeiter.

Manche zum Judentum übergetretene slavische Bauern leben von solchen Gelegenheitsarbeiten. Derlei Übertritte sind im Osten verhältnismäßig häufig, obwohl das offizielle Judentum sich dagegen wehrt und die jüdische Religion unter allen Religionen der Welt die einzige ist, die nicht bekehren will. Ohne

Zweifel ist in den Ostjuden viel mehr slavisches Blut, als etwa in den deutschen Juden germanisches. Wenn die westeuropäischen Antisemiten und deutschnationalen Juden also glauben, die Ostjuden wären »semitischer« und also »gefährlicher«, so ist das ebenso ein Irrtum, wie der Glaube eines westjüdischen Bankiers, der sich »arischer« fühlt, weil in seiner Verwandtschaft schon Mischehen vorgekommen sind.

DIE WESTLICHEN GHETTOS

I. WIEN

1.

Die Ostjuden, die nach Wien kommen, siedeln sich in der Leopoldstadt an, dem zweiten der zwanzig Bezirke. Sie sind dort in der Nähe des Praters und des Nordbahnhofs. Im Prater können Hausierer leben – von Ansichtskarten für die Fremden und vom Mitleid, das den Frohsinn überall zu begleiten pflegt. Am Nordbahnhof sind sie alle angekommen, durch seine Hallen weht noch das Aroma der Heimat und es ist das offene Tor zum Rückweg.

Die Leopoldstadt ist ein freiwilliges Ghetto. Viele Brücken verbinden sie mit den andern Bezirken der Stadt. Über diese Brücken gehen tagsüber die Händler, Hausierer, Börsenmakler, Geschäftemacher, also alle unproduktiven Elemente des eingewanderten Ostjudentums. Aber über dieselben Brücken gehen in den Morgenstunden auch die Nachkommen derselben unproduktiven Elemente, die Söhne und Töchter der Händler, die in den Fabriken, Büros, Banken, Redaktionen und Werkstätten arbeiten.

Die Söhne und Töchter der Ostjuden sind produktiv. Mögen die Eltern schachern und hausieren. Die Jungen sind die begabtesten Anwälte, Mediziner, Bankbeamten, Journalisten, Schauspieler.

Die Leopoldstadt ist ein armer Bezirk. Es gibt kleine Wohnungen, in denen sechsköpfige Familien wohnen. Es gibt kleine Herbergen, in denen fünfzig, sechzig Leute auf dem Fußboden übernachten.

Im Prater schlafen die Obdachlosen. In der Nähe der Bahnhöfe wohnen die Ärmsten aller Arbeiter. Die Ostjuden leben nicht besser, als die christlichen Bewohner dieses Stadtteils.

Sie haben viele Kinder, sie sind an Hygiene und Sauberkeit nicht gewöhnt und sie sind gehaßt.

Niemand nimmt sich ihrer an. Ihre Vettern und Glaubensgenossen, die im ersten Bezirk in den Redaktionen sitzen, sind »schon« Wiener, und wollen nicht mit Ostjuden verwandt sein oder gar verwechselt werden. Die Christlichsozialen und Deutschnationalen haben den Antisemitismus als wichtigen Programmpunkt. Die Sozialdemokraten fürchten den Ruf einer »jüdischen Partei«. Die Jüdischnationalen sind ziemlich machtlos. Außerdem ist die jüdischnationale Partei eine bürgerliche. Die große Masse der Ostjuden aber ist Proletariat.

Die Ostjuden sind auf die Unterstützung durch die bürgerlichen Wohlfahrtsorganisationen angewiesen. Man ist geneigt, die jüdische Barmherzigkeit höher einzuschätzen, als sie verdient. Die jüdische Wohltätigkeit ist ebenso eine unvollkommene Einrichtung wie jede andere. Die Wohltätigkeit befriedigt in erster Linie die Wohltäter. In einem jüdischen Wohlfahrtsbüro wird der Ostjude von seinen Glaubensgenossen und sogar von seinen Landsleuten oft nicht besser behandelt, als von Christen. Es ist furchtbar schwer, ein Ostjude zu sein; es gibt kein schwereres Los, als das eines fremden Ostjuden in Wien.

2.

Wenn er den zweiten Bezirk betritt, grüßen ihn vertraute Gesichter. Grüßen sie ihn? Ach, er sieht sie nur. Die schon vor zehn Jahren hierhergekommen sind, lieben die Nachkommenden gar nicht. Noch Einer ist angekommen. Noch Einer will verdienen. Noch Einer will leben.

Das Schlimmste: daß man ihn nicht umkommen lassen kann. Er ist kein Fremder. Er ist ein Jude und ein Landsmann.

Irgendjemand wird ihn aufnehmen. Ein anderer wird ihm ein kleines Kapital vorstrecken oder Kredit verschaffen. Ein Dritter wird ihm eine »Tour« abtreten oder zusammenstellen. Der Neue wird ein Ratenhändler.

Der erste schwerste Weg führt ihn ins Polizeibüro.

Hinter dem Schalter sitzt ein Mann, der die Juden im Allgemeinen und die Ostjuden im Besonderen nicht leiden mag.

Dieser Mann wird Dokumente verlangen. Unwahrscheinliche Dokumente. Niemals verlangt man von christlichen Einwanderern derlei Dokumente. Außerdem sind christliche Dokumente in Ordnung. Alle Christen haben verständliche europäische Namen, Juden haben unverständliche und jüdische. Nicht genug daran: sie haben zwei und drei durch ein »false« oder ein »recte« verbundene Familiennamen. Man weiß niemals, wie sie heißen. Ihre Eltern sind nur vom Rabbiner getraut worden. Diese Ehe hat keine gesetzliche Gültigkeit. Hieß der Mann: Weinstock und die Frau: Abramofsky, so hießen die Kinder dieser Ehe: Weinstock recte Abramofsky oder auch Abramofsky false Weinstock. Der Sohn wurde auf den jüdischen Vornamen: Leib Nachman getauft. Weil dieser Name aber schwierig ist und einen aufreizenden Klang haben könnte, nennt sich der Sohn: Leo. Er heißt also: Leib Nachmann genannt Leo Abramofsky, false Weinstock.

Solche Namen bereiten der Polizei Schwierigkeiten. Die Polizei liebt keine Schwierigkeiten. Wären es nur die Namen. Aber auch die Geburtsdaten stimmen nicht. Gewöhnlich sind die Papiere verbrannt. (In kleinen galizischen, littauischen und ukrainischen Orten hat es in den Standesämtern immer gebrannt.) Alle Papiere sind verloren. Die Staatsbürgerschaft ist nicht geklärt. Sie ist nach dem Krieg und der Ordnung von Versailles noch verwickelter geworden. Wie kam jener über die Grenze? Ohne Paß? Oder gar mit einem falschen? Dann heißt er also nicht so, wie er heißt und obwohl er so viele Namen angibt, die selbst gestehen, daß sie falsch sind, sind sie auch wahrscheinlich noch objektiv falsch. Der Mann auf den Papieren, auf dem Meldezettel ist nicht identisch mit dem Mann, der soeben angekommen ist. Was kann man tun? Soll man ihn einsperren? Dann ist nicht der Richtige eingesperrt. Soll man ihn ausweisen? Dann ist ein Falscher ausgewiesen. Aber, wenn man ihn zurückschickt, damit er neue Dokumente, anständige, mit zweifellosen Namen bringe, so ist jedenfalls nicht nur der Richtige zurückgeschickt, sondern eventuell aus einem Unrichtigen ein Richtiger gemacht worden.

Man schickt ihn also zurück, einmal, zweimal, dreimal. Bis der Jude gemerkt hat, daß ihm nichts anderes übrig bleibt, als falsche Daten anzugeben, damit sie wie ehrliche aussehen. Bei einem Namen zu bleiben, der vielleicht nicht sein eigener, aber doch ein zweifelloser, glaubwürdiger Name ist. Die Polizei hat den Ostjuden auf die gute Idee gebracht, seine echten wahren aber verworrenen Verhältnisse durch erlogene aber ordentliche zu cachieren.

Und jeder wundert sich über die Fähigkeit der Juden, falsche Angaben zu machen. Niemand wundert sich über die naiven Forderungen der Polizei.

3.

Man kann ein Hausierer oder ein Ratenhändler sein.

Ein Hausierer trägt Seife, Hosenträger, Gummiartikel, Hosenknöpfe, Bleistifte in einem Korb, den er um den Rücken umgeschnallt hat. Mit diesem kleinen Laden besucht man verschiedene Cafés und Gasthäuser. Aber es ist ratsam, sich vorher zu überlegen, ob man gut daran tut, hier und dort einzukehren.

Auch zu einem einigermaßen erfolgreichen Hausieren gehört eine jahrelange Erfahrung. Man geht am sichersten zu Piowati, um die Abendstunden, wenn die vermögenden Leute koschere Würste mit Kren essen. Schon der Inhaber ist es dem jüdischen Ruf seiner Firma schuldig, einen armen Hausierer mit einer Suppe zu bewirten. Das ist nun auf jeden Fall ein Verdienst. Was die Gäste betrifft, so sind sie, wenn bereits gesättigt, sehr wohltätiger Stimmung. Bei niemandem hängt die Güte so innig mit der körperlichen Befriedigung zusammen, wie beim jüdischen Kaufmann. Wenn er gegessen hat und wenn er gut gegessen hat, ist er sogar imstande, Hosenträger zu kaufen, obwohl er sie selbst in seinem Laden führt. Meist wird er gar nichts kaufen und ein Almosen geben.

Man darf natürlich nicht etwa als der sechste Hausierer zu Piowati kommen. Beim Dritten hört die Güte auf. Ich kannte einen jüdischen Hausierer, der alle drei Stunden in denselben Piowati-Laden eintrat. Die Generationen der Esser wechseln alle drei Stunden. Saß noch ein Gast von der alten

Generation, so mied der Hausierer dessen Tisch. Er wußte genau, wo das Herz aufhört und wo die Nerven beginnen.

In einem ganz bestimmten Stadium der Trunkenheit sind auch die Christen gutherzig. Man kann also am Sonntag in die kleinen Schenken und in die Cafés der Vororte eintreten, ohne Schlimmes zu befürchten. Man wird ein wenig gehänselt und beschimpft werden, aber so äußert sich eben die Gutmütigkeit. Besonders Witzige werden den Korb wegnehmen, verstecken und den Hausierer ein wenig zur Verzweiflung bringen. Er lasse sich nicht erschrekken! Es sind lauter Äußerungen des goldenen Wiener Herzens. Ein paar Ansichtskarten wird er schließlich verkaufen.

Alle seine Einnahmen reichen nicht aus, ihn selbst zu ernähren. Dennoch wird der Hausierer Frau, Töchter und Söhne zu erhalten wissen. Er wird seine Kinder in die Mittelschule schicken, wenn sie begabt sind, und Gott will, daß sie begabt sind. Der Sohn wird einmal ein berühmter Rechtsanwalt sein, aber der Vater, der so lange hausieren mußte, wird weiter hausieren wollen. Manchmal fügt es sich, daß die Urenkel des Hausierers christlich-soziale Antisemiten sind. Es hat sich schon oft so gefügt.

4.

Welch ein Unterschied zwischen einem Hausierer und einem Ratenhändler? Jener verkauft für bares Geld und dieser auf Ratenzahlung. Jener braucht eine kleine »Tour« und dieser eine große. Jener fährt nur mit der Vorortbahn und dieser auch mit der großen Eisenbahn. Aus jenem wird niemals ein Kaufmann, aus diesem vielleicht.

Der Ratenhändler ist nur in einer Zeit der festen Valuta möglich. Die große Inflation hat allen Ratenhändlern die traurige Existenz genommen. Sie sind Valutenhändler geworden.

Auch einem Valutenhändler ging es nicht gut. Kaufte er rumänische Leis, so fielen sie an der Börse. Verkaufte er sie, fingen sie an zu steigen. Wenn der Dollar in Berlin hochstand, die Mark in Wien ebenfalls, so fuhr der Valutenhändler nach Berlin, Mark einkaufen. Er kam nach Wien zurück, um für die hohen Mark Dollar einzukaufen. Dann fuhr er mit den Dollars nach Berlin, um noch mehr Mark einzukaufen. Aber so schnell fährt keine Eisenbahn, wie eine Mark fällt. Ehe er nach Wien kam, hatte er schon die Hälfte.

Der Valutenhändler hätte mit allen Börsen der Welt in telephonischer Verbindung stehen müssen, um wirklich zu verdienen. Er aber stand nur mit einer schwarzen Börse seines Aufenthaltsortes in Verbindung. Man hat die Schädlichkeit, aber auch die Informiertheit der schwarzen Börse gewaltig überschätzt. Noch schwärzer, als die schwarze Börse, war die offizielle, schneeweiße, in Unschuld prangende und von der Polizei geschützte. Die schwarze Börse war die schmutzige Konkurrenz einer schmutzigen Institution. Die Valutenhändler waren die gescholtenen Konkurrenten der ehrenhaft genannten Banken.

Nur die wenigsten kleinen Valutenhändler sind wirklich reich geworden. Die meisten sind heute wieder, was sie gewesen sind: arme Ratenhändler.

5.

Die Kunden des Ratenhändlers sind Leute, die kein Geld besitzen, aber ein Einkommen. Studenten, kleine Beamte, Arbeiter. Jede Woche kommt der Ratenhändler zu den Kunden, einkassieren und neue Ware verkaufen. Da der Bedarf der kleinen Leute groß ist, kaufen sie verhältnismäßig viel. Da ihr Einkommen sehr gering ist, zahlen sie verhältnismäßig wenig. Der Ratenhändler weiß nicht, worüber er sich freuen soll: über den steigenden Absatz oder über den fallenden. Je mehr er verkauft, desto langsamer bekommt er sein Geld.

Soll er die Preise erhöhen? Dann gehen die Leute in das nächste Warenhaus, deren es jetzt in allen kleinen Städten einige gibt. Der Ratenhändler ist für sie billiger, weil er die Eisenbahn bezahlt, die sie sonst bezahlen müssen. Mit ihm kommt das Warenhaus zu den Kunden. Er ist bequemer.

Infolgedessen ist sein Leben unbequem. Wenn er die Eisenbahn ersparen will, muß er, schwer bepackt, zu Fuß gehen. Also geht er langsam. Dabei kommt er nicht überall zurecht. Er muß Sonntag bei Allen sein, die ihm Geld schuldig sind. Der Lohn ist Sonnabend bezahlt worden, er ist also Montag nicht mehr vorhanden. Fährt der Ratenhändler aber Eisenbahn, so zahlt er auf jeden Fall, er kommt auch überall zurecht, aber sehr oft ist der Wochenlohn schon am Sonntag nicht mehr vorhanden.

So sind die jüdischen Schicksale.

6.

Was kann ein Ostjude sonst werden? Ist er Arbeiter, so nimmt ihn keine Fabrik. Es gibt viele heimische Arbeitslose. Aber selbst, wenn es sie nicht gäbe, – man nimmt nicht einmal christliche Ausländer, geschweige denn jüdische.

Es gibt auch ostjüdische Handwerker. In der Leopoldstadt und in der Brigittenau leben viele ostjüdische Herrenschneider. Die Juden sind begabte Schneider. Aber es ist ein Unterschied, ob man ein Lokal, einen »Modesalon« im ersten Bezirk, in der Herrengasse hat, oder eine Werkstatt in der Küche eines Hauses in der kleinen Schiffgasse.

Wer kommt in die kleine Schiffgasse? Wer nicht gezwungen ist, hinzugehen, der geht lieber an ihr vorbei. In der kleinen Schiffgasse riecht es nach Zwiebeln und Petroleum, nach Hering und Seife, nach Spülwasser und Hausrat, nach Benzin und Kochtöpfen, nach Schimmel und Delikatessen. Schmutzige Kinder spielen in der kleinen Schiffgasse. Man staubt Teppiche an offenen Fenstern und lüftet Betten. Flaumfedern schwimmen in der Luft.

In so einer Gasse wohnt der jüdische kleine Schneider. Aber wäre es nur die Gasse! Seine Wohnung besteht aus einem Zimmer und einer Küche. Und nach den rätselhaften Gesetzen, nach denen Gott die Juden regiert, hat ein armer ostjüdischer Schneider sechs und mehr Kinder, aber nur selten einen Gehilfen. Die Nähmaschine rasselt, das Bügeleisen steht auf dem Nudelbrett, auf dem Ehebett nimmt er Maß. Wer sucht einen solchen Schneider auf?

Er »zehrt« nicht »am Mark der Eingeborenen«, der ostjüdische Schneider. Er lockt keinen Kunden dem christlichen Schneider weg. Er kann zuschneiden, seine Arbeit ist vorzüglich. Vielleicht wird er nach zwanzig Jahren einen wirklichen Modesalon im ersten Bezirk, in der Herrengasse haben. Aber dann wird er ihn auch redlich verdient haben. Auch Ostjuden sind keine Zauberer. Was sie erreichen, kostet Mühsal, Schweiß und Not.

7.

Wenn ein Ostjude viel Glück und Geld hat, kann er unter Umständen eine »Konzession« erhalten und einen Laden aufmachen. Seine Kunden sind die kleinen armen Leute des Viertels. Zum Beispiel: der oben geschilderte Herrenschneider. Der zahlt nicht bar, er hat Kredit. Das sind die »Geschäfte« der Ostjuden.

Es gibt ostjüdische Intellektuelle. Lehrer, Schreiber und so weiter. Es gibt auch Almosenempfänger. Verschämte Bettler. Straßenbettler. Musikanten. Zeitungsverkäufer. Sogar Stiefelputzer.

Und sogenannte »Lufthändler«. Händler mit »Luftware«. Die Ware liegt noch irgendwo in Ungarn auf einem Bahnhof. Sie liegt aber gar nicht auf dem ungarischen Bahnhof. Sie wird am Franz-Josephs-Kai gehandelt.

Es gibt ostjüdische Betrüger. Freilich: Betrüger! Aber es gibt auch westeuropäische Betrüger.

8.

Die zwei großen Straßen der Leopoldstadt sind: die Taborstraße und die Praterstraße. Die Praterstraße ist beinahe herrschaftlich. Sie führt direkt in's Vergnügen. Juden und Christen bevölkern sie. Sie ist glatt, weit und hell. Sie hat viele Cafés.

Viele Cafés sind auch in der Taborstraße. Es sind jüdische Cafés. Ihre Besitzer sind meist jüdisch, ihre Gäste fast durchwegs. Die Juden gehen gerne in's Kaffeehaus, um Zeitung zu lesen, Tarok und Schach zu spielen und Geschäfte zu machen.

Juden sind gute Schachspieler. Sie haben auch christliche Partner. Ein guter christlicher Schachspieler kann kein Antisemit sein.

In den jüdischen Cafés gibt es stehende Gäste. Sie bilden im wahren Sinne des Wortes: die »Laufkundschaft«. Sie sind Stammgäste, ohne Speise oder Trank einzunehmen. Sie kommen achtzehnmal im Lauf eines Vormittags ins Lokal. Das Geschäft erfordert es.

Sie verursachen viel Geräusch. Sie sprechen eindringlich, laut und ungezwungen. Weil alle Besucher Menschen von Welt und guten Manieren sind, fällt niemand auf, obwohl er auffällig ist.

In einem echten jüdischen Kaffeehaus kann man den Kopf unter den Arm nehmen. Niemand kümmert sich darum.

9.

Der Krieg hat viele ostjüdische Flüchtlinge nach Wien gebracht. Solange ihre Heimat besetzt war, gab man ihnen »Unterstützungen«. Man schickte ihnen nicht etwa das Geld nach Haus. Sie mußten in den kältesten Wintertagen, in den frühesten Nachtstunden anstehen. Alle: Greise, Kranke, Frauen, Kinder.

Sie schmuggelten. Sie brachten Mehl, Fleisch, Eier aus Ungarn. Man sperrte sie in Ungarn ein, weil sie die Nahrungsmittel aufkauften. Man sperrte sie in Österreich ein, weil sie nichtrationierte Lebensmittel ins Land brachten. Sie erleichterten den Wienern das Leben. Man sperrte sie ein.

Nach dem Krieg wurden sie, zum Teil gewaltsam, repatriiert. Ein sozialdemokratischer Landeshauptmann ließ sie ausweisen. Für Christlichsoziale sind's Juden. Für Deutschnationale sind sie Semiten. Für Sozialdemokraten sind sie unproduktive Elemente.

Sie aber sind arbeitsloses Proletariat. Ein Hausierer ist ein Proletarier.

Wenn er nicht mit den Händen arbeitet, so schafft er mit den Füßen. Wenn er keine bessere Arbeit findet, so ist es nicht seine Schuld. Wozu diese Selbstverständlichkeiten? Wer glaubt das Selbstverständliche?

II. BERLIN

1.

Kein Ostjude geht freiwillig nach Berlin. Wer in aller Welt kommt freiwillig nach Berlin?

Berlin ist eine Durchgangsstation, in der man aus zwingenden Gründen länger verweilt. Berlin hat kein Ghetto. Es hat ein jüdisches Viertel. Hierher kommen die Emigranten, die über Hamburg und Amsterdam nach Amerika wollen. Hier bleiben sie oft stecken. Sie haben nicht genug Geld. Oder ihre Papiere sind nicht in Ordnung.

(Freilich: Die Papiere! Ein halbes jüdisches Leben verstreicht in zwecklosem Kampf gegen »Papiere«.)

Die Ostjuden, die nach Berlin kommen, haben oft ein Durchreisevisum, das sie berechtigt, zwei bis drei Tage in Deutschland zu bleiben. Es sind schon manche, die nur ein Durchreisevisum hatten, zwei bis drei Jahre in Berlin geblieben.

Von den alteingesessenen Berliner Ostjuden sind die meisten noch vor dem Kriege gekommen. Verwandte sind ihnen nachgereist. Flüchtlinge aus den okkupierten Gebieten kamen nach Berlin. Juden, die in Rußland, in der Ukraine, in Polen, in Litauen der deutschen Okkupationsarmee Dienste geleistet hatten, mußten mit der deutschen Armee nach Deutschland.

Es gibt auch ostjüdische Verbrecher in Berlin. Taschendiebe, Heiratsschwindler, Betrüger, Banknotenfälscher, Inflationsschieber. Fast keine Einbrecher. Keine Mörder, keine Raubmörder.

Vom Kampf um die Papiere, gegen die Papiere

ist ein Ostjude nur dann befreit, wenn er den Kampf gegen die Gesellschaft mit verbrecherischen Mitteln führt. Der ostjüdische Verbrecher ist meist schon in seiner Heimat Verbrecher gewesen. Er kommt nach Deutschland ohne Papiere oder mit falschen. Er meldet sich nicht bei der Polizei.

Nur der ehrliche Ostjude – er ist nicht nur ehrlich, sondern auch furchtsam – meldet sich bei der Polizei. Das ist in Preußen weit schwieriger als in Österreich. Die Berliner Kriminalpolizei hat die Eigenschaft, in den Häusern nachzukontrollieren. Sie prüft auch auf der Straße Papiere. In der Inflation geschah es häufig.

Der Handel mit alten Kleidern ist nicht verboten, aber er ist auch nicht geduldet. Wer keinen Gewerbeschein besitzt, darf meine alte Hose nicht kaufen. Er darf sie auch nicht verkaufen.

Dennoch kauft er sie. Er verkauft sie auch. Er steht in der Joachimsthalerstaße oder Ecke Joachimsthalerstraße und Kurfürstendamm und tut so, als täte er gar nichts. Er muß den Passanten ansehen, ob sie erstens alte Kleider zu verkaufen haben und zweitens, ob sie Geld brauchen.

Die gekauften Kleider verkauft man am nächsten Morgen an der Kleiderbörse.

Auch unter den Hausierern gibt es Rangunterschiede. Es gibt reiche, mächtige Hausierer, zu denen die kleinen sehr demütig aufblicken. Je reicher ein Hausierer ist, desto mehr verdient er. Er geht nicht auf die Straße. Er hat es nicht nötig. Ja, ich weiß nicht einmal, ob ich ihn wirklich »Hausierer« nennen darf. Eigentlich hat er einen Laden mit alten Kleidern und einen Gewerbeschein. Und wenn es nicht sein eigener Gewerbeschein ist, so ist es der eines Eingesessenen, eines Berliner Bürgers, der nichts vom

Kleiderhandel versteht, aber prozentual am Geschäft beteiligt ist.

In der Kleiderbörse versammeln sich am Vormittag die Ladeninhaber und die Hausierer. Diese bringen den Ertrag des vergangenen Tages, alle alten Röcke und Kleider. Im Frühling ist Hausse in Sommer- und Sportanzügen. Im Herbst ist Hausse in Cutaways, Smokings, und gestreiften Hosen. Wer im Herbst mit Sommer- und Leinenanzügen kommt, versteht das Geschäft nicht.

Die Kleider, die der Hausierer den Passanten für ein lächerliches Geld abgekauft hat, verkauft er mit einem lächerlich geringen Aufschlag an den Ladeninhaber. Dieser läßt die Kleider bügeln, »auffrischen«, richten. Dann hängt er sie vor sein Ladenschild und läßt sie flattern im Wind.

Wer alte Kleider gut zu verkaufen versteht, wird bald neue Kleider verkaufen können. Er wird ein Magazin eröffnen, statt eines Ladens. Er wird einmal Warenhausbesitzer werden.

In Berlin kann auch ein Hausierer Karriere machen. Er wird sich schneller assimilieren, als seine Standesgenossen in Wien. Berlin gleicht die Verschiedenen aus und ertötet Eigenheiten. Deshalb gibt es kein großes Berliner Ghetto.

Es gibt nur ein paar kleine Judenstraßen, in der Nähe der Warschauer Brücke und im Scheunenviertel. Die jüdischste aller Berliner Straßen ist die traurige Hirtenstraße.

2.

So traurig ist keine Straße der Welt. Die Hirtenstraße hat nicht einmal die hoffnungslose Freudigkeit eines vegetativen Schmutzes.

Die Hirtenstraße ist eine Berliner Straße, gemildert durch ostjüdische Einwohner, aber nicht verändert. Keine Straßenbahn durchfährt sie. Kein Autobus. Selten ein Automobil. Immer Lastwagen, Karren, die Plebejer unter den Fahrzeugen. Kleine Gasthäuser stecken in den Mauern. Man geht auf Stufen zu ihnen empor. Auf schmalen, unsauberen, ausgetretenen Stufen. Sie gleichen dem Negativ ausgetretener Absätze. In offenen Hausfluren liegt Unrat. Auch gesammelter, eingekaufter Unrat. Unrat als Handelsobjekt. Altes Zeitungspapier. Zerrissene Strümpfe. Alleinstehende Sohlen. Schnürsenkel. Schürzenbänder.

Die Hirtenstraße ist langweilig vororthaft. Sie hat nicht den Charakter einer Kleinstadtstraße. Sie ist neu, billig, schon verbraucht, Schundware. Eine Gasse aus einem Warenhaus. Aus einem billigen Warenhaus. Sie hat einige blinde Schaufenster. Jüdisches Gebäck, Mohnbeugel, Semmeln, schwarze Brote liegen in den Schaufenstern. Ein Ölkännchen, Fliegenpapier, schwitzendes.

Außerdem gibt es da jüdische Talmudschulen und Bethäuser. Man sieht hebräische Buchstaben. Sie stehen fremd an diesen Mauern. Man sieht hinter halbblinden Fenstern Bücherrücken.

Man sieht Juden mit dem Talles unterm Arm. Sie gehen aus dem Bethaus Geschäften entgegen. Man sieht kranke Kinder, alte Frauen.

Der Versuch, diese Berliner langweilige, so gut wie möglich sauber gehaltene Straße in ein Ghetto umzuwandeln, ist immer wieder stark. Immer wieder ist Berlin stärker. Die Einwohner kämpfen einen vergeblichen Kampf. Sie wollen sich breit machen? Berlin drückt sie zusammen.

3.

Ich trete in eine der kleinen Schankwirtschaften. Im Hinterzimmer sitzen ein paar Gäste und warten auf das Mittagessen. Sie tragen die Hüte auf dem Kopf. Die Wirtin steht zwischen Küche und Gaststube. Hinter dem Ladentisch steht der Mann. Er hat einen Bart aus rotem Zwirn. Er ist furchtsam.

Wie sollte er nicht furchtsam sein? Kommt nicht die Polizei in diesen Laden? War sie nicht schon einige Male da? Der Schankwirt reicht mir auf jeden Fall die Hand. Und auf jeden Fall sagt er: »Oh, das ist ein Gast! Sie sind schon so lange nicht dagewesen?« Niemals schadet eine herzliche Begrüßung.

Man trinkt das Nationalgetränk der Juden: Meth. Das ist der Alkohol, an dem sie sich berauschen können. Sie lieben den schweren, dunkelbraunen Meth, er ist süß, herb und kräftig.

4.

Manchmal kommt nach Berlin der »Tempel Salomonis«. Diesen Tempel hat ein Herr Frohmann aus Drohobycz getreu nach den genauen Angaben der Bibel hergestellt, aus Fichtenholz und Pappmaché und Goldfarbe. Keineswegs aus Cedernholz und echtem Gold wie der große König Salomo.

Frohmann behauptet, er hätte sieben Jahre an diesem Miniaturtempelchen gebaut. Ich glaube es. Einen Tempel wiederaufzubauen, genau nach den Angaben der Bibel, erfordert ebensoviel Zeit wie Liebe.

Man sieht jeden Vorhang, jeden Vorhof, jede kleinste Turmzacke, jedes heilige Gerät. Der Tempel steht auf einem Tisch im Hinterzimmer einer

Schenke. Es riecht nach jüdischen zwiebelgefüllten Fischen. Sehr wenige Besucher kommen. Die Alten kennen den Tempel schon und die Jungen wollen nach Palästina, nicht um Tempel, sondern um Landstraßen zu bauen.

Und Frohmann fährt von einem Ghetto zum andern, von Juden zu Juden und zeigt ihnen sein Kunstwerk, Frohmann, der Hüter der Tradition und des einzigen großen architektonischen Werkes, das die Juden jemals geschaffen haben und das sie infolgedessen niemals vergessen werden. Ich glaube, daß Frohmann der Ausdruck dieser Sehnsucht ist, der Sehnsucht eines ganzen Volkes. Ich habe einen alten Juden vor dem Miniaturtempel stehen gesehen. Er glich seinen Brüdern, die an der einzig übrig gebliebenen, heiligen Mauer des zerstörten Tempels in Jerusalem stehen, weinen und beten.

5.

Das Kabarett fand ich zufällig, während ich an einem hellen Abend durch die dunklen Straßen wanderte, durch die Fensterscheiben kleiner Bethäuser blickte, die nichts anderes waren, als simple Verkaufsläden bei Tag und Gotteshäuser des Morgens und des Abends. So nahe sind den Juden des Ostens Erwerb und Himmel; sie brauchen für ihren Gottesdienst nichts als zehn erwachsene, das heißt über dreizehn Jahre alte Glaubensgenossen, einen Vorbeter und die Kenntnis der geographischen Lage, um zu wissen, wo Osten ist, der Misrach, die Gegend des heiligen Landes, der Orient, aus dem das Licht kommen soll.

In dieser Gegend wird alles improvisiert: der Tempel durch die Zusammenkunft, der Handel durch das Stehenbleiben in der Straßenmitte. Es ist immer noch der Auszug aus Ägypten, der schon Jahrtausende anhält. Man muß immer auf dem Sprung sein, alles mit sich führen, das Brot und eine Zwiebel in der Tasche, in der anderen die Gebetriemen. Wer weiß, ob man in der nächsten Stunde nicht schon wieder wandern muß. Auch das Theater entsteht plötzlich.

Jenes, das ich sah, war im Hof eines schmutzigen und alten Gasthofes etabliert. Es war ein viereckiger Lichthof, Gänge und Korridore mit Glasfenstern klebten an seinen Wänden, und enthüllten verschiedene Intimitäten der Häuslichkeit, Betten, Hemden und Eimer. Eine alte, verirrte Linde stand in der Mitte und repräsentierte die Natur. Durch ein paar erleuchtete Fenster sah man das Innere einer rituellen Gasthofküche. Der Dampf stieg aus den kochenden Töpfen, eine dicke Frau schwang einen Löffel, ihre fetten Arme waren halb entblößt. Unmittelbar vor den Fenstern und so, daß es sie zur Hälfte verdeckte, stand ein Podium, von dem aus man direkt in den Flur des Restaurants gelangen konnte. Vor dem Podium saß die Musik, eine Kapelle aus sechs Männern, von denen die Sage ging, daß sie Brüder sind und Söhne des großen Musikers Mendel aus Berdyczew, an den sich noch die ältesten Juden aus dem Osten erinnern können und dessen Geigenspiel so herrlich war, daß man es nicht vergessen kann, weder in Litauen, noch in Wolhynien, noch in Galizien.

Die Schauspielertruppe, die hier bald auftreten sollte, nannte sich »Truppe Surokin«. Surokin hieß ihr Direktor, Regisseur und Kassierer, ein dicker, glattrasierter Herr aus Kowno, der schon in Amerika gesungen hatte, Vorbeter und Tenor, Synagogen- und Opernheld, verwöhnt, stolz und herablassend,

Unternehmer und Kamerad zu gleichen Teilen. Das Publikum saß an kleinen Tischen, aß Brot und Wurst und trank Bier, holte sich Speise und Trank selbst aus dem Restaurant, unterhielt sich, schrie, lachte. Es bestand aus kleinen Kaufleuten und deren Familien, nicht mehr orthodox, sondern »aufgeklärt«, wie man im Osten Juden nennt, die sich rasieren lassen (wenn auch nur einmal wöchentlich) und europäische Kleidung tragen. Diese Juden befolgen die religiösen Bräuche mehr aus Pietät als aus religiösem Bedürfnis: sie denken an Gott nur, wenn sie ihn brauchen und es ist ihr Glück, daß sie ihn ziemlich oft brauchen. Unter ihnen finden sich Zyniker und Abergläubische, aber alle werden in bestimmten Situationen sentimental und in ihrer Gerührtheit rührend. Sie sind in Dingen des Geschäftes rücksichtslos gegeneinander und gegen Fremde – und doch braucht man nur an eine bestimmte verborgene Saite zu rühren, um sie opferwillig, gütig und human zu machen. Ja, sie können weinen, besonders in einem solchen Freilufttheater, wie es dieses war.

Die Truppe bestand aus zwei Frauen und drei Männern – und bei dem Versuch zu schildern, wie und was sie auf dem Podium aufgeführt haben, stocke ich. Das ganze Programm war improvisiert. Zuerst trat ein dünner kleiner Mann auf, in seinem Gesicht saß die Nase, wie ein Fremdes, sehr Verwundertes; es war eine impertinente, zudringlich fragende und dennoch rührende, lächerliche Nase, eher slawisch als jüdisch, breite Flügel mit einem unvermutet spitzen Ende. Der Mann mit dieser Nase spielte einen »Batlen«, einen närrisch-weisen Spaßmacher, er sang alte Lieder und verulkte sie, indem er ihnen überraschende komische widersinnige Pointen anhängte. Dann sangen beide Frauen ein altes Lied, ein Schauspieler erzählte eine humoristische Geschichte von Scholem Alechem, und zum Schluß rezitierte der Herr Direktor Surokin moderne hebräische und jiddische Gedichte lebender und jüngst verstorbener jüdischer Autoren; er sprach die hebräischen Verse und gleich darauf ihre jüdische Übersetzung, und manchmal begann er zwei, drei Strophen leise zu singen, als sänge er so für sich, in seinem Zimmer, und es wurde totenstill, und die kleinen Kaufleute hatten große Augen und stützten das Kinn auf die Faust und man hörte das Rauschen der Linde.

Ich weiß nicht, ob Sie alle die jüdischen Melodien des Ostens kennen und ich will versuchen Ihnen eine Vorstellung von dieser Musik zu geben. Ich glaube sie am deutlichsten gekennzeichnet zu haben, wenn ich sie bezeichne als eine Mischung von Rußland und Jerusalem, von Volkslied und Psalm. Diese Musik ist synagogal-pathetisch und volkstümlich naiv. Der Text scheint, wenn er nur gelesen wird, eine heitere, flotte Musik zu erfordern. Hört man ihn aber gesungen, so ist es ein schmerzliches Lied, das »unter Tränen lächelt«. Hat man es einmal gehört, so klingt es wochenlang nach, der Gegensatz war ein scheinbarer, in Wirklichkeit *kann* dieser Text in keiner anderen Melodie gesungen werden. Er lautet:

»Ynter die griene Beimelach sizzen die Mojschelach, Schlojmelach,
    Eugen wie gliehende Keulalach«
    (Augen wie glühende Kohlen)

Sie sitzen! Sie tummeln sich nicht etwa unter den grünen Bäumen. Tummelten sie sich – dann wäre der Rhythmus dieser Zeilen so flott, wie er es auf den ersten Blick zu sein scheint. Aber sie tummeln sich nicht, die kleinen Judenknaben.

Ich hörte das alte Lied, das Jerusalem, die Stadt singt, so wehmütig, daß ihr Schmerz über ganz Europa weit hinein nach dem Osten weht, über Spanien, Deutschland, Frankreich, Holland, den ganzen bitteren Weg der Juden entlang. Jerusalem singt:

»Kim, kim, Jisruleki I aheim (nach Hause) in dein teures Land arain« ...

Diesen Sang verstanden alle Kaufleute. Die kleinen Menschen tranken kein Bier und aßen keine Würste mehr. So wurden sie präpariert für die schöne ernste, sogar schwierige und manchmal abstrakte Poesie des großen hebräischen Dichters *Bialik,* dessen Lieder in fast alle Kultursprachen übersetzt sind und von dem eine Wiederbelebung der hebräischen Schriftsprache ausgegangen sein soll, die sie endgültig zu einer lebendigen macht. Dieser Dichter hat den Zorn alter Propheten und die süße Stimme eines jubelnden Kindes.

III. PARIS

1.

Die Ostjuden haben nicht leicht den Weg nach Paris gefunden. Sie kamen viel leichter nach Brüssel und Amsterdam. Der direkte Weg des jüdischen Juwelenhandels führt nach Amsterdam. Einige armgewordene und einige reich werdende jüdische Juwelenhändler bleiben aus Zwang im französischen Sprachgebiet.

Der kleine Ostjude hat eine übertriebene Furcht vor einer *ganz* fremden Sprache. Deutsch ist beinahe seine Muttersprache. Er wandert viel lieber nach Deutschland, als nach Frankreich. Der Ostjude lernt leicht fremde Sprachen verstehen, aber seine Aussprache wird niemals rein. Er wird immer erkannt. Es ist sein gesunder Instinkt, der ihn vor den romanischen Ländern warnt.

Auch gesunde Instinkte irren. Die Ostjuden leben in Paris fast wie Gott in Frankreich. Niemand hindert sie hier Geschäfte und sogar Ghettos aufzumachen. Es gibt einige jüdische Viertel in Paris, in der Nähe des Montmartre und in der Nähe der Bastille. Es sind die ältesten Pariser Stadtteile. Es sind die ältesten Pariser Häuser mit der billigsten Miete. Juden geben nicht gerne Geld für »unnützen« Komfort aus, solange sie nicht sehr reich sind.

Sie haben es schon aus äußeren Gründen in Paris leicht. Ihre Physiognomie verrät sie nicht. Jhre Lebhaftigkeit fällt nicht auf. Ihr Witz begegnet dem französischen auf halbem Weg. Paris ist eine wirkliche Weltstadt. Wien ist einmal eine gewesen. Berlin wird erst einmal eine sein. Die wirkliche Weltstadt ist objektiv. Sie hat Vorurteile, wie die andern, aber keine Zeit, sie anzuwenden. Im Wiener Prater gibt es beinah keine antisemitische Äußerung, obwohl nicht alle Besucher Judenfreunde sind und obwohl neben ihnen, zwischen ihnen die östlichsten der Ostjuden wandeln. Weshalb? Weil man sich im Prater freut. In der Taborstraße, die zum Prater führt, fängt der Antisemit an, antisemitisch zu sein. In der Taborstraße freut man sich nicht mehr.

In Berlin freut man sich nicht. Aber in Paris herrscht die Freude. In Paris beschränkt sich der grobe Antisemitismus auf die freudlosen Franzosen. Das sind die Royalisten, die Gruppe um die Action française. Es wundert mich nicht, daß sie in Frankreich ohnmächtig sind und immer bleiben werden. Sie sind zu wenig französisch. Sie sind zu pathetisch und zu wenig ironisch.

Paris ist sachlich, obwohl Sachlichkeit eine deutsche Tugend sein mag. Paris ist demokratisch. Der Deutsche ist menschlich. Aber in Paris hat die praktische Humanität eine große starke Tradition. In Paris erst fangen die Ostjuden an, Westeuropäer zu werden. Sie werden Franzosen. Sie werden sogar Patrioten.

2.

Der bittere Lebenskampf der Ostjuden, der gegen »die Papiere«, wird in Paris gemildert. Die Polizei ist von einer humanen Nachlässigkeit. Sie ist zugänglicher der Individualität und dem Persönlichen. Die deutsche Polizei hat Kategorien. Die Pariser Polizei läßt sich leicht überreden. In Paris kann man sich anmelden, ohne viermal zurückgeschickt zu werden.

Die Pariser Ostjuden dürfen leben, wie sie wollen. Sie können ihre Kinder in rein jüdische Schulen schicken oder in französische. Die in Paris geborenen Kinder der Ostjuden können französische Staatsbürger werden. Frankreich braucht Menschen. Ja, es ist geradezu seine Aufgabe, schwach bevölkert zu sein und immer wieder Menschen zu brauchen, Fremde französisch zu machen. Es ist seine Stärke und seine Schwäche.

Freilich lebt ein französischer Antisemitismus auch in den Nicht-Royalisten. Aber kein hundertgrädiger. Die an einen viel stärkeren, rüderen, brutaleren Antisemitismus gewohnten Ostjuden geben sich mit dem französischen zufrieden.

Sie dürfen sich zufriedengeben. Sie haben religiöse, kulturelle, nationale Freiheiten. Sie dürfen jiddisch reden, so viel und so laut sie wollen. Sie dürfen sogar schlecht französisch sprechen, ohne daß man sie verdächtigt. Die Folge dieses Entgegenkommens ist, daß sie französisch lernen, daß ihre Kinder kein jiddisch mehr sprechen. Sie verstehen es gerade noch. Es hat mich belustigt, in den Straßen des Pariser Judenviertels die Eltern jiddisch, die Kinder französisch sprechen zu hören. Auf jiddische Fragen erfolgen französische Antworten. Diese Kinder sind begabt. Sie werden es in Frankreich zu etwas bringen, wenn Gott will. Und Gott will es, wie mir scheint.

Die Berliner jüdischen Schenken in der Hirtenstraße sind traurig, kühl und still. Die Pariser jüdischen Gasthäuser sind lustig, warm und laut. Sie machen alle gute Geschäfte. Ich habe manchmal bei Herrn Weingrod gegessen. Er führt ausgezeichnete Bratgänse. Er braut einen guten starken Schnaps. Er amüsiert die Gäste. Er sagt zu seiner Frau: »gib mir das Soll und Haben, s'il vous plait.«

Und die Frau sagt: »Nehmen Sie sich vom Bufett si vous voulez!« Sie sprechen ein wirklich heiteres Kauderwelsch.

Ich habe Herrn Weingrod gefragt: Wie sind Sie nach Paris gekommen? Da sagte Herr Weingrod: Excusez, monsieur, pourquoi nicht nach Paris? Aus Rußland schmeißt man mich hinaus, in Polen sperrt man mich ein, nach Deutschland gibt man mir kein Visum. Pourquoi soll ich nicht kommen nach Paris?

Herr Weingrod ist ein tapferer Mann, er hat ein Bein verloren, er hat eine Prothese und ist immer guter Laune. Er hat sich in Frankreich freiwillig zum Kriegsdienst gemeldet. Viele Ostjuden haben freiwillig und aus Dankbarkeit im französischen Heer gedient. Aber das Bein hat Weingrod nicht im Krieg verloren. Er kam gesund zurück, mit heilen Knochen. Da sieht man, wie das Schicksal lauert, wenn es will. Weingrod verläßt den Laden, will über die Straßenmitte. Niemals, einmal in der Woche vielleicht, fährt ein Auto durch diese Gasse. Gerade jetzt kommt es, da Weingrod hinüber will. Fährt ihn nieder. So verlor er ein Bein.

3.

Ich habe ein jiddisches Theater in Paris besucht. In der Garderobe wurden Kinderwagen abgegeben, Regenschirme nahm man in den Saal. Im Parkett saßen Mütter mit Säuglingen. Die Stuhlreihen waren lose, man konnte die Sessel herausnehmen. An den Seitenwänden lustwandelten Zuschauer. Der Eine verließ seinen Platz, der Andere setzte sich. Man aß Orangen. Es spritzte und roch. Man sprach laut, sang mit, klatschte den Darstellern auf offener Szene. Die jungen jüdischen Frauen sprachen nur französisch. Sie waren pariserisch elegant. Sie waren schön. Sie sahen aus, wie Frauen aus Marseille. Sie sind pariserisch begabt. Sie sind kokett und kühl. Sie sind leicht und sachlich. Sie sind treu, wie die Pariserinnen. Die Assimilation eines Volkes beginnt immer bei den Frauen.

Man gab einen Schwank in drei Akten. Im ersten Akt will die jüdische Familie eines kleinen russischen Dorfes auswandern. Im zweiten kriegt sie die Pässe. Im dritten ist die Familie in Amerika, reich geworden und protzig, und im Begriff, ihre alte Heimat zu vergessen und die alten Freunde aus der Heimat, die nach Amerika kommen. Dieses Stück gibt reichlich Gelegenheit, amerikanische Schlager zu singen und alte russisch-jiddische Lieder. Als die russischen Lieder und Tänze kamen, weinten die Darsteller und die Zuschauer. Hätten nur jene geweint, es wäre kitschig gewesen. Aber als diese weinten, wurde es schmerzlich. Juden sind leicht gerührt – das wußte ich. Aber ich wußte nicht, daß ein Heimweh sie rühren könnte.

Es war eine so innige, beinahe private Beziehung von der Bühne zum Zuschauer. Für dieses Volk Schauspieler sein, ist schön. Der Regisseur trat vor und kündigte die nächsten Programmwechsel an. Nicht durch die Zeitung, nicht durch Plakate. Mündlich. Von Mensch zu Mensch. Er sprach: »Ihr werdet Mittwoch den Herrn X. aus Amerika sehen.« Er sprach wie ein Führer zu seinen Getreuen. Er sprach unmittelbar und witzig. Seinen Witz verstand man. Ahnte beinahe voraus. Er witterte die Pointe.

4.

Ich sprach in Frankreich mit einem jüdischen Artisten aus Radziwillow, dem alten russisch-österreichischen Grenzort. Er war ein musikalischer Clown und verdiente viel. Er war ein Clown aus Überzeugung und nicht von Geburt. Er entstammte einer Musikantenfamilie. Sein Urgroßvater, sein Großvater, sein Vater, seine Brüder waren jüdische Hochzeitsmusikanten. Er, der einzige, konnte seine Heimat verlassen und im Westen Musik studieren. Ein reicher Jude unterstützte ihn. Er kam in eine Musikhochschule in Wien. Er komponierte. Er gab Konzerte. Aber, sagte er, was soll ein Jude der Welt ernste Musik machen? Ich bin immer ein Clown in dieser Welt, auch wenn man ernste Referate über mich bringt und Herren von den Zeitungen mit Brillen in den ersten Reihen sitzen. Soll ich Beethoven spielen? Soll ich Kol-Nidre spielen? Eines Abends, als ich auf der Bühne stand, begann ich mich vor Lachen zu schütteln. Was machte ich der Welt vor, ich, ein Musikant aus Radziwillow? Soll ich nach Radziwillow zurückkehren und bei jüdischen Hochzeiten aufspielen? Werde ich dort nicht noch lächerlicher sein?

An jenem Abend sah ich ein, daß mir nichts anderes übrig blieb, als in den Circus zu gehen, nicht, um ein Herrenreiter zu sein oder ein Seiltänzer! Das ist nichts für Juden. Ich bin ein Clown. Und seit meinem ersten Auftreten im Circus ist es mir ganz klar, daß ich die Tradition meiner Väter gar nicht verleugnet habe und daß ich bin, was sie hätten sein sollen. Zwar würden sie erschrecken, wenn sie mich sehen würden. Ich spiele Zieh- und Mundharmonika und Saxophon und es freut mich, daß die Leute gar nicht wissen, daß ich Beethoven spielen kann.

Ich bin ein Jud aus Radziwillow.

Ich habe Frankreich gern. Für alle Artisten ist die Welt vielleicht überall gleich. Aber für mich nicht. Ich gehe in jeder großen Stadt Juden aus Radziwillow suchen. In jeder großen Stadt treff ich zwei oder drei.

Wir reden miteinander. In Paris leben auch einige. Sind sie nicht aus Radziwillow, so sind sie aus Dubno. Und sind sie nicht aus Dubno, so sind sie aus Kischinew. Und in Paris geht es ihnen gut. Es geht ihnen gut. Es können doch nicht alle Juden beim Circus sein? Wenn sie nicht beim Circus sind, müssen sie mit allen fremden und gleichgültigen Menschen gut sein und mit niemandem dürfen sie es sich verderben. Ich brauche nur in der Artistenliga eingeschrieben zu sein. Das ist ein großer Vorteil. In Paris leben die Juden frei. Ich bin ein Patriot, ich hab' ein jüdisches Herz. –

5.

In dem großen Hafen Marseille kommen jährlich ein paar Juden aus dem Osten an. Sie wollen ein Schiff besteigen. Oder sie kommen gerade von Bord. Sie haben irgendwohin fahren wollen. Das Geld ist ihnen ausgegangen. Sie mußten an Land gehen. Sie schleppen alles Gepäck zum Postamt, geben ein Telegramm auf und warten auf Antwort. Aber Telegramme werden nicht schnell beantwortet und solche überhaupt nicht, in denen um Geld gebeten wird. Ganze Familien nächtigen unter freiem Himmel.

Manche, Einzelne bleiben in Marseille. Sie werden Dolmetscher. Dolmetscher sein ist ein jüdischer Beruf. Es handelt sich nicht darum, zu übersetzen, ins Französische aus dem Englischen, ins Französische aus dem Russischen, ins Französische aus dem Deutschen. Es handelt sich darum, den Fremden zu übersetzen, auch, wenn er nichts gesprochen hat. Er braucht den Mund nicht aufzumachen. Christliche Dolmetscher übersetzen vielleicht. Jüdische erraten.

Sie verdienen Geld. Sie führen die Fremden in gute Wirtsstuben, aber auch auf die Dörfer. Die

Dolmetscher beteiligen sich am Geschäft. Sie verdienen Geld. Sie gehen zum Hafen, besteigen ein Schiff und fahren nach Südamerika. Nach den Vereinigten Staaten kommen die Ostjuden schwer. Die erlaubte Zahl ist längst und oft überschritten.

6.

Einige ostjüdische Studenten sind nach Italien gefahren. Die italienische Regierung – sie hat manches gutzumachen – verleiht Stipendien jüdischen Studenten.

Viele Ostjuden haben sich nach dem Zerfall der Monarchie in das neuerstandene Südslavien begeben.

Aus Ungarn werden Ostjuden prinzipiell ausgewiesen. Kein ungarischer Jude wird sich ihrer annehmen. Die Mehrzahl der ungarischen Juden sind – trotz Horthy – nationalmagyarisch. Es gibt ungarische nationalistische Rabbiner.

7.

Wohin können die Ostjuden sonst fahren?

Nach Spanien kommen sie nicht. Es ruht ein Bannfluch der Rabbis auf Spanien, seitdem die Juden dieses Land hatten verlassen müssen. Auch die Nichtfrommen, »die Aufgeklärten«, hüten sich, nach Spanien zu fahren. Erst in diesem Jahr erlischt der Bannfluch.

Von einigen ostjüdischen Studenten hörte ich, daß sie nach Spanien fahren wollten. Sie werden gut daran tun, die polnischen Universitäten, auf denen der numerus clausus herrscht, die Wiener Universität, auf der außer dem numerus clausus auch noch die Borniertheit herrscht und die deutschen Universitäten, an denen der Bierkrug herrscht, zu verlassen.

8.

Es wird noch einige Jahre dauern. Dann werden Ostjuden nach Spanien kommen. Alte Legenden, die man sich im Osten erzählt, knüpfen an den langen Aufenthalt der Juden in Spanien an. Es ist manchmal wie eine stille Sehnsucht, ein verdrängtes Heimweh nach diesem Lande, das so stark an die Urheimat, an Palästina erinnert.

Man kann sich freilich keinen stärkeren Gegensatz denken, als den zwischen Ostjuden und spaniolischen. Die spaniolischen Juden verachten die »Aschkenasim« im allgemeinen, die Ostjuden im besonderen. Die spaniolischen Juden sind stolz auf ihre alte adelige Rasse. Mischehen zwischen Spaniolen und Aschkenasim kommen selten, zwischen Spaniolen und Ostjuden fast niemals vor.

9.

Nach einer alten Legende sind einmal zwei Ostjuden durch die Welt gezogen, um Geld zum Bau einer Synagoge zu sammeln. Sie kamen zu Fuß durch Deutschland, sie kamen an den Rhein, gingen nach Frankreich und begaben sich in die alte jüdische Gemeinde Frankreichs, nach Montpellier. Von hier zogen sie ostwärts, ohne Karte, ohne die Wege zu kennen und verirrten sich. Sie gelangten in einer finstern Nacht in das lebensgefährliche Spanien, wo sie getötet worden wären, wenn sich nicht ihrer die frommen Mönche eines spanischen Klosters angenommen hätten. Die

Mönche luden die jüdischen Wanderer zu einem Disput ein, waren über die Gelehrtheit der Juden sehr erfreut, brachten sie sicher über die Grenze zurück und gaben ihnen noch einen Klumpen Gold, zum Bau der Synagoge. Beim Abschied mußten die Juden schwören, das Gold wirklich zum Bau der Synagoge zu verwenden.

Die Juden schworen. Aber die Sitte (wenn auch nicht das Gesetz) verbot ihnen, das Gold, das aus dem Besitz eines Klosters, wenn auch eines freundlichen kam, für das Heiligtum zu benutzen. Sie überlegten lange und kamen endlich auf die Idee, aus dem Goldklumpen eine Kugel zu formen und sie auf dem Dach der Synagoge als eine Art Wahrzeichen anzubringen.

Diese goldene Kugel leuchtet noch auf dem Dach der Synagoge. Und sie ist das Einzige, das die Juden des Ostens noch mit ihrer alten spanischen Heimat verbindet.

Diese Geschichte erzählte mir ein alter Jude. Er war Thoraschreiber von Beruf, ein Sophar, ein frommer und ein weiser und ein armer Mann. Er war ein Gegner der Zionisten.

Jetzt, sagte er, wird der Cherim (der Bannfluch) gegen Spanien erlöschen. Ich habe nichts dagegen, daß meine Enkel nach Spanien gehen. Es ist den Juden nicht immer dort schlecht gegangen. Es gab fromme Menschen in Spanien und wo fromme Christen sind, können auch Juden leben. Denn die Gottesfurcht ist immer noch sicherer als die sogenannte moderne Humanität.

Er wußte nicht, der Alte, daß die Humanität nicht mehr modern ist. Er war nur ein armer Thoraschreiber.

IV.
EIN JUDE GEHT NACH AMERIKA

1.

Immer noch und obwohl die erlaubte Zahl für die östlichen Einwanderer schon einigemal überschritten war, und obwohl die amerikanischen Konsulate so viele Papiere verlangen, wie kein Konsulat der Welt, immer noch wandern viele Ostjuden nach Amerika aus.

Amerika ist die Ferne. Amerika heißt die Freiheit. In Amerika lebt immer irgendein Verwandter.

Es ist schwer, eine jüdische Familie im Osten zu finden, die nicht irgendeinen Vetter, irgendeinen Onkel in Amerika besitzen würde. Vor zwanzig Jahren ist einmal einer ausgewandert. Er floh vor dem Militär. Oder er desertierte, nachdem er assentiert worden war.

Wenn die Ostjuden nicht soviel Angst hätten, sie könnten sich mit Recht rühmen, das militärfeindlichste Volk der Welt zu sein. Sie waren lange Zeit von ihren Vaterländern, Rußland und Österreich, nicht würdig befunden worden, Militärdienst zu leisten. Erst als die staatsbürgerliche Gleichberechtigung der Juden kam, mußten sie einrücken. Es war eigentlich eine Gleichverpflichtung, keine Gleichberechtigung. Denn hatten bis dahin nur die Zivilbehörden die Juden schikaniert, so waren sie nun auch den Schikanen der Militärbehörden ausgeliefert. Die Juden trugen den Schimpf, nicht dienen zu müssen, mit großer Freude. Als man ihnen die große Ehre, kämpfen, exerzieren und fallen zu dürfen verkündete, herrschte unter ihnen Trauer. Wer sich dem 20. Lebensjahr näherte und so gesund war, daß er annehmen mußte, man würde ihn assentieren, floh nach Amerika. Wer kein Geld hatte, verstümmelte sich. Die Selbstverstümmelung grassierte ein paar Jahrzehnte vor dem Krieg unter den Juden des Ostens. Die so große Furcht vor dem Soldatenleben hatten, ließen sich einen Finger abhacken, die Sehnen an den Füßen durchschneiden und Gifte in die Augen schütten. Sie wurden heldenhafte Krüppel, blind, lahm, krumm, sie unterwarfen sich dem langwierigsten, häßlichsten Leid. Sie wollten nicht dienen. Sie wollten nicht in den Krieg ziehen und fallen. Ihre Vernunft war immer wach und rechnete. Ihre helle Vernunft berechnete, daß es immer noch nützlicher ist, lahm zu leben als gesund zu sterben. Ihre Frömmigkeit unterstützte die Überlegung. Es war nicht nur dumm, für einen Kaiser, für einen Zaren zu sterben, es war auch eine Sünde, fern von der Thora und entgegen ihren Geboten zu leben. Eine Sünde, Schweinefleisch zu essen. Am Sabbath eine Waffe zu tragen. Zu exerzieren. Gegen einen unschuldigen, fremden Menschen die Hand, geschweige denn das Schwert zu erheben. Die Ostjuden waren die heldenmütigsten Pazifisten. Sie litten für den Pazifismus. Sie machten sich freiwillig zu Krüppeln. Noch hat niemand das Heldenlied von diesen Juden gedichtet.

»Die Kommission kommt!« Es war ein Schreckensruf. Gemeint war die militärärztliche Musterungskommission, die alle kleinen Städte bereiste, um Soldaten auszuheben. Wochen vorher begann das »Plagen«. Die jungen Juden plagten sich, um schwach zu werden, um Herzfehler zu bekommen. Sie schliefen nicht, sie rauchten, sie wanderten, sie liefen, sie wurden ausschweifend zu frommen Zwecken.

Auf jeden Fall aber bestach man noch die Militärärzte. Die Vermittler waren höhere Beamte und ehemalige Militärärzte, die wegen dunkler Affären den Dienst hatten quittieren müssen. Ganze Scharen von Militärärzten wurden reich, verließen das Heer und eröffneten eine Privatpraxis, die zum Teil darin bestand, Bestechungen zu vermitteln.

Wer Geld besaß, überlegte sich, ob er es mit einer Bestechung oder einer Flucht nach Amerika versuchen sollte. Die Mutigsten gingen nach Amerika. Nie mehr durften sie zurück. Sie verzichteten. Sie verzichteten schweren Herzens auf die Familie und leichten Herzens auf das Vaterland.

Sie gingen nach Amerika.

2.

Das sind heute die sagenhaften Vettern der Ostjuden. Die früheren Deserteure sind drüben reiche, zumindest wohlhabende Kaufleute. Der alte jüdische Gott war mit ihnen. Er belohnte ihre Militärfeindschaft.

Dieser Vetter in Amerika ist die letzte Hoffnung jeder ostjüdischen Familie. Er hat schon lange nicht geschrieben, dieser Vetter. Man weiß nur, daß er sich verheiratet und Kinder gezeugt hat. Irgendein altes vergilbtes Bild hängt an der Wand. Vor zwanzig Jahren kam es an. Zehn Dollar lagen dabei. Man hat lange nichts mehr von ihm gehört. Dennoch zweifelt die Familie in Dubno nicht, daß man ihn in New-York oder Chicago finden wird. Freilich heißt er nicht mehr so jüdisch, wie er zu Hause genannt worden war. Er spricht englisch, er ist amerikanischer

Staatsbürger, seine Anzüge sind bequem, seine Hosen sind weit, seine Röcke haben breite Schultern. Man wird ihn doch erkennen. Der Besuch wird ihm vielleicht nicht angenehm sein. Hinauswerfen wird er seine Verwandten sicherlich nicht.

Und während man so seiner gedenkt, kommt eines Tages der Briefträger mit einem dicken Einschreibebrief. Dieser Brief enthält Dollars, Anfragen, Wünsche und Grüße und verspricht »bald eine Schiffskarte«.

Von diesem Augenblick an »fährt man nach Amerika«. Die Jahreszeiten wechseln, die Monate reihen sich aneinander, das Jahr verrollt, man hört nichts von einer Schiffskarte, aber »man fährt nach Amerika«. Die ganze Stadt weiß es, die umliegenden Dörfer wissen es und die benachbarten kleinen Städte.

Ein Fremder kommt und fragt: »Was macht Jizchok Meier?« »Er fährt nach Amerika«, erwidern die Einheimischen; indessen Jizchok Meier noch heute und morgen, wie gestern und vorgestern, seinen Geschäften nachgeht und scheinbar sich nichts in seinem Hause verändert.

In Wirklichkeit verändert sich viel. Er stellt sich nämlich um. Er rüstet innerlich für Amerika. Er weiß schon genau, was er mitnehmen und was er behalten wird, was er zurücklassen und was er verkaufen wird. Er weiß schon, was mit dem Viertelhaus, das auf seinen Namen intabuliert ist, geschieht. Er hat einmal ein Viertelhaus geerbt. Die andern 3 Viertel besaßen drei Verwandte. Die sind gestorben oder ausgewandert. Die 3 Viertel gehören jetzt einem Fremden. Diesem könnte man noch das letzte Viertel abtreten. Allein er zahlt nicht viel. Wer also sonst in aller Welt kauft ein Viertel von einem Haus? Man wird also, wenn es »hypothekenfrei« ist, noch möglichst viel Schulden aufzunehmen trachten. Das gelingt nach einiger Zeit. Man hat Bargeld oder Wechsel, die so gut sind, wie Bargeld.

Der Jude, der nach Amerika will, lernt nicht etwa englisch. Wie er im fremden Land zurechtkommen wird, weiß er schon. Er spricht jiddisch, die am weitesten verbreitete, geographisch, nicht zahlenmäßig verbreitete Sprache. Er wird sich verständigen. Er braucht nicht englisch zu verstehen. Die seit 30 Jahren im Judenviertel von New York ansässigen Juden sprechen auch noch jiddisch und können ihre eigenen Enkel nicht mehr verstehen.

Die Sprache des fremden Landes also kann er schon. Es ist seine Muttersprache. Auch Geld hat er. Ihm fehlt nur noch der Mut.

Er fürchtet nicht Amerika, er fürchtet den Ozean. Er ist gewohnt, durch weite Länder zu wandern, aber nicht über Meere. Einmal, als seine Vorfahren ein Meer zu überqueren hatten, geschah ein Wunder und die Wasser teilten sich. Wenn er durch den Ozean von seiner Heimat getrennt ist, so trennt ihn eine Ewigkeit von ihr. Vor Schiffen hat der Ostjude Angst. Dem Schiff traut er auch nicht. Seit Jahrhunderten lebt der Ostjude im Binnenland. Er fürchtet die Steppe nicht, nicht die Grenzenlosigkeit des Flachlandes. Er fürchtet die Desorientierung. Er ist gewohnt, dreimal im Tag sich gegen Misrach, den Osten, zu wenden. Das ist mehr als eine religiöse Vorschrift. Das ist die tiefgefühlte Notwendigkeit, zu wissen, wo man sich befindet. Seinen Standpunkt zu kennen. Von der Sicherheit des geographischen Standpunkts aus kann man seinen Weg am besten finden und Gottes Wege am besten erkennen. Man weiß ungefähr, wo Palästina liegt.

Auf dem Meer aber weiß man nicht, wo Gott wohnt. Man erkennt nicht, wo der Misrach liegt. Man kennt seine Stellung zur Welt nicht. Man ist nicht frei. Man ist abhängig vom Kurs, den das Schiff genommen hat. Wer so tief das Bewußtsein im Blut hat wie der Ostjude, daß es jeden Augenblick gelten kann zu fliehen, fühlt sich auf dem Schiff nicht frei. Wohin kann er sich retten, wenn etwas geschieht? Seit Jahrtausenden rettet er sich. Seit Jahrtausenden geschieht immer etwas Drohendes. Seit Jahrtausenden flieht er immer. Was geschehen kann? – Wer weiß es? Können nicht auch auf einem Schiff Pogrome ausbrechen? Wohin dann?

Wenn einen Passagier auf dem Schiff der Tod überrascht, wo begräbt man den Toten? Man versenkt die Leiche ins Wasser. Die alte Legende aber von der Ankunft des Messias beschreibt genau die Wiederauferstehung der Toten. Alle Juden, die in fremder Erde begraben sind, werden unterirdisch rollen müssen, bis sie in Palästina angelangt sind. Glücklich diejenigen, die schon in Palästina begraben werden. Sie ersparen sich die weite und mühevolle Reise. Die unaufhörliche, meilenlange Drehung. Werden aber auch die Toten erwachen, die ins Wasser versenkt worden sind? Gibt es Land unter dem Wasser? Welch seltsame Geschöpfe wohnen dort unten? Eine jüdische Leiche darf nicht seziert werden, ganz, unversehrt muß der Mensch dem Staub wieder übergeben werden. Fressen die Haifische nicht die Wasserleichen?

Außerdem ist die versprochene Schiffskarte noch nicht da. Sie muß freilich kommen. Aber sie allein genügt ja auch noch nicht. Man muß die Einreisebewilligung haben. Die bekommt man ohne Papiere nicht. Wo sind die Papiere?

Und nun beginnt der letzte erschütterndste Kampf gegen die Papiere, um die Papiere. Ist dieser Kampf siegreich, dann braucht man nichts mehr. Drüben, in Amerika, kriegt jeder sofort einen neuen Namen und ein neues Papier.

Man wundere sich nicht über die Pietätlosigkeit der Juden gegen ihre Namen. Mit einer Leichtfertigkeit, die überraschend wirkt, wechseln sie ihre Namen, die Namen ihrer Väter, deren Klang doch immerhin für europäische Gemüter irgendeinen Gefühlswert hat.

Für die Juden hat der Name deshalb keinen Wert, weil er gar nicht ihr Name ist. Juden, Ostjuden, haben keine Namen. Sie tragen aufgezwungene Pseudonyme. Ihr wirklicher Name ist der, mit dem sie am Sabbath und an Feiertagen zur Thora aufgerufen werden: ihr jüdischer Vorname und der jüdische Vorname ihres Vaters. Die Familiennamen aber von Goldenberg bis zu Hescheles sind aufoktroyierte Namen. Die Regierungen haben den Juden befohlen, Namen anzunehmen. Sind es ihre eigenen? Wenn einer Nachman heißt und seinen Vornamen in ein europäisches Norbert verändert, ist nicht »Norbert« die Verkleidung, das Pseudonym? Ist es etwa mehr als Mimikry? Empfindet das Chamäleon Pietät gegenüber den Farben, die es fortwährend wechseln muß? Der Jude schreibt in Amerika Greenboom statt Grünbaum. Er trauert nicht um die veränderten Vokale.

3.

Leider ist er noch immer nicht so weit, sich nennen zu können wie er will. Noch ist er in Polen, in Litauen. Noch muß er »Papiere« haben, die seine Geburt, seine Existenz, seine Identität beweisen.

Und er fängt an, die Wege zu wandern, die genau so unübersichtlich, verworren, ziellos und tragisch, lächerlich im Kleinen sind, wie einst die Wege seiner Väter im Großen waren. Man schickt ihn nicht von Pontius zu Pilatus, man schickt ihn vom Vorzimmer des Pontius zum geschlossenen Tor des Pilatus. Überhaupt sind alle Staatstüren verschlossen. Nur mit Kanzleisekretären sperrt man sie auf. Wenn aber überhaupt jemand am Zurückschicken seine Freude haben kann, so sind es die Kanzleisekretäre.

Man kann sie bestechen? Als ob eine Bestechung leicht wäre! Weiß man, ob eine Bestechung nicht einen großartigen Prozeß einträgt und mit Gefängnis endet? Man weiß nur, daß alle Beamte bestechlich sind. Ja, alle Menschen sind bestechlich. Die Bestechlichkeit ist eine Tugend der menschlichen Natur. Aber wann und ob einer seine Bestechlichkeit eingesteht, kann man nie wissen. Man kann nicht wissen, ob der Beamte, der schon zehnmal Geld genommen hat, beim elften Mal die Anzeige erstattet, einfach, um zu beweisen, daß er zehnmal nichts genommen hat und um noch weitere hundert Mal nehmen zu können.

Glücklicherweise gibt es fast überall Leute, die ganz genau um die Seele des Beamten Bescheid wissen und die davon leben. Auch diese Kenner sind Juden. Aber weil sie so selten vorkommen und vereinzelt in jeder Stadt und weil sie die Fähigkeit haben, mit den Beamten in der Landessprache zu trinken, sind diese Juden beinahe selbst schon Beamte und sie selbst muß man zuerst bestechen, um überhaupt erst einmal bestechen zu können.

Aber auch die vollendete Bestechung erspart keine Demütigungen und keine unnützen Wege.

Man erträgt Demütigungen und wandert nutzlose Wege.

Dann hat man die Papiere.

4.

Wenn also alles klappt, macht Amerika die Grenze wieder zu, sagt, für dieses Jahr hätte es schon der Ostjuden genug und nun sitzt man da und wartet auf das nächste Jahr.

Dann, endlich, fährt man vierter Klasse Personenzug sechs Tage nach Hamburg. Man wartet weitere zwei Wochen auf das Schiff. Schließlich besteigt man es. Und während alle Passagiere mit Schnupftüchern winken und dem Weinen nahe sind, ist der jüdische Emigrant zum ersten Mal in seinem Leben froh. Er hat Angst, aber auch Gottvertrauen. Er fährt in ein Land, das alle Ankommenden mit einer riesengroßen Freiheitsstatue grüßt. Diesem riesigen Monument muß die Wirklichkeit einigermaßen entsprechen.

Einigermaßen entspricht die Wirklichkeit dem Symbol. Aber nicht etwa deshalb, weil man es drüben mit der Freiheit aller Menschen so ernst nimmt, sondern weil es drüben noch jüdischere Juden gibt, nämlich: Neger. Dort ist ein Jude zwar ein Jude. Aber er ist in der Hauptsache ein Weißer. Zum ersten Mal bietet ihm seine Rasse einen Vorteil.

Der Ostjude fährt dritter Klasse, beziehungsweise Zwischendeck. Die Überfahrt ist besser, als er es sich vorgestellt hat, aber die Landung ist schwieriger.

Schon die ärztliche Untersuchung im europäischen Hafen war übel genug. Nun kommt auch noch eine strengere Untersuchung. Und irgendwo stimmen die Papiere nicht ganz.

Es sind zwar richtige, mit großer Mühe erhaltene Papiere. Aber sie sehen dennoch so aus, als ob sie nicht stimmten.

Möglich auch, daß auf dem Schiff ein Ungeziefer sich ins Hemd des Juden geschlichen hat.

Alles ist möglich.

Und der Jude kommt in eine Art Gefangenschaft, die man Quarantäne nennt, oder ähnlich.

Ein hoher Zaun schützt Amerika vor ihm.

Durch die Gitter seines Kerkers sieht er die Freiheitsstatue und er weiß nicht, ob er, oder die Freiheit eingesperrt ist.

Er darf nachdenken, wie es in New-York sein wird. Er kann sich's kaum vorstellen.

So aber wird es sein: er wird zwischen zwölfstöckigen Häusern, zwischen Chinesen, Ungarn und anderen Juden wohnen, wieder ein Hausierer sein, wieder die Polizei fürchten, wieder schikaniert werden.

Seine Kinder werden vielleicht Amerikaner werden. Vielleicht berühmte Amerikaner, reiche Amerikaner. Könige irgendeines Materials.

Davon träumt der Jude hinter den Gittern seiner Quarantäne.

DIE LAGE DER JUDEN IN SOWJETRUSSLAND

Auch im alten Rußland waren die Juden eine »nationale Minderheit«; aber eine mißhandelte. Durch Verachtung, Unterdrückung und Pogrom kennzeichnete man die Juden als eine eigene Nation. Man war nicht etwa bestrebt, sie durch Vergewaltigung zu assimilieren. Man war bestrebt, sie abzugrenzen. Die Mittel, die man gegen sie anwandte, sahen so aus, als wollte man sie vertilgen.

In den westlichen Ländern war der Antisemitismus vielleicht ein primitiver Abwehrinstinkt. Im christlichen Mittelalter ein religiöser Fanatismus. In Rußland war der Antisemitismus ein Mittel, zu regieren. Der einfache »Mushik« war kein Antisemit. Der Jude war ihm kein Freund, sondern ein Fremder. Rußland, das für so viele Fremde Raum hatte, war auch frei für diesen. Der Halbgebildete und der Bürger waren Antisemiten – weil der Adel es war. Der Adel war es, weil der Hof es war. Der Hof war es, weil der Zar, für den es sich nicht schickte, seine eigenen rechtgläubigen »Landeskinder« zu fürchten, vorgab, nur die Juden zu fürchten. Man schrieb ihnen infolgedessen Eigenschaften zu, die sie allen Ständen gefährlich erscheinen ließen: für den einfachen »Mann aus dem Volke« wurden sie Ritualmörder; für den kleinen Besitzer Zerstörer des Eigentums; für den höheren Beamten plebejische Schwindler, für den Adel gefährliche, weil kluge Sklaven; für den kleinen Beamten endlich, den Funktionär aller Stände, waren die Juden alles: Ritualmörder, Krämer, Revolutionäre und Pöbel.

In den westlichen Ländern brachte das 18. Jahrhundert die Emanzipation der Juden. In Rußland begann der offizielle, legitime Antisemitismus in den 80er Jahren des neunzehnten Jahrhunderts. In den Jahren 1881–82 organisierte Plehwe, der spätere Minister, die ersten Pogrome in Südrußland. Sie sollten die revolutionären jungen Juden abschrecken. Aber der gedungene Pöbel, der sich nicht für Attentate rächen, sondern nur plündern wollte, überfiel die Häuser der reichen konservativen Juden, auf die man es gar nicht abgesehen hatte. Man ging deshalb zu den sogenannten »stillen Pogromen« über, schuf die bekannten »Ansiedlungsbereiche«, vertrieb die jüdischen Handwerker aus den großen Städten, bestimmte einen Numerus clausus für die jüdischen Schulen (3:100) und unterdrückte die jüdische Intelligenz an den Hochschulen. Da aber gleichzeitig der jüdische Millionär und Eisenbahn-Unternehmer Poljakow ein intimer Freund des Zarenhofes war und man seinen Angestellten den Aufenthalt in den großen Städten gestatten mußte, wurden Tausende russischer Juden Poljakows »Angestellte«. Derlei Auswege gab es viele. Der Schlauheit der Juden entsprach die Bestechlichkeit der Beamten. Deshalb ging man in den ersten Jahren des zwanzigsten Jahrhunderts wieder zu den offenen Pogromen über und zu den kleinen und großen Ritualmordprozessen ...

Heute ist Sowjetrußland das einzige Land in Europa, in dem der Antisemitismus verpönt ist, wenn er auch nicht aufgehört hat. Die Juden sind vollkommen freie Bürger – mag ihre Freiheit auch noch nicht die Lösung der jüdischen Frage bedeuten. Als Individuen sind sie frei von Haß und Verfolgung.

Als Volk haben sie *alle* Rechte einer »nationalen Minderheit«. Die Geschichte der Juden kennt kein

Beispiel einer so plötzlichen und einer so vollkommenen Befreiung.

Von den zwei Millionen siebenhundertfünfzigtausend Juden in Rußland sind: 300 000 organisierte Arbeiter und Angestellte; 130 000 Bauern; 700 000 Handwerker und freie Berufe. Der Rest besteht: a) aus Kapitalisten und »Deklassierten«, die als »unproduktive Elemente« gelten; b) aus kleinen Händlern, Vermittlern, Agenten, Hausierern, die als nicht produzierende, aber proletarische Elemente angesehen werden. Die *Kolonisation* der Juden wird eifrig betrieben – zum Teil mit amerikanischem Geld, das vor der Revolution fast ausschließlich der Palästina-Kolonisation zu Gute kam. Es gibt jüdische Kolonien in der Ukraine, bei Odessa, bei Cherson, in der Krim. Seit der Revolution sind 6000 jüdische Familien zur Landarbeit herangezogen worden. Im Ganzen wurden 102 000 Desjatinen Acker den jüdischen Bauern zugeteilt. Gleichzeitig »industrialisiert« man die Juden, das heißt: man versucht, die »unproduktiven Elemente« als Arbeiter in den Fabriken unterzubringen und die Jugend in den (etwa 30) jüdisch »professionell-technischen« Schulen zu Facharbeitern heranzubilden.

In allen Orten mit starker jüdischer Bevölkerung gibt es Schulen mit jüdischer Unterrichtssprache; in der Ukraine allein 350 000 Frequentanten jüdischer Schulen, in Weißrußland ungefähr 90 000. Es gibt in der Ukraine 33 Gerichtskammern mit jüdischer Verhandlungssprache, jüdische Vorsteher in Kreisgerichten, jüdische Miliz-(Polizei)-Verbände. Es erscheinen drei große Zeitungen in jüdischer Sprache, drei Wochenschriften, fünf Monatshefte, es gibt einige jüdische Staatstheater, an den Hochschulen bilden die nationalen Juden einen starken Prozentsatz, in der kommunistischen Partei ebenfalls. Es gibt 600000 jüdische Jung-Kommunisten.

Man sieht aus diesen paar Zahlen und Fakten, wie man in Sowjetrußland an die Lösung der jüdischen Frage herangeht: mit dem unbeirrbaren Glauben an die Unfehlbarkeit der Theorie, mit einem etwas unbekümmerten, undifferenzierten, aber edlen und reinen Idealismus. Was verordnet die Theorie? – Nationale Autonomie! – Aber, um dieses Rezept vollständig anwenden zu können, muß man aus den Juden erst eine »richtige« nationale Minderheit machen, wie es zum Beispiel die Grusinier, die Deutschen, die Weißrussen sind. Man muß die unnatürliche soziale Struktur der jüdischen Masse verändern, aus einem Volk, das von allen Völkern der Welt am meisten Bettler, amerikanische »Pensionen-Empfänger«, Schnorrer und Deklassierte hat, ein Volk mit einer landesüblichen Physiognomie machen. Und weil dieses Volk in einem sozialistischen Staat leben soll, muß man seine kleinbürgerlichen Elemente und die »unproduktiven« verbauern lassen und proletarisieren. Schließlich wird man ihnen ein geschlossenes Gebiet anweisen müssen.

Es ist selbstverständlich, daß ein so kühner Versuch nicht in einigen Jahren gelingen kann. Das Elend der armen Juden ist vorläufig nur gemildert durch die Freizügigkeit. Aber so viele auch in die neuerschlossenen Gebiete abwandern, – die alten Ghettos sind immer noch überfüllt. Ich glaube, daß der jüdische Proletarier schlechter lebt, als jeder andere. Meine traurigsten Erlebnisse verdanke ich meinen Wanderungen durch die »Moldowanka«, das Judenviertel in Odessa. Da geht ein schwerer Nebel herum, wie ein Schicksal, da ist der Abend ein Unheil, der aufsteigende Mond ein Hohn. Die Bettler sind hier nicht nur die übliche Fassade der Straße, hier sind sie dreifache Bettler, denn hier sind sie zu Hause. Jedes Haus hat fünf, sechs, sieben winzige Läden. Jeder Laden ist eine Wohnung. Vor dem Fenster, das zugleich die Tür ist, steht die Werkstatt, hinter ihr das Bett, über dem Bett hängen die Kinder in Körben – und das Unglück wiegt sie hin und her. Große, vierschrötige Männer kehren heim: es sind die jüdischen Lastträger vom Hafen. Inmitten ihrer kleinen, schwachen, hysterischen, blassen Stammesgenossen sehen sie fremd aus, eine wilde barbarische Rasse, unter alte Semiten verirrt. Alle Handwerker arbeiten bis in die späten Nachtstunden. Aus allen Fenstern weint ein trübes gelbes Licht. Das sind merkwürdige Lichter, die keine Helligkeit verbreiten, sondern eine Art Finsternis mit hellem Kern. Sie sind nicht verwandt mit dem segensreichen Feuer. Sie sind nur Seelen von Dunkelheiten ...

*

Die alte, die wichtigste Frage stellt die Revolution überhaupt nicht: ob die Juden eine Nation sind, wie jede andere; ob sie nicht weniger, oder mehr sind; ob sie eine Religionsgemeinschaft, eine Stammesgemeinschaft oder nur eine geistige Einheit sind; ob es möglich ist, ein Volk, das sich durch die Jahrtausende nur durch seine Religion und die Ausnahmestellung in Europa erhalten hat, abhängig von seiner Religion als »Volk« zu betrachten; ob in diesem besondern Fall eine Trennung von Kirche und Nationalität möglich ist; ob es möglich ist, aus Menschen mit ererbten geistigen Interessen Bauern zu machen; aus stark geprägten Individualitäten Individuen mit Massenpsychologie.

Ich habe jüdische Bauern gesehn: sie haben freilich keinen Ghetto-Typus mehr, sie sind Landmenschen, aber sie unterscheiden sich sehr deutlich von anderen Bauern. Der russische Bauer ist zuerst Bauer und dann Russe; der jüdische zuerst Jude und dann Bauer. Ich weiß, daß diese Formulierung jeden »konkret eingestellten« Menschen sofort zu der höhnischen Frage reizt: Woher wissen Sie das?! – Ich sehe das. Ich sehe, daß man nicht umsonst 4000 Jahre Jude gewesen ist, nichts als Jude. Man hat ein altes Schicksal, ein altes, gleichsam erfahrenes Blut. Man ist ein geistiger Mensch. Man gehört einem Volk an, das seit zweitausend Jahren keinen einzigen Analphabeten gehabt hat, einem Volk mit mehr Zeitschriften als Zeitungen, einem Volk, wahrscheinlich dem einzigen der Welt, dessen Zeitschriften eine weit höhere Auflage haben, als seine Zeitungen. Während ringsum die andern Bauern erst mühselig zu schreiben und zu lesen anfangen, wälzt der Jude hinter dem Pflug die Probleme der Relativitätstheorie in seinem Hirn. Für Bauern mit so komplizierten Gehirnen sind noch keine Ackergeräte erfunden worden. Ein primitives Gerät erfordert einen primitiven Kopf. Ein Traktor selbst ist, verglichen mit dem dialektischen Verstand des Juden, ein einfaches Werkzeug. Die Kolonien der Juden mögen gut erhalten, sauber, ertragreich sein. (Bis jetzt sind es nur sehr wenige.) Aber sie sind eben »Kolonien«. Sie werden keine Dörfer.

Ich kenne den billigsten aller Einwände: daß die Ahle, der Hobel, der Hammer der jüdischen Handwerker gewiß nicht komplizierter sind als der Pflug. Aber dafür ist die Arbeit eine unmittelbar schöpferische. Den schöpferischen Prozeß bei der Entstehung des Brotes besorgt die Natur. Aber die Erschaffung eines Stiefels besorgt der Mensch ganz allein.

Ich kenne auch den andern Einwand: daß so viele Juden Fabriksarbeiter sind. Aber erstens: sind die meisten gelernte Facharbeiter; zweitens halten sie ihr hungriges Gehirn schadlos für die mechanische Handarbeit durch geistige Nebenbeschäftigung, durch künstlerischen Dilettantismus, durch eine verstärkte politische Tätigkeit, durch eifrige Lektüre, durch Mitarbeit an Zeitungen; drittens: kann man gerade in Rußland eine zwar nicht zahlenmäßig starke, aber ständige Abwanderung jüdischer Arbeiter aus Fabriken beobachten. Sie werden Handwerker, also selbständig – wenn auch nicht Unternehmer.

Ein kleiner jüdischer »Heirats-Vermittler« – kann er ein Bauer werden? Seine Beschäftigung ist nicht nur unproduktiv, sie ist in einem gewissen Sinn auch unmoralisch. Er hat schlecht gelebt, wenig verdient, mehr »geschnorrt«, als gearbeitet. Aber welch eine verwickelte, schwierige, wenn auch verwerfliche Arbeit hat sein Gehirn geleistet, um »eine Partie« zu vermitteln, einen geizigen reichen Volksgenossen zu einem beträchtlichen Almosen zu veranlassen? Was soll dieses Gehirn in der tödlichen Ruhe?

Die »Produktivität« der Juden ist ja niemals eine grob sichtbare. Wenn zwanzig Generationen unproduktiver Grübler nur dazu gelebt haben, um einen einzigen Spinoza hervorzubringen; wenn zehn Generationen Rabbiner und Händler nötig sind, um *einen* Mendelssohn zu zeugen; wenn dreißig Generationen bettelnder Hochzeitsmusikanten nur dazu geigen, damit *ein* berühmter Virtuose entstehe, so nehme ich diese »Unproduktivität« in Kauf. Vielleicht wären auch Marx und Lassalle ausgeblieben, wenn man aus ihren Vorfahren Bauern gemacht hätte.

Wenn man also in Sowjetrußland Synagogen in Arbeiterklubs verwandelt und die Talmud-Schulen verbietet, weil sie angeblich religiöse sind, so müßte man sich zuerst ganz klar darüber sein, was bei den Ostjuden Wissenschaft, was Religion, was Nationalität ist. Aber Wissenschaft ist ja bei ihnen Religion, und Religion – Nationalität. Ihren Klerus bilden ihre Gelehrten, ihr Gebet ist eine nationale Äußerung. Was aber jetzt in Rußland als »nationale Minderheit« Rechte und Freiheit genießen wird, Land bekommt und Arbeit – das ist eine ganz andere jüdische Nation. Das ist ein Volk mit alten Köpfen und neuen Händen; mit altem Blut und verhältnismäßig neuer Schriftsprache; mit alten Gütern und neuer Lebensform; mit alten Talenten und neuer Nationalkultur. Der Zionismus wollte Tradition *und* neuzeitliches Kompromiß. Die nationalen Juden Rußlands blicken nicht zurück, sie wollen nicht die *Erben* der alten Hebräer sein, sondern nur ihre Nachkommen.

Selbstverständlich weckt ihre plötzliche Freiheit hier und dort einen heftigen, wenn auch stillen Antisemitismus. Wenn ein arbeitsloser Russe sieht, daß ein Jude in einer Fabrik Aufnahme findet, um »industrialisiert« zu werden, wenn ein Bauer, den man enteignet hat, von der jüdischen Kolonisation hört, so regt sich gewiß in beiden der alte, häßliche, künstlich gezüchtete Instinkt. Aber während er im Westen eine »Wissenschaft« geworden ist, der Blutdurst bei uns eine politische »Gesinnung« ist, bleibt im neuen Rußland der Antisemitismus eine Schande. Die öffentliche Scham wird ihn umbringen.

Wird in Rußland die Judenfrage gelöst, so ist sie in allen Ländern zur Hälfte gelöst. (Jüdische Emigranten aus Rußland gibt es noch kaum, eher jüdische Einwanderer.) Die Gläubigkeit der Massen nimmt in einem rapiden Tempo ab, die stärkeren Schranken der Religion fallen, die schwächeren nationalen ersetzen sie schlecht. Wenn diese Entwicklung dauert, ist die Zeit des Zionismus vorbei, die Zeit des Antisemitismus – – und vielleicht auch die des Judentums. Man wird es hier begrüßen und dort bedauern. Aber Jeder muß achtungsvoll zusehn, wie ein Volk befreit wird von der Schmach, zu leiden und ein anderes von der Schmach, zu mißhandeln; wie der Geschlagene von der Qual erlöst wird und der Schlagende vom Fluch, der schlimmer ist, als eine Qual. Das ist ein großes Werk der russischen Revolution.

Die große Synagoge in Brody,
genannt »Alte Schul'«, erbaut im 17. Jahrhundert,
von der Rückseite gesehen, um 1900

Oben: Brody, Nordseite des Rynek,
Blick in die Goldgasse, um 1900

Unten: Der zerstörte Bahnhof von Brody,
Fotografie während des Ersten Weltkriegs

Aus Russland geflüchtete Juden in einem Auffanglanger
in Lemberg, Juni 1882

LE JUIF ERRANT

Le vieux quartier juif de Kaunas
← (Lithuanie).

Le marché aux vêtements de Budapest.

Ruelle du Ghetto de Prague.

L'ancien Hôtel de Ville du Ghetto de Prague (on voit encore l'horloge indiquant les heures en ← chiffres hébraïques).

Forgeron juif d'un village tchécoslovaque.

35

Illustrationen aus der Zweimonatszeitschrift
Témoignages de Notre Temps, Nr. 2:
»Les Juifs«, September 1933, hg. von Lucien Vogel

La Sieste au soleil.

Le colporteur.

Élèves de l'école Juive.

Discussion dans le jardin Krassinsky à Varsovie.

La rue Nalewski, dans le ghetto de Varsovie.

Illustrationen aus »Les Juifs«

LE GHETTO DE PARIS

LA RUE DES ROSIERS

Illustrationen aus »Les Juifs«

Digue
de l'Oulle
l'Oulle
Joseph Vernet
R. Pte Fusterie
R Racine
Théâtre
Place Crillon
R
Rue
Plac

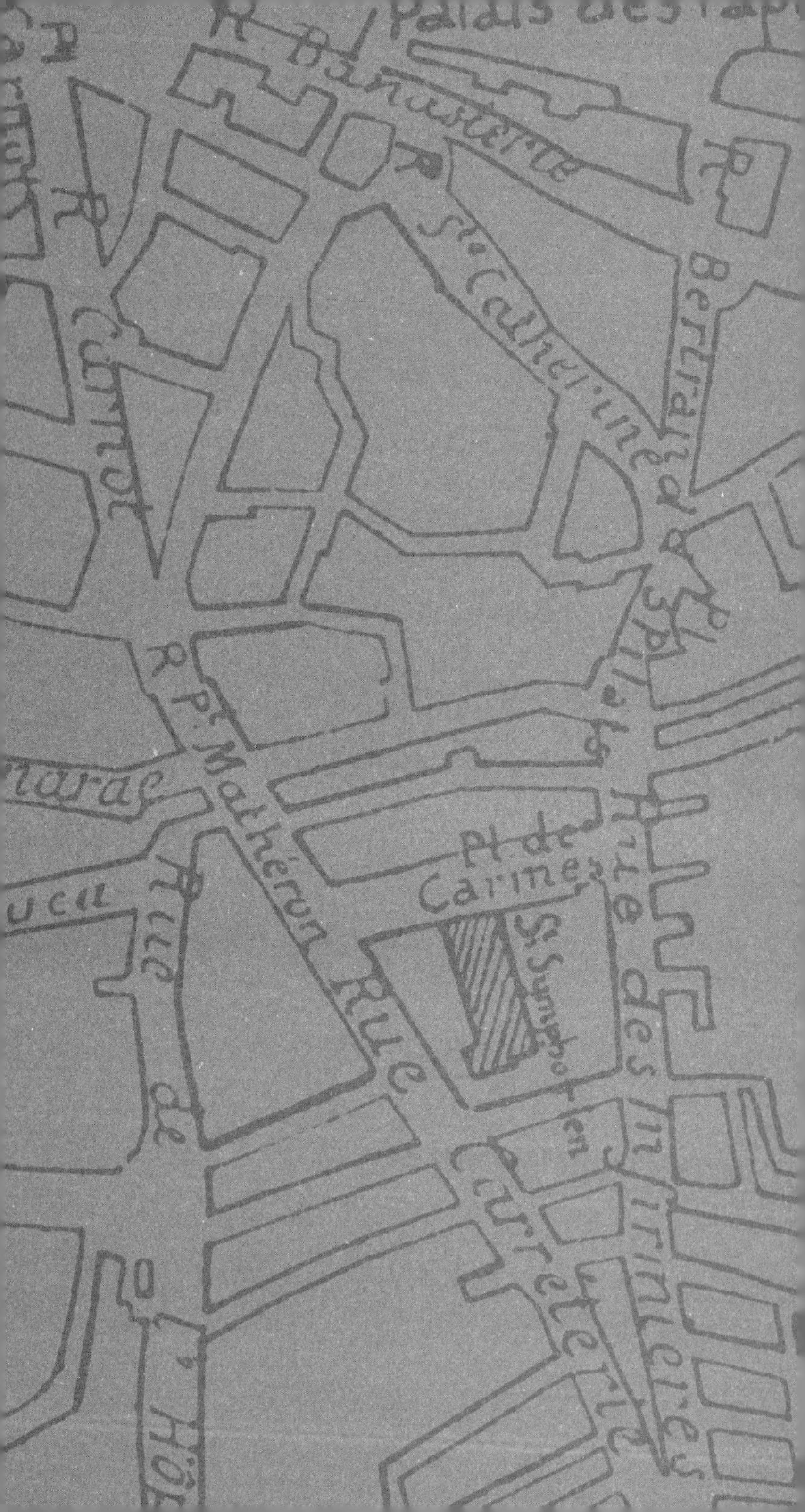

Palais des
R. Banasterie
Ste Catherine
R. Bertrand
Carnot
R. P. Mathéron
Pl. des Carmes
St Symphorien
Rue Carreterie
Rue des Infirmières

DAS AUTODAFÉ DES GEISTES (1933)

Wenige Beobachter in aller Welt scheinen sich darüber Rechenschaft abzulegen, was die Bücherverbrennung, die Vertreibung der jüdischen Schriftsteller und all die anderen wahnwitzigen Versuche des Dritten Reiches, den Geist zu zerstören, bedeuten. Der blutige Einbruch der Barbaren in die perfektionierte Technik, der furchtbare Zug der mechanisierten Orang-Utans, bewaffnet mit Handgranaten, mit Giftgasen, Ammoniak, Nitroglyzerin, mit Gasmasken und Flugzeugen, der Aufstand der Nachkommen aus dem Geiste (wenn nicht aus dem Blute) der Kimbern und Teutonen, all dies bedeutet in weit größerem Ausmaße, als es die bedrohte und terrorisierte Welt glauben will: Man muß es erkennen und offen aussprechen: Das geistige Europa kapituliert. Es kapituliert aus Schwäche, aus Trägheit, aus Gleichgültigkeit, aus Gedankenlosigkeit, (es wird Aufgabe der Zukunft sein, die Gründe dieser schändlichen Kapitulation genau zu erforschen).

Wir deutschen Schriftsteller jüdischer Abstammung müssen in diesen Tagen, da der Rauch unserer verbrannten Bücher zum Himmel steigt, vor allem erkennen, daß wir besiegt sind. Erfüllen wir, die wir die erste Welle der Soldaten bilden, die unter dem Banner des europäischen Geistes gekämpft haben, die edelste Pflicht der in Ehren besiegten Krieger: Erkennen wir unsere Niederlage.

Ja, wir sind geschlagen.

Es wäre unwürdig, schon den Lorbeer unserer

künftigen Siege zu ergreifen. Es wäre kindisch, im voraus den endgültigen Sieg des menschlichen Geistes über die augenblicklich siegreiche Macht der Fauna der »Leuna-Werke«, der »I. G. Farbenwerke« und anderer chemotechnischer Urwälder zu verkünden. Wir sind stolz auf unsere Niederlage. Wir standen im ersten Glied der Verteidiger Europas, und wir wurden als erste geschlagen. Unsere Kameraden »arischen Geblüts« können noch auf Begnadigung hoffen (vorausgesetzt, daß sie, und sei es nur in geringfügigem Maße, die Bereitschaft zeigen, sich in der Sprache von Goebbels und Göring auszudrücken). Es ist sogar möglich, daß die Wandalen des Dritten Reiches sich »arische« Schriftsteller von großem literarischen Renommee, wie Thomas Mann und Gerhart Hauptmann (zur Zeit verfolgt), vorläufig nutzbar zu machen versuchen, um die Menschheit zu hintergehen und sie mittels einer Kriegslist glauben zu lassen, daß auch der Nationalsozialismus den europäischen Geist respektiere. Aber wir Schriftsteller jüdischer Herkunft sind, Gott sei gedankt, vor jeder Versuchung, uns der Seite der Barbaren anzunähern, geschützt. Wir sind *die einzigen Repräsentanten Europas,* die nicht mehr nach Deutschland zurückkehren können. Selbst wenn sich in unseren Reihen ein Verräter fände, der aus Ehrgeiz, Dummheit und Blindheit mit den Zerstörern Europas einen schändlichen Frieden schließen wollte – er könnte es nicht! Das »asiatische« und »orientalische« Blut, das uns die gegenwärtigen Machthaber des Deutschen Reiches vorwerfen, gestattet uns mit Bestimmtheit nicht, aus den noblen Reihen der europäischen Armee zu desertieren. Gott selbst – und wir sind stolz darauf – läßt uns Europa, die Christenheit und das Judentum nicht verraten. Gott ist mit den Besiegten, nicht mit den Siegern! In einer Zeit, da Seine Heiligkeit, der unfehlbare Papst der Christenheit, einen Friedensvertrag, »Konkordat« genannt, mit den Feinden Christi schließt, da die Protestanten eine »Deutsche Kirche« gründen und die Bibel zensieren, bleiben wir Nachkommen der alten Juden, der Ahnen der europäischen Kultur, die einzigen legitimen deutschen Repräsentanten dieser Kultur. Dank der unerforschlichen göttlichen Weisheit sind wir physisch unfähig, sie an die heidnische Zivilisation der Giftgase, an den mit Ammoniak bewaffneten germanischen Kriegsgott zu verraten.

Haben sich die deutschen Schriftsteller jüdischer Abstammung – und selbst die deutschen Schriftsteller im allgemeinen – jemals im Deutschen Reich zu Hause gefühlt? Der historisch wohlbegründete Verdacht erhebt sich, daß die deutschen Literaten, jüdischer oder nichtjüdischer Herkunft, zu allen Zeiten nur Fremde in Deutschland waren, Emigranten auf heimatlichem Boden, verzehrt von Heimweh nach einem wahren Vaterland, selbst wenn sie sich innerhalb seiner Grenzen befanden. Seit der Zeit, als das »Zweite Reich« Bismarcks die Vorherrschaft der physischen, materialistischen und militärischen Kräfte über das geistige Leben anordnete, als der Typ des »Korporals« verkündet und von der Welt als der Prototyp des Deutschen anerkannt wurde, fühlten sich die deutschen Schriftsteller moralisch vertrieben und verbannt. Hinter dem Korporal stand der Ingenieur, der ihm die Waffen lieferte, der Chemiker, der das Giftgas verbesserte, um das menschliche Gehirn zu zerstören, und gleichzeitig das Pyramidon mischte, um die Migräne zu erleichtern; der deutsche Professor, den die humoristischen Zeitschriften fälschlich als harmlosen Träumer darstellen, der seinen

Regenschirm vergißt und der in Wirklichkeit der gefährlichste (weil der dogmatischste) Feind der europäischen Zivilisation ist; der Erfinder des Giftgases selbst auf dem Gebiet der Philologie, der bezahlt wird, um die Idee der preußischen Überlegenheit zu propagieren, der Unteroffizier der Universität, die unter Wilhelm II. zur Kaserne wurde.

Im neuen »Deutschen Reich« waren die einzigen Freien und Unabhängigen, somit Revolutionäre im wahren Sinne des Wortes, allein die wahren Schriftsteller. Deshalb fühlten sie sich, lange vor Hitler, als Emigranten und Vaterlandslose im Königreich der Technik, der Korporale, des Parademarsches und des Strammstehens. Wenn man das kürzliche Autodafé der Bücher verstehen will, muß man das gegenwärtige »Dritte Reich« als eine natürliche Folge des preußischen Reiches Bismarcks und der Hohenzollern begreifen und nicht als eine Reaktion gegen die arme deutsche Republik mit ihren schwachen deutschen Demokraten und Sozialdemokraten. Preußen, die Beherrscherin Deutschlands, war dem Geist immer feindlich gesinnt, den Büchern, dem Buch der Bücher, d.h. der Bibel, Juden und Christen, dem Humanismus und Europa gegenüber. Das »Dritte Reich« Hitlers schreckt die europäische Welt nur deshalb, weil es die Kühnheit besessen hat, das zu vollenden, was Preußen schon immer vorhatte, nämlich: die Bücher zu verbrennen, die Juden totzuschlagen und das Christentum zu verfälschen. Der große geschichtliche Irrtum der in Deutschland heimisch gewordenen Jugend bestand darin, daß sie sich dem preußischen Korporal unterwarfen, anstatt sich mit dem wahren deutschen Geist zu verbünden. Um 1900 tauchte in Deutschland eine Kategorie von Juden auf, die man als »Juden Kaiser

Wilhelms« oder »jüdische Preußen« oder auch »jüdische Leutnants der Reserve«, kurz als »Sonntagsjuden« bezeichnen könnte. Ohne auf ihre Religion zu verzichten, versuchten sie, diese in eine Art Protestantismus umzuwandeln und aus ihren Tempeln preußische Kasernen zu machen. Sie nannten sich »deutsche Staatsbürger jüdischen Glaubens«, und die Tatsache, daß sie den Namen »deutsche Staatsbürger« anstatt einfach »Deutsche« annahmen, beweist: Sie selbst fühlten, daß die Staatsbürgerschaft noch keine Verschmelzung mit Volk und Nation bedeutete. Sie hatten gerade noch so viel Willenskraft, um sich nicht von der Jahrtausende alten Tradition ihrer Väter zu trennen, aber sie waren zu kraftlos, diese Tradition nicht zu verfälschen. Weil sie nicht den Mut besaßen, selbst zu konvertieren, *zogen sie es vor, die gesamte jüdische Religion zu taufen.* So entstanden jüdische Priester mit protestantischem Benehmen und in protestantischer Verkleidung; »reformierte israelitische Gemeinden«, die den Sonntag statt den Sabbat heiligten; Juden, die sich am Yom-Kippur-Tag in luxuriösen Kaleschen in der Uniform des Reserve-Leutnants der preußischen Regimenter zum Tempel – dem Haus eines verratenen Gottes – begaben; Juden, die schließlich dahin kamen, die »jüdische Konfession« als eine vom Staat eingeräumte Konzession an Jehova als einen preußischen Zwillingsgott anzusehen ... Sie fühlten sich berechtigt, die »deutsche Zivilisation« in Pacht zu nehmen; unbeständig und schwankend wie sie waren, literarische und andere »Moden« einzuführen und zu bevorzugen; kritiklos, *novarum rerum cupidissimi,* wie sie geworden waren, alle Versuche von Korruption in Literatur, in den bildenden Künsten, im Theater zu bewundern, weil sie Jehova vergessen hatten; sich zum Liberalismus und zur Freigeisterei zu bekennen.

Man kann sagen, daß seit etwa 1900 diese »Oberschicht« der deutschen Juden zu einem großen Teil das künstlerische Leben Deutschlands bestimmt, wenn nicht beherrscht hat. Gerechterweise muß man feststellen, daß sie sowohl Qualitäten und Tugenden als auch Fehler hatten. Selbst ihre Irrtümer waren manchmal heilsam. Im ganzen weiten Reich mit einer Bevölkerung von sechzig Millionen Menschen, unter all den vielen Industriellen, gab es, von individuellen Ausnahmen natürlich abgesehen, keine einzige Schicht, die aktives Interesse an Kunst und Geist bekundet hätte. Was die preußischen »Junker« angeht, so weiß die zivilisierte Welt, daß sie gerade lesen und schreiben können; einer ihrer Repräsentanten, der deutsche Reichspräsident Hindenburg, hat öffentlich bekannt, *daß er in seinem Leben niemals ein Buch gelesen hat.* Doch, nebenbei bemerkt, es war dieses Standbild, uralt seit seiner ersten Jugend, das die Arbeiter, Sozialdemokraten, Journalisten, Künstler, Juden während des Krieges vergötterten und das deutsche Volk (Arbeiter, Juden, Journalisten, Künstler, Sozialdemokraten) nach dem Krieg zweimal nacheinander zum Reichspräsidenten wählte. Ist ein Volk, das als Staatsoberhaupt ein Standbild wählt, das niemals ein Buch gelesen hat, so weit davon entfernt, selbst die Bücher zu verbrennen? Und haben die jüdischen Schriftsteller, Gelehrten und Philosophen, die Hindenburg wählten, wirklich das Recht, sich über den Scheiterhaufen zu beschweren, auf dem jetzt unsere Gedanken verbrennen? Was die Industriellen betrifft – sie beschäftigten sich mit Stahl und Eisen, mit Kanonen und »Dicken Bertas«, sie schmiedeten die modernen »Siegfriedsschwerter«. Die großen

Geschäftsleute stellten den billigen Schund »Made in Germany« her, mit dem sie die unglückliche Welt überschwemmten. *Allein die deutschen Juden (Ärzte, Rechtsanwälte, Kleinhändler, Eigentümer großer Kaufhäuser, Handwerker oder Fabrikanten) interessierten sich für Bücher, das Theater, Museen, die Musik.* Selbst wenn sie hier und da in einen Snobismus des schlechten Geschmacks verfielen, Tatsache ist, daß sich in ganz Deutschland niemand fand, der fähig gewesen wäre, sie zu korrigieren und ihre Irrtümer richtigzustellen. Zeitschriften und Zeitungen wurden von Juden herausgegeben, von Juden bezahlt, von Juden gelesen! Ein ganzer Schwarm intellektueller jüdischer Kritiker und Interpreten entdeckte und förderte zahlreiche »rein arische« Dichter, Schriftsteller, Schauspieler! Gibt es jetzt, da Theater und Literatur »gereinigt« sind, einen einzigen bemerkenswerten Schauspieler oder Literaten, der nicht schon zu einer Zeit ausgezeichnet und anerkannt worden wäre, als Kritik und öffentliche Meinung von den Juden gefördert wurden? Das Dritte Reich zeige uns einen einzigen »rein arischen« Dichter, Schauspieler, Musiker von Talent, der von den Juden unterdrückt und von Herrn Goebbels befreit worden wäre! Allein schwache Dilettanten entfalten sich unter dem Schatten des Hakenkreuzes, unter dem blutigen Widerschein der Scheiterhaufen, von denen wir auflodern …

Seit Beginn des 20. Jahrhunderts haben folgende Schriftsteller – Juden, Halbjuden und Vierteljuden (»semitischer Herkunft«, um in der Sprache des Dritten Reiches zu reden) – ihren Beitrag zur deutschen Literatur geleistet!

Der Wiener *Peter Altenberg,* ein Troubadour des 20. Jahrhunderts, der feinfühlige Dichter der unaufdringlichsten und verschwiegensten Frauenschönheit, der seit langem von den Barbaren der Rassentheorie als »dekadenter Pornograph« beschimpft wird; *Oscar Blumenthal,* der Verfasser feinsinniger Komödien ohne Größe, aber voll Geschmack; *Richard Beer-Hofmann,* ein nobler Schmied der deutschen Sprache, Erbe und Interpret der biblischen Überlieferung; *Max Brod,* der selbstlose Freund Franz Kafkas, ein Erzähler aus großer Tradition, voll Eifer und Gelehrsamkeit, der die großartige Gestalt des Tycho Brahe wiederbelebte; *Alfred Döblin,* der als erster in der deutschen Literatur den Typus des volkstümlichen Berliners entdeckt und verkörpert hat, eine der originellsten Schöpfungen der intellektuellen Welt; *Bruno Frank,* ein gewissenhafter Handwerker des Wortes, ein erfahrener Dramatiker, ein Pazifist und Sänger von Preußens Vergangenheit; *Ludwig Fulda,* ein lyrischer Dichter und Verfasser von Komödien voll Charme und Scharfsinn; *Maximilian Harden,* der unermüdliche und vielleicht einzige wirkliche deutsche Publizist; *Walter Hasenclever,* einer der glühendsten Dramatiker; *Georg Hermann,* ein einfacher und wahrhaftiger Erzähler des Kleinbürgertums; *Paul Heyse* (Halbjude), der erste deutsche Nobelpreisträger; *Hugo von Hofmannsthal,* einer der edelsten Lyriker und Prosaiker, der klassische Erbe der katholischen Schätze des alten Österreich; *Alfred Kerr,* ein Theaterkritiker, der von Phantasie überströmte; *Karl Kraus,* der große Polemiker, ein Meister der deutschen Literatur, ein Fanatiker der Reinheit der Sprache, ein fast unangreifbarer Apostel des Stils; *Else Lasker-Schüler,* eine Dichterin: man wagt nicht, ihr ein anderes Epitheton zu geben, dieses genügt; *Klaus Mann* (Halbjude, Sohn von Thomas Mann), ein verheißungsvoller junger Erzähler, begabt mit einem beachtlichen stilistischen Talent; *Alfred* und *Robert*

Neumann, beachtenswerte epische Schriftsteller; *Rainer Maria Rilke* (Vierteljude), einer der größten Lyriker Europas; *Peter Panter,* der vor Geist sprühende Polemiker; *Carl Sternheim,* einer der scharfsinnigsten Erzähler und Dramatiker; *Ernst Toller,* der Dichter des Schwalbenbuches, ein revolutionärer Dramatiker, der, weil er die Freiheit des deutschen Volkes liebte, sieben Jahre in einer bayerischen Festung verbrachte; *Jakob Wassermann,* einer der ersten Romanschriftsteller Europas; *Franz Werfel,* ein lyrischer Dramatiker, Erzähler, ein großartiger Dichter; *Karl Wolfskehl,* der große und noble Bearbeiter der Mythen; *Carl Zuckmayer,* ein kraftvoller Dramatiker; *Arnold Zweig,* der Verfasser vom großartigen »Sergeant Grischa« und von »De Vriendt kehrt heim«, ein Romancier und Essayist von Gottes Gnaden. Eine ganz unvollständige Liste der Soldaten des Geistes, die vom Dritten Reich geschlagen wurden! Der Leser braucht von ihnen nicht Name für Name Kenntnis zu nehmen. Er begnüge sich gleich uns damit, sie zu grüßen, jene und andere jüdische Schriftsteller, die zu meinen liebsten Freunden zählen und die meine Freundschaft mit einem Epitheton zu schmücken fürchtet: *Stefan Zweig, Hermann Kesten, Egon Erwin Kisch, Ernst Weiss, Alfred Polgar, Walter Mehring, Siegfried Kracauer, Valeriu Marcu, Lion Feuchtwanger,* der verstorbene *Hermann Ungar* und der verehrte Prophet und Seher *Max Picard.*

Die anderen deutsch-jüdischen Schriftsteller, deren Namen sich nicht auf dieser Liste finden, mögen mir verzeihen, daß ich sie vergessen habe. Mögen diejenigen, die hier vorgestellt wurden, sich der Nachbarschaft des einen oder anderen Feindes nicht widersetzen. Sie alle sind auf dem Ehrenfelde des Geistes gefallen. Sie alle haben in den Augen der deutschen

Mörder und Brandstifter einen gemeinsamen Makel: *das jüdische Blut und den europäischen Geist.*

Die bedrohte und terrorisierte Welt muß sich darüber Rechenschaft ablegen, daß das Eindringen des Gefreiten Hitler in die europäische Zivilisation nicht nur den Beginn eines neuen Kapitels auf dem Gebiet des Antisemitismus bedeutet: weit gefehlt! Was die Brandstifter sagen, ist wahr, aber in einem anderen Sinne; dieses Dritte Reich ist der Beginn des Untergangs! Indem man die Juden vernichtet, verfolgt man Christus. Zum erstenmal werden die Juden nicht deshalb totgeschlagen, weil sie Jesus gekreuzigt haben, sondern weil sie ihn hervorgebracht haben. Wenn man die Bücher der jüdischen oder als solche verdächtigen Autoren verbrennt, legt man in Wirklichkeit Feuer an das Buch der Bücher: an die Bibel. Wenn man die jüdischen Richter und Rechtsanwälte vertreibt oder einsperrt, wendet man sich im Geiste zugleich gegen Recht und Gerechtigkeit. Wenn man die Schriftsteller von europäischem Renommee exiliert, bekundet man auf diese Art die Verachtung, die man gegen England und Frankreich hegt. Wenn man die Kommunisten martert, bekämpft man die russische und slawische Welt, weitaus eher diejenige Tolstois und Dostojewskis als die Lenins und Trotzkis. Wenn man Österreich lächerlich macht, verspottet man auf diese Weise den Katholizismus der Deutschen; und wenn man es erobern will, zielt man auf die gesamte Adria. Mussolini täuscht sich, er kennt noch nicht die kimbrischen und teutonischen Krieger; vor Zeiten ließ sich ein anderer Römer von den Barbaren täuschen; Mussolini sollte die Geschichte Roms besser kennen! Indem man sich der Freundschaft der Faschisten versichert, verachtet man das »Römische Recht«. Eines Tages wird die Welt mit

Erstaunen feststellen, daß sie von einem Gefreiten (der schon einen Feldmarschall unter seiner Befehlsgewalt hat!) besiegt wurde. Wir deutschen Schriftsteller jüdischer Abstammung sind als erste für Europa gefallen. Torheiten und Gewissensbisse sind uns erspart worden. Uns bleibt nur noch die Ehre …!

Das unbestreitbare Verdienst der jüdischen Schriftsteller für die deutsche Literatur besteht in der Entdeckung und literarischen Auswertung des Urbanismus. Die Juden haben die Stadtlandschaft und die Seelenlandschaft des Stadtbewohners entdeckt und geschildert. Sie haben die ganze Vielschichtigkeit der städtischen Zivilisation entschleiert. Sie haben das Kaffeehaus und die Fabrik entdeckt, die Bar und das Hotel, die Bank und das Kleinbürgertum der Hauptstadt, die Treffpunkte der Reichen und die Elendsviertel, die Sünde und das Laster, den städtischen Tag und die städtische Nacht, den Charakter des Bewohners der großen Städte. Diese Richtung war den jüdischen Talenten vorgegeben durch das städtische Milieu, woher die meisten von ihnen stammten, wohin ihre Eltern aus gesellschaftlichen Gründen getrieben worden waren, und auch durch ihre besser entwickelte Sensibilität und die den Juden eigene kosmopolitische Begabung. Die Mehrzahl der deutschen Schriftsteller nichtjüdischer Herkunft beschränkte sich auf die Beschreibung der Landschaft, die ihre Heimat war. In Deutschland gibt es, in weitaus größerem Maße als in irgendeinem anderen Land, eine auf Regionen, Landschaften, Stämme verteilte »Heimatliteratur«, oft von hohem literarischem Wert, aber dem Europäer zwangsläufig unzugänglich. Für das Ausland gab es nur das »Deutschland«, *dessen literarische Interpreten in der Mehrzahl jüdische Schriftsteller waren.* Fast alle erläuterten dem Franzosen, dem Engländer, dem Amerikaner die deutsche Wirklichkeit. Diese Fähigkeiten jedoch warfen die beschränkten nationalistischen Kritiker und Historiker den jüdischen Schriftstellern als Verbrechen vor. Auf kindischste und anfängerhafteste Weise hielt man den Gegenstand, das Thema für den persönlichen Charakter des Autors. Ein jüdischer Schriftsteller war »fern von der Scholle«, wenn er die Stadt beschrieb; ein »Kaffeehausliterat«, wenn er die Bars entdeckte; ein »Vaterlandsverräter«, wenn er die Welt repräsentierte; ein »oberflächlicher Schwätzer«, wenn er der abstrakten Sprache, die die Deutschen oft ihren Dilettanten aus der Provinz beibringen, eine sinnliche Form gab; ein »Feuilletonist«, wenn er Charme und Leichtigkeit besaß; ein »Spaßmacher«, wenn er Geist hatte; und wenn er sich an die Beschreibung der Landschaft wagte, entdeckte man sofort, daß er »mit dem Verstand« anstatt mit dem Herzen sah. Man mißachtete das rührende Bekenntnis Jakob Wassermanns, »Mein Weg als Deutscher und Jude«; man vergaß das einzige deutsche Kriegslied, das von einem österreichischen Juden, der auf dem Schlachtfelde gefallen ist, verfaßt wurde, dem Leutnant *H. Zuckermann;* man dachte nicht mehr an die patriotischen Gedichte *Ernst Lissauers;* man verleugnete das rheinische Dramenwerk des Halbjuden *Zuckmayer,* das vom Publikum günstig aufgenommen worden war.

Einen literarischen Antisemitismus gibt es in Deutschland seit 1900. Der rassistische Antisemit Adolf Barthels, der gemäßigte Antisemit Paul Fechter und viele andere bekämpften heftig, oft mit persönlichem Haß, das literarische Werk der jüdischen Schriftsteller. Gewiß findet man auch unter den jüdischen Pamphletisten grobe und geschmacklose

Menschen. Aber immer sie gerade werden als die charakteristischen Vertreter der jüdischen Schriftsteller ausgegeben! Seit 1918 fragten die Provinzbuchhandlungen, bevor sie ein Buch im Schaufenster ausstellten, selbst bevor sie es gelesen hatten, ob der Verfasser Jude sei. Aber noch niemals – obwohl der literarische Antisemitismus immer stärker wird – hat ein jüdischer Schriftsteller darüber öffentlich ein Wort gesagt. Eine enge, oft tiefe Kameradschaft verbindet die jüdischen deutschen Schriftsteller mit den besten unter den nichtjüdischen. Ein großer deutscher Stilist wie Hans Carossa (Nicht-Jude) wurde entdeckt und gefördert von einem beachtenswerten jüdischen Schriftsteller (der, wie ich weiß, unter diesen Umständen nicht genannt zu werden wünschte). Erinnern wir bei dieser Gelegenheit, daß Hans Carossa *der einzige nichtjüdische deutsche Schriftsteller* ist, der es abgelehnt hat, der Akademie des »Dritten Reiches« anzugehören. Die deutschen Zeitungen haben diese Tatsache mit Schweigen übergangen, und so ist es im Ausland unbekannt geblieben.

Viele von uns sind während des Krieges im Felde gewesen, viele sind gefallen. Wir haben für Deutschland geschrieben, wir sind für Deutschland gestorben. Wir haben unser Blut für Deutschland in zweifacher Weise vergossen: das Blut, das unser physisches Leben nährt, und dasjenige, mit dem wir schreiben. Wir haben Deutschland besungen, das wahre Deutschland! Deshalb werden wir heute von Deutschland verbrannt!

L'apport des Juifs d'Allemagne à la civilisation allemande, Heft 5/6 der Cahiers Juifs (Paris), September/November 1933
(Aus dem Französischen von Brita Eckert, 1979)

NACHWORT VON VOLKER BREIDECKER

Joseph Roth im Jardin du Luxembourg,
Paris, um 1926

SICHTUNGEN
DIE MASKEN DES KORALLENHÄNDLERS

1.

»Manchmal denke ich an ihn wie an einen arabischen Märchenerzähler, dem ich nächtlich in Bou-Saada zuhörte; ich verstand seine Sprache nicht, aber ich sah um ihn im Kreis die Zuhörer lachen, ihre weißen Burnusse leuchteten, mehr noch glänzten ihre Augen, die den Handbewegungen des Mannes folgten. (...) Auf solche Art erzählte Joseph Roth. (...) Er hatte freilich viel gesehen, er kannte die europäischen Häfen, der heisere Basston der Sirenen lag ihm im Ohr und der melancholische Pfiff der Eisenbahnen – doch überall, auch in der trübseligsten und eilfertigsten Großstadt träumte der Dichter den Knaben weiter, der einst im kleinen Laden des Marktfleckens auf dem bunten Deckel einer Spanschachtel mit Datteln die Fahrt um die Welt angetreten hatte.«

Benno Reifenberg,
Erinnerung an Joseph Roth (1949)

Moses Joseph Roth, alias Muniu Faktisch, wie er seine Jugendbriefe unterschrieb, alias Cuneus, Hamilkar, Christine von Kandl, wie einige seiner journalistischen Pseudonyme lauteten, war ein Meister auch im Erzeugen von Legenden über sich selbst, im Legen falscher Fährten und im Verwischen der Spuren. Die Betriebsgeheimnisse seines Schreibens vertraute er nur den engsten Freunden an: Soma Morgenstern, seinem galizischen Landsmann und Schriftstellerkollegen, gestand er zum Beispiel, von keinem Autor mehr gelernt zu haben als von Marcel Proust. Das mag erstaunen, liefert jedoch manchen Schlüssel allein schon für die beinahe mythische Rolle wiederkehrender Orte, Landschaften, Personen und ihrer Namen im weiten Kosmos von Roths Œuvre.

Erstaunlicher noch, bekannte der an Heine geschulte Feuilletonist und leidenschaftliche Verteidiger dieses Genres und seiner stets prekären Stellung im Tagesjournalismus, dass er beim Schreiben immerzu das Gefühl habe, als stünde ausgerechnet der notorische Heine- und Feuilletonverächter Karl Kraus hinter ihm, um aufzupassen, »daß ich mich gegen die Sprache nicht versündige.« Vorsicht ist ferner geboten, wenn Roth das auktorial beglaubigte (»Paris, im März 1927 Joseph Roth«) – gleichwohl fiktive – Vorwort zum teilweise autobiographischen Roman *Die Flucht ohne Ende* (1927) über das Alter Ego eines Kriegsheimkehrers namens Franz Tunda mit einem lakonischen Scheinbekenntnis zur Ästhetik der Neuen Sachlichkeit beschließt: »Ich habe nichts erfunden, nichts komponiert. Es handelt sich nicht mehr darum zu ›dichten‹. Das Wichtigste ist das Beobachtete.« Dieser Schuss ging nach vorne los: Thomas Mann, Alfred Döblin und andere reagierten ziemlich indigniert.

Roth, diesem Feinmechaniker der Sprache, der die Idiosynkrasien seines Schreibens bis in die musikalischen Noten-, Rhythmus- und Taktangaben seiner Zeichensetzung auch gegen den Widerstand von Redakteuren und Lektoren behauptete und der am Kaffeehaustisch, wenn er nicht gerade schrieb, am liebsten das Innenleben der Taschenuhren seiner Freunde inspizierte und gegebenenfalls korrigierte oder reparierte, stand der formbewusste Sinn jedoch nicht nach einer spiegelbildlichen Abbildung oder quasi fotografischen »Reportage« der Wirklichkeit. Auch als nahezu den gesamten mittel-, ost- und südeuropäischen Kontinent bereisender Reporter und Korrespondent zielte Roth auf ein im Mittel der poetischen Sprache gefasstes und von einem individuellen Temperament gestaltetes Eindringen in die Dinge selbst: Das zum poetischen Programm erhobene erkennende Sehen eines lebendig fühlenden empathischen Beobachters ist den enthusiasmierten Worten zu entnehmen, mit denen Roth seinem Freund und Feuilletonchef bei der *Frankfurter Zeitung*, Benno Reifenberg, in einem Brief aus Marseille vom August 1925 das kommende Buch über »Die weißen Städte« der Provence ans Herz legt: »Es ist ein Reisebuch durch die Seele des Schreibers, wie durch das Land, das er durchfährt.« – Und: »Es ist im höchsten Grade dichterisch, mehr, als ein Roman.«

Allein an diesen beiden Ansprüchen sind *Die weißen Städte* zu messen: Es sind korallengleich leuchtende Essays, parallel und doch unabhängig von den regulären Korrespondentenberichten entstanden, die Roth in den Monaten Juli und August 1925 von seiner Reise durch die Provence bei der Frankfurter Redaktion ablieferte und die mit wenigen Ausnahmen unter dem Serientitel *Im mittäglichen Frankreich* in den Spalten des Feuilletons abgedruckt wurden: Wir haben es demnach mit keinen journalistischen Berichten, mit keiner Reportage zu tun, wie sie in den 1920er-Jahren von Autoren wie Egon Erwin Kisch, Heinrich Hauser oder Albert Londres zur Meisterschaft gebracht wurden; vielmehr mit einer Prosadichtung, einem *poème en prose*, vielleicht sogar mit einem modernen Märchen, wie Roth es noch mit seinem letzten, kurz vor Ausbruch des Zweiten Weltkriegs postum in den Niederlanden erschienenen Werk *Die Geschichte von der 1002. Nacht* vorgelegt hatte. Roths britische Stimme und Übersetzer seines Gesamtwerks, Michael Hofmann, selbst Schriftsteller und Lyriker, sieht *Die weißen Städte* in einer Reihe mit dem *Kleinen Prinzen* von Antoine de Saint-Exupéry. So kommt es, dass wir uns am Ende die Städte der Provence tatsächlich in ein so gleisnerisches Weiß getaucht vorstellen wollen oder sollen, wie Roth sie selbst sah, sogar mit »Flachdächern« über einem weißen Häusermeer – sah oder erträumte? Oder träumte er sie und sich nur weiter, noch weiter nach Süden, vielleicht sogar übers Meer und bis in die Levante? Nach Osten zurück? Zurück zum Ursprung? Aber wohin?

Oder lügt der Dichter, um der Wahrheit, einer höheren Wahrhaftigkeit der Kunst willen? Natürlich lügt er, wie wir seit

Platon wissen und es auch nicht anders von ihm erwarten; denn wäre es anders, würden wir uns erst recht getäuscht fühlen und blieben enttäuscht zurück. Also lügt der Dichter, lügt wie gedruckt: Kunstlügen eines fahrenden Artisten und heimatlosen Wanderers auf den Straßen Europas, der sich mit den *Weißen Städten* dem eigenen Anspruch nach ein »ganz ›subjektives‹, also im höchsten Grad objektives Buch« zu schreiben vorgenommen hat. Auch dies schrieb Roth aus seinem fortan regelmäßig angesteuerten Marseiller Domizil, dem Grand Hôtel Beauvau, noch heute an der Stirnseite des Alten Hafens gelegen, an Reifenberg nach Frankfurt. Weiter handle es sich um »die ›Beichte‹ eines jungen, resignierten, skeptischen Menschen, der irgendwohin fährt, in einem Alter, in dem es ihm bereits ganz gleichgültig ist, ob er Neues sieht oder nicht. In dem es keine ›Romantik des Reisens‹ mehr gibt. Und er sieht die letzten Reste Europas ...« – gemeint sind Erinnerungen an das universale Heilige Römische Reich der Vergangenheit *vor* Europas fatalem Übergang (ein berühmtes Diktum seines österreichischen Landsmanns Franz Grillparzer aufgreifend) »von der Humanität durch Nationalität zur Bestialität«. Oder, gerade angesichts vielerorts in Frankreichs Süden noch vorhandener, wenn auch wie in der Stadt Vienne – nomen est! – stillgestellter letzter »Reste« jenes alten lateinischen Europa: die Vision einer vereinten, übernationalen europäischen Föderation, ohne Kriege und ohne Pogrome, ohne tödliche Grenzen und ohne militärisch bewachte Zäune.

Unter den Legenden, die Roth nicht zuletzt selbst über sich in die Welt gesetzt hatte – vor Freunden mit gewöhnlich verstohlenem Lächeln oder Augenzwinkern –, haben sich einige bis heute zählebig erhalten oder sogar noch verfestigt. Vor allem in Deutschland, wo in den »roten« siebziger Jahren eine allmähliche, dann wieder enttäuscht unterbrochene oder auf einen stillgelegten Kanon reduzierte Wiederaneignung eines Werks stattfand, das sich seiner Kanonisierung eigentlich widersetzt, weil es die Gattungen von Roman, Novelle, Essay, Reportage und Feuilleton kraftvoll durchmischt, gegeneinander austauscht oder miteinander verschränkt: Wie Grenzgänger und Flüchtlinge, Deserteure und Schmuggler – alles Charaktere, denen sich Roth ähnlich nahe fühlte wie den Gauklern, fahrenden Sängern und Zirkusleuten – die geographischen und staatlichen Grenzen zu überwinden suchen oder sich gar nicht erst um sie scheren, so will sich Roth hinter keinen Grenzzäunen auch des Fachs oder der Gattung einsperren lassen, und so missachtet und zersetzt er sie, wo er nur kann.

Zur Roth-Legende gehört auch und vor allem jene vom »roten Joseph« – tatsächlich hatte Roth während seiner Wiener journalistischen Anfänge in der unmittelbaren Nachkriegszeit viele seiner Artikel so unterzeichnet –, einem sozialistischen Rebellen, der sich späterhin zum eingefleischten Reaktionär gewandelt habe, zu einem frömmelnden Katholiken, einem staatstreuen Monarchisten und österreichischen Legitimisten, der den politischen Traum von der Rückkehr und Wiedereinnahme des nach dem Untergang des K.u.k.-Reichs verwaisten Throns durch die habsburgische Dynastie gehegt habe.

Törichte Stereotype. Hermann Kesten, Soma Morgenstern, Ludwig Marcuse, Józef Wittlin, Andrea Manga Bell, die exotische Geliebte der späteren Jahre, und andere, die Roth nahestanden oder wie Hans Natonek mit Roth den Pariser Kaffeehaustisch der freien »Republik Tournon« teilten – von ihm so genannt nach der gleichnamigen Straße bei den Jardins du Luxembourg, in der das von Roth mehr oder minder auf Dauer bewohnte Hotel Foyot lag –, sie alle haben überliefert, wie der Schalk, der in ihm steckte, sich ins Fäustchen lachte über die gutgläubige Naivität all jener, die seine kleinen wie großen Lügen und Maskeraden für bare Münze nahmen.

Und doch ist Ernst gewesen, auch bitterer Ernst, in all diesem Spiel, ob heiter oder nicht. Roth pflegte eine zarte, wenn nicht geradezu zärtliche Verbundenheit mit einer jeden verlorenen Sache so wie auch mit jeder leidenden Kreatur, ob Mensch oder Tier. In den blutigen Stierkämpfen, die zum Sonntagsvergnügen der Menschen in den Arenen von Nîmes und Arles aufgeführt werden, kehrt für den aus

Europas Osten stammenden Juden, der mit den Nachrichten grausamer Pogrome aufgewachsen ist, alles bestialisch zugefügte Leid dieser Welt und ihrer Geschichte in der einsamen Gestalt des bereits verwundeten, dem Tode geweihten Stiers zurück:

> »Ratlos, erschöpft, mit fließendem Schaum steht der Stier, der Blick gegen das Tor gerichtet, hinter dem der gute, warme, riechende Stall ist, die bergende Heimat. Ach! Das Tor ist geschlossen und öffnet sich vielleicht nicht wieder! Die Menschen schreien und lachen, und es scheint, daß der Stier jetzt schon zu unterscheiden weiß, zwischen den reizenden Rufen und dem billigen Spott. Eine ungeheure Verachtung, größer als diese Arena, erfüllt die Seele des Stiers. Jetzt weiß er, daß man ihn auslacht. Jetzt ist er zu schwach, um wütend zu sein. Jetzt erkennt er seine Ohnmacht. Jetzt ist er kein Tier mehr. Jetzt ist er, in einem, die Verkörperung aller Märtyrer der Weltgeschichte. Jetzt sieht er aus wie ein verspotteter, geschlagener Jude aus dem Osten, jetzt wie ein Opfer der heiligen Inquisition, jetzt wie ein zerrissener Gladiator, jetzt wie ein gemartertes Mädchen vor dem mittelalterlichen Rat, und in seinem Blick liegt ein Schimmer von dem leuchtenden Schmerz, der im Auge des Gekreuzigten gebrannt hat. Der Stier steht und hofft nicht mehr.«
>
> (»Stierkampf am Sonntag«,
> *Frankfurter Zeitung* vom 1. Oktober 1925)

Ihre düstere diagnostische wie prognostische Bedeutung erhält die albtraumhafte Schilderung dieser blutrünstigen Spiele an zugehöriger Stelle auch in den *Weißen Städten* durch das lakonische Aperçu: »Und weshalb wundert sich noch jemand über die Nutzlosigkeit des Völkerbundes ......?«

Unverbrüchlich ist Roths Verbundenheit mit der verlorenen Sache des untergegangenen Vielvölkerstaats, an dessen entferntester Grenze im Osten auch seine schutzbedürftige

Wiege stand, doch ganz gewiss nicht aus dem Einverständnis mit den deutsch-österreichischen Eliten der nach dem Ersten Weltkrieg zerschlagenen Habsburgermonarchie. Neben den Nationalisten unter den übrigen Völkern sieht er gerade in ihnen die politisch Verantwortlichen für die bereits erprobte und die erst noch kommende Barbarei: In Roths Augen barg die »Nationalität« die »Vorstufe zu jener Bestialität, die wir heute erleben« – geschrieben im Jahre 1935 auf den Seiten des *Pariser Tageblatts*.

Gerade den Juden des ostgalizischen Kronlandes hatte die Monarchie den Schutz vor Verfolgungen und Pogromen geboten, wie sie im benachbarten zaristischen Russland gang und gäbe waren und wie sie sich in der Zwischenkriegszeit auch auf die neuen Staatsgebiete ausdehnten, um deren Vorherrschaft polnische und ukrainische Nationalisten rivalisierten, zumeist zu Lasten der jüdischen Bevölkerungsgruppen auf dem Land wie neuerdings auch in den Städten. Uneinholbar verloren war jenes alte Österreich jedoch, genauso wie das verblichene römische Universalreich, dessen Trümmer und Ruinen unser Wanderer aus dem Osten streift, ohne den von der Erinnerung an den lateinisch-katholischen wie jüdischen Universalismus gespeisten Traum eines anderen, eines neuen Europa ohne Grenzen aufzugeben – trotz aller leidgeprüften Skepsis, von der die Einleitung zu den *Weißen Städten* für eine ganze vom Krieg traumatisierte Generation mit ungeheurer Eindringlichkeit spricht.

Von den Attitüden eines vermeintlichen Legitimisten, der seinen Lebenslauf hier und da auch gerne mal mit dem abgelegten blauen Rock eines eingebildeten Fähnrichs der k.u.k. Infanterie ausschmückte, ist es gar nicht so weit hin zu den artistischen Maskenspielen des Schriftstellers und seiner Dichtkünste: Deutlich hat sich Roth darüber einmal in einem bislang unbekannten Brief geäußert, adressiert an eine mit ihm befreundete Kollegin, die ebenfalls, nahezu gleichaltrig, aus dem fernen und verlorenen Ostgalizien stammte – an die Schriftstellerin, Journalistin, Übersetzerin und Literaturagentin Antonina Vallentin, geboren 1893 in Lemberg, jüdisch, vielsprachig, polyglott und seit dem Ende ihrer Jugend in

Berlin lebend, wirkte sie im Umfeld Gustav Stresemanns als Schlüsselfigur für das von Heinrich Mann proklamierte »Locarno der Intellektuellen«. Mit ihrem zweiten Ehemann, dem französischen Kulturpolitiker Jules Luchaire, führte sie seit 1930 in Paris ein offenes Haus für deutsche, italienische und polnische Flüchtlinge als der Keimzelle einer werdenden – mit einem vortrefflichen Wort des seinerzeit selbst exilierten Politologen Richard Löwenthal – »europäischen Résistance«.

Vallentin, bis 1930 Chefredakteurin der Monatszeitschrift *Nord und Süd*, die mit internationalen Autoren und prominenten Fürsprechern wie Stefan Zweig und Albert Einstein für das dauerhafte Friedensprojekt einer europäischen Föderation eintrat, hatte Berlin bereits seit 1930 den Rücken zugekehrt. Von 1932 an verfolgte sie das ambitionierte Projekt der Gründung eines deutschsprachigen Auslands-, seit 1933 Exilverlags unter dem Dach des Pariser Verlagshauses Gallimard und in Kooperation mit englischen und amerikanischen Verlegern. Das Projekt scheiterte vor allem an der Weigerung des Verlegers Gottfried Bermann Fischer, seinen Starautor Thomas Mann freizugeben, der sich zudem selbst - ähnlich wie Stefan Zweig - vor einem drohenden Verlust des Publikums in Deutschland fürchtete.

Ebenfalls bei Gallimard hatte Vallentin gerade eine gewichtige, ursprünglich noch auf Deutsch verfasste Biographie von *Henri Heine* in eigener Übersetzung vorgelegt. Roth, der das Buch begeistert aufgenommen hatte, rezensierte es in Leopold Schwarzschilds Pariser und Amsterdamer Exilzeitschrift *Das Neue Tage-Buch* als »eines der wenigen würdigen Gastgeschenke, das die deutschen Autoren jenseits der Grenzen deutscher Barbarei den französischen Freunden Heines und seines Geistes bieten konnten«. Ein deutschsprachiger Vorabdruck war in Klaus Manns Exilzeitschrift *Die Sammlung* erschienen; die erste deutsche Buchausgabe folgte erst 1948 im Wiener Zsolnay Verlag.

An Vallentin, die von ihren Freunden »Tosia« gerufen wurde, schrieb Roth im Juni 1934 aus Marseille, wo er sich längere Zeit aufhielt und wo er soeben die Novelle über den »Korallenhändler« verfasst hatte. Deren ursprüngliche Fassung, noch unter dem Titel »Falsche Korallen«, hatte er der Adressatin persönlich zugeeignet, »zum Zeichen meiner Dankbarkeit und unserer Freundschaft«. Vallentin war anfangs noch Roths Wunschübersetzerin, die unter dem Pseudonym Romana Altdorf allen Indizien nach bereits 1929 – gemeinsam mit dem Schriftsteller René Jouglet – die französische Übersetzung von Roths Roman *Die Flucht ohne Ende* (*La fuite sans fin*) besorgt hatte. Roth stand sie seit 1933 mit ihren internationalen Verlagskontakten hilfreich zur Seite; und jener schrieb ihr einmal zum unterschiedlichen Gebrauch von »Masken« und »Attitüden« im beruflichen Alltag und in Kunst und Kultur:

> »Ich habe gar nichts dagegen, daß man sich Attitüden zulegt (…) Stendhal hat sich einen falschen Adel und einen falschen Säbel zugelegt, Balzac einen falschen Adel und ein phantastisches Kostüm beim Schreiben; Tolstoi einen Heiligenbart; Dostojewski hat beim Spiel betrogen und war ein falscher Revolutionär, wie ein falscher Reaktionär, Villon, Musset, Ihr Heine haben ihr Leben lang gelogen. Aber das sind Attitüden, von denen man nicht lebt. Es sind gelebte Romane. Es ist Haltung, um Distanz zwischen sich und der Welt zu schaffen. Wenn Sie die politische Salondame sind und ich der Leutnant: So sind wir das doch nicht in der Tat, in der Wirklichkeit.«

Marie-Henri Beyle, der sich nach der gleichnamigen Stadt im Osten Deutschlands Stendhal nannte, der Autor des Epochenromans *Rot und Schwarz*, steht hier am Eingang einer ganzen Reihe von Roths literarischen Hausgöttern, denen, neben Proust, auch noch Flaubert hinzuzufügen wäre – fast alles Franzosen, neben Heine, der als deutscher Exilant allerdings zum Herzensfranzosen geworden war, dem die gastliche Eingemeindung durchaus leicht gemacht wurde.

Gewiss wäre dies auch Roths Wunsch gewesen, und zwar nicht erst seit 1933, sondern, wie seine enthusiastischen

Briefe aus Paris, Lyon, Marseille bezeugen, schon seit seiner ersten Reise ins westliche Ausland im Jahr 1925, und auch da schon aus den dezidiert politischen Gründen seiner gänzlichen Unverträglichkeit mit dem Deutschland Hindenburgs und der wachen Erkenntnis der wachsenden Bedrohung für die Republik wie für Deutschlands Nachbarn durch den allmählichen Aufstieg seines Nachfolgers: Hitlers antisemitische und putschistische Umtriebe hatte Roth schon seit der Nachkriegszeit aufmerksam und präzise beobachtet, vor allem als Verfasser des zeitkritischen Feuilletonromans *Das Spinnennetz*, dessen letzte Folge just zwei Tage vor dem Münchner Hitler-Putsch in der Wiener *Arbeiter-Zeitung* erschienen war; desgleichen als Reporter aus dem Gerichtssaal, der im gespenstischen Auftritt Hitlers und seiner Spießgesellen den künftigen Totentanz antizipierte: »Ich träumte einen Fastnachtstraum, und der heißt Deutschland«, schrieb Roth unter der Überschrift »Geträumter Wochenbericht« im sozialdemokratischen *Vorwärts* vom 2. März 1924.

Zurück zu Roths Stendhal-Verehrung: Gewöhnlich alles andere als freigiebig im Verwenden von Motti und Zitaten literarischer Vorbilder, ragt als seltene Ausnahme von der Regel aus dem letzten, demonstrativ mit »Die Menschen« überschriebenen Kapitel der *Weißen Städte* beinahe wie ein ebenso weißes Fähnchen der Menschenfreundlichkeit das von Stendhal entliehene Motto heraus: »Das, was ich in einer Stadt zu beobachten liebe, sind ihre Menschen.« Und in einem seiner ersten Briefe an Stefan Zweig bedankt sich Roth für Zweigs Buch *Drei Dichter ihres Lebens* mit den Worten – postalisch aus Warschau im Juli 1928 –, er habe es »unterwegs auf meiner Fahrt durch viele kleine Städte gelesen«, und »am besten« habe ihm darin der biographische Essay über Stendhal gefallen: »vielleicht weil er [Stendhal] mir auch sonst am nächsten ist.«

Roths Affinität zu Stendhal, gerade in der Neigung zur Maskerade, ist auch seinen Biographen nicht verborgen geblieben: Als deren bedeutendster wollte David Bronsen einen Schlüsselsatz aus *Vie de Henri Brulard*, der Autobiographie von Stendhals Jugend, wahlverwandtschaftlich auch auf Roth angewandt wissen: »La nature m'a donné les nerfs delicats et la peau sensible d'une femme. (Die Natur hat mir die empfindlichen Nerven und die feinfühlige Haut einer Frau geschenkt.)« Schon für Stendhal war diese Selbsterkenntnis nicht immer leicht zu vereinbaren mit der doch eher mannhaften Poetik des realistischen Romans. Sein Signum ist die berühmte Spiegelmetapher aus dem Zweiten Buch (19. Kap.) von *Rot und Schwarz*, in dem ein auktorialer Erzähler sich in direkter Rede an einen vom Romangeschehen womöglich pikierten Leser wendet: »Ach, Monsieur«, heißt es in der Übersetzung von Elisabeth Edl, »ein Roman ist ein Spiegel, der eine Landstraße entlangspaziert. Mal spiegelt er das Blau des Himmels wider, mal den Schlamm der Drecklöcher auf der Straße.«

Joseph Roth indessen lässt als Antwort auf den Roman des 19. Jahrhunderts, letztlich aber als Absage an das realistische Erzählen schlechthin, den nämlichen Spiegel zwar weiter über die Landstraßen dieser Welt wandern und die Menschen am Wegesrand, auf den Feldern und in ihren Häusern schonungslos beobachten; den Spiegel selbst aber lässt er dergestalt erblinden, dass darin fortan Träume, Traumgesichte und traumhaft, zuweilen auch albtraumhaft aufblitzende Bilder sichtbar werden, auch wenn solche verblassten und erblindeten Spiegel in Roths Erzählungen nicht selten Einrichtungsgegenstände der Armut sind: In *Hiob* erkaltet die Liebe Mendel Singers zu seiner sichtlich alternden Frau Deborah bei einem verstohlenen morgendlichen Seitenblick in »den blinden Spiegel« an der Wand, vor dem diese »mit kalten, strählenden Fingerspitzen durch ihren schütteren Scheitel« fährt, auf der Suche »nach weißen Haaren«. Bei seinem erstmaligen Erwachen in Amerika erblickte Mendel Singer seinerseits, da allerdings »in einem runden, von hundert kleinen Glühbirnen umkränzten Spiegel (...) seinen weißen Bart und seine knochige Nase und glaubte im ersten Augenblick, Bart und Nase gehörten einem andern.«

Der blinde Spiegel, als »ein kleiner Roman« ebenfalls im Jahr 1925 des Aufbruchs nach Frankreich erschienen, heißt eine von Roths schönsten und zugleich merkwürdigsten Novellen, und dies ist ihr Anfang:

»Die kleine Fini saß auf einer Bank im Prater und hüllte sich in die gute, bergende Wärme des Apriltages. Einer süßen, nie gekannten, fremden Ohnmacht gab sie sich willig hin wie einer Melodie. (...) Alles Sichtbare floß ineinander, als blickte man aus einem sehr schnellen Zug in eine sehr grünende Welt.«

Mit zartester Feder und sicher nicht ohne die Bekanntschaft mit den Erzählungen Arthur Schnitzlers – wie der *Traumnovelle* oder dem Feuilletonmärchen *Welch eine Melodie!* – erzählt Roth in einem betörend musikalischen Erzählmodus von den Traumwelten, der erwachenden Sexualität und dem traurigen Ende eines jungen Mädchens der Gattung »Wiener süßes Mädel«, das sich vor der »Unbarmherzigkeit des Draußen« in ein »großes, bergendes Haus« sehnt, ähnlich wie der Stier in der Arena von Nîmes seinen heimatlich ›wärmenden Stall‹ ersehnt, der ihm jedoch verschlossen bleibt – oder wie sieben Jahrhunderte zuvor der Florentiner Dante Alighieri *(Paradiso XXV)* sich vergeblich zurücksehnte nach dem »schönen Stall / in dem ich Lämmchen ruhte *(del bello ovile ov' io dormi' agnello)*«, von dem die Grausamkeit der Welt ihn »ausgesperrt *(mi serra)*« und ins Exil getrieben hatte.

Die »nie gestillte Sehnsucht« des sich ebenso unbehaust fühlenden Mädchens Fini »nach einer kleinen, eigenen geheimen Lade, einem warmen Zuhause im kalten Heim, einer Stätte, die Zuflucht gewährte und Geheimes barg«, findet »eine heimliche Heimat, bergend und geborgen«, vorübergehend in der Liebe. Von ihr wieder verlassen, erwartet Fini ein trauriges Ende in den Wassern der Donau: »Drei Meilen weiter fand man sie, ihren aufgeschwemmten Leib, Wasserrosen und grüne Pflanzen im Haar. (...) Niemand wusste, daß sie in den Himmel hatte gehen wollen und ins Wasser gefallen war. Sie zerschellte an den weichen Treppen aus purpurnen und goldenen Wolken.«

Fin.

2.

»Ich habe viele Meilen zurücklegen müssen. Zwischen den Orten, an denen ich geboren bin, und den Städten, Ländern, Dörfern, durch die ich in den letzten zehn Jahren komme, um in ihnen zu verweilen, und in denen ich nur verweile, um sie wieder zu verlassen, liegt mein Leben, eher nach räumlichen Maßen messbar als nach zeitlichen. Die zurückgelegten Straßen sind meine zurückgelegten Jahre. Nirgends, in keinem Kirchenbuch und in keinem Gemeindekataster wurde der Tag meiner Geburt eingetragen, mein Name vermerkt. Ich habe keine Heimat, wenn ich von der Tatsache absehe, daß ich in mir selbst zu Hause bin und mich bei mir heimisch fühle. Wo es mir schlecht geht, dort ist mein Vaterland.«

Joseph Roth, Brief vom 10. Juni 1930 zum 50. Geburtstag des Verlegers Gustav Kiepenheuer

Kaum ein Zweifel, dass in dem so hochsensiblen wie fragilen Mädchen Fini, das in seinen Wachträumen nach der Geborgenheit eines Heims, einer Arche, einer Zufluchtsstätte sucht, die es seine Heimat nennen könnte, sich auch der Verfasser des im selben Jahr wie diese Novelle entstandenen provençalischen Reisebuchs spiegelte: Wo immer Roth Orte und Landschaften schildert, reale oder fiktive, schreibt ein *poète d'espace*. Dabei ist er unbehauster noch als die kleine Fini, da ihm sämtliche stabilen Ortsbezüge fehlen, seitdem die Landschaften und die Stätten seiner Kindheit, »durch einen Weltbrand« von ihm getrennt, vom Krieg verwüstet, für immer verloren sind. Als unerfüllte Träume von leuchtenden weißen Städten füllen sie gleichwohl das Reisegepäck des Wanderers, um an einer ganz anderen Stelle von Europa, in weiter Ferne von dem Ort, den er einmal sein Zuhause hätte nennen können, als eine wiedergefundene Kindheit plötzlich aufzuleuchten – wie eine jener Epiphanien, die der Erzähler in Marcel Prousts *À la recherche du temps perdu* am Ort seiner jugendlichen Sommerfrischen erfährt. »Hier findet man eine Kindheit«, lässt Roth im letzten Kapitel der *Weißen Städte* das hoffnungsvolle Finale beginnen – »seine eigene und die Kindheit Europas«. Und »Kinder der Welt«, zugleich Anwärter auf einen neu begründeten Universalismus, der sich die Ideale von Toleranz, Gastfreundschaft, Kosmopolitismus, Respekt und Empathie für Fremde aus lateinisch-humanistischer wie jüdischer Tradition auf die Fahnen geschrieben hat, sind die Angehörigen so vieler unterschiedlicher Nationen, denen Roth in seinem Marseiller Stammhotel, dem Beauvau, begegnete.

Mojsche Joseph Roth wurde im Jahr 1894 in der ostgalizischen Vielvölkerstadt Brody geboren. Brody, rund hundert Kilometer hinter Lemberg, dem später polnischen, dann abwechselnd sowjetisch und deutsch besetzten, heute ukrainischen Lviv, nur wenige Kilometer vor der damaligen russischen Grenze gelegen, war eine blühende Handelsmetropole auf einem Kreuzungspunkt wichtiger Verkehrsadern nach allen Himmelsrichtungen. Für zahlreiche Flüchtlingsströme, die vor antijüdischen Pogromen aus dem Zarenreich Zuflucht suchten, war Brody der erste Anlaufpunkt. Als Grenzstadt war es überdies ein betriebsames Schmugglerparadies. Die Stadt war multiethnisch, vielsprachig, multireligiös, kosmopolitisch, gleichwohl mit einem deutlichen Schwergewicht auf der deutsch-österreichischen Kultur, die auch den jungen Roth prägte, der vor dem Eintritt in das lokale deutschsprachige Gymnasium freilich den für jüdische Kinder des Ostens obligatorischen Cheder besucht hatte. Fern aller Romantisierungen zum »Stetl« beherbergte Brody gleichwohl den anteilsmäßig größten Prozentsatz an Juden des gesamten österreichisch-ungarischen Reichs. Davon zeugten gleich mehrere prächtige Synagogen.

Als Roth aus dem Krieg zurückkehrte, fand er die Heimatstadt beinahe dem Erdboden gleichgemacht und bis zur Unkenntlichkeit zerstört. In Ruinen lagen der vormals prächtige, in »Mariatheresiengelb« gestrichene Bahnhof

Joseph Roth, vier Jahre alt,
auf einem Holzpferd sitzend, Brody 1898

ebenso wie die große weiß gekalkte Synagoge, eine bauliche Mixtur aus Renaissancepalast und Festungsarchitektur, die wohl zur Überraschung für den künftigen Besucher von Avignon, der sich dort tatsächlich wie zu Hause fühlen sollte, gewisse Ähnlichkeiten mit dem Papstpalast aufwies. Wenn man so will, begann damals Roths erstes Exil – vor denen, die noch folgen sollten: Zunächst trieb es ihn nach Wien, wo er, gefördert von Karl Tschuppik und Alfred Polgar, den Beruf des Journalisten ergriff, bevor er – wie nicht wenige Künstler und Intellektuelle in den Inflations- und Hungerjahren der Nachkriegszeit – Wien gegen Berlin eintauschte.

Zwar besuchte er die galizische Heimat erneut im Herbst 1924 als Reisekorrespondent der *Frankfurter Zeitung* und schrieb von dort eine Reihe von Artikeln, doch scheint er nicht mehr weit über Lemberg nach Osten hinausgekommen zu sein. Teilnehmer seiner Berliner Kaffeehausrunde wie der ungarische Filmregisseur Geza von Cziffra überliefern, Roths »Wiedersehen mit Galizien« sei dort sein Lieblingsthema gewesen: Ähnlich »plastisch« – wie im Jahr darauf aus der Provence – »schilderte er die Städte und Dörfer, die er besuchte, und die Menschen, denen er begegnete, wurden in seinen Erzählungen lebendig. Nur die Namen änderten sich manchmal, wenn er dieselbe Geschichte noch einmal, und mitunter auch die Ortschaften und Länder erzählte.«

Was eine gute Lesehilfe auch für Roths Romane und Erzählungen ist, in denen doch so vieles vielerorts, stets gewandelt oder – wie in Andersens Märchen – verwandelt wiederkehrt, hat jedoch eine bemerkenswerte Leerstelle: Ausgelöscht ist und bleibt der Name der Vaterstadt aus Roths Werk und auch seinen Briefen. Roth verweigert sich diesem Namen und gibt an seiner Stelle häufig einen längst von der Landkarte verschwundenen Flecken außerhalb von Brody namens Szwaby (Schwabendorf) oder auch ganz andere Orte wie das ruthenische Radziwillow als Geburtsort an. Die vielen kleinen wie mittelgroßen Städtchen seines Werks, die in ihrem Kern beinahe alle die gleiche, allerorts wiederkehrende topographische Gestalt aufweisen – in der

Regel bestehen sie aus zwei Hauptstraßen, die sich kreuzen, deren eine zum Bahnhof und deren andere zum Friedhof führt –, tragen Namen wie Zlotograd, Sipolje, Podgorce, Slodyky, Zlocow, Koropta, Kirbityk, Turka.

Ein einziger Ortsname nur kommt dem von Brody wenigstens phonetisch nahe, nämlich das Städtchen Progrody, die Heimat und Wirkungsstätte des Korallenhändlers Nissen Piczenik (diesen Namen, der auch an anderer Stelle, im Roman *Das falsche Gewicht* von 1937, wiederkehrt, hatte sich Roth von einem seiner Familienangehörigen ausgeliehen). Doch wie ein Menetekel haftet an dem Namen Progrody das Wort »Pogrom«, das für die Judenheit der gesamten Region häufig genug die denkbar grausamste Realität bezeichnete. Seit der Nachkriegszeit griffen blutige Pogrome, wie sie von Zeit zu Zeit unter der Landbevölkerung wüteten, erstmals auch auf Städte wie die Vielvölkermetropole Lemberg über, die bisherige Hauptstadt des habsburgischen Kronlands Galizien. Bis dahin konnten Juden dort ihres Lebens sicher sein, weil sie unter dem Schutz des Kaisers und seines Beamtenapparats standen, was ihre Loyalität gegenüber der Monarchie verständlich macht: »Ein neues Regiment ist uns Juden immer gefährlich«, heißt es in der Rückschau in Roths 1933 bei Querido in Amsterdam erschienenem Exilroman *Tarabas. Ein Gast auf dieser Erde*, in dem auch die Folgen ländlicher Pogrome geschildert werden.

Für die Verweigerung des Namens Brody als der Stätte seiner verlorenen Kindheit hat Roth an anderer Stelle seines Werks die Begründung nachgeliefert: In dem leider Fragment gebliebenen autobiographischen Roman *Erdbeeren*, an dem Roth vor allem während längerer Hotelaufenthalte in Marseille schrieb und der nach den Worten seiner Gefährtin Andrea Manga Bell sein schönster hätte werden sollen, kommentiert der Ich-Erzähler den Brief eines Jugendfreundes namens Naphtali Kroj aus dem fernen Buenos Aires, wohin dieser ausgewandert war. Neben den Neuigkeiten aus Übersee tauscht er mit dem Adressaten seines Briefes auch gemeinsame Kindheitserinnerungen aus, was jenen dazu bemerken lässt:

»Der Krieg und der Hunger haben unseren kleinen Ort vernichtet und jetzt grasen die Kühe, wo früher noch die Kinder gespielt haben.

Das ist ein seltsames Gefühl, wenn die Stadt, in der man geboren wurde, nicht mehr vorhanden ist. Es ist so, als wäre man tausend Jahre alt und gerade vom Jenseits wiedergekehrt. Wenn man mich fragt, wo ich zur Welt gekommen wäre, weiß ich nichts zu sagen. Und weil meine Heimat nicht mehr vorhanden ist, bin ich nirgends zu Hause.«

Dies ist in etwa auch der Standort des mit dem Autor-Ich annähernd identischen Ich-Erzählers der Einleitung zu den *Weißen Städten*. In der Wechselstimme von der Ich- zur Wir-Form wird von dem »Erdbeben« eines Weltkriegs berichtet, unter dem – nach den im selben Jahr 1925, anlässlich der feierlichen Unterzeichnung des Locarno-Vertrags ausgesprochenen Worten Gustav Stresemanns – »eine Generation dahingesunken« war. Just dies hätte sich nach den hehren Absichten und Zielen der deutschen und französischen Vertragspartner und ihrer britischen Garanten – allesamt der neuen »europäischen Idee« verpflichtet – nicht mehr wiederholen sollen.

Zum Vergleich wie zum Kontrast mit dem – bei allem Jubel über den persönlichen Eintritt in das gelobte Land der Freiheit, der Aufklärung und der Großen Revolution – weitaus skeptischeren und mit der Nachkriegsgeschichte minder versöhnten Roth der Einleitung zu den *Weißen Städten* bietet sich ein bemerkenswerter Text von Roths elsässischem Freund und Schriftstellerkollegen René Schickele aus der Sammlung *Überwindung der Grenze* an. Der darin enthaltene Essay »Erlebnis der Landschaft« (1933) schildert eine ähnliche Situation des Aufatmens aus traumatischer Bedrückung unter einer überdies vergleichbaren landschaftlichen Perspektive. Auch hier ist der Blick auf einen Kriegsheimkehrer gerichtet, und zwar am Schauplatz der umstrittenen, eigentlich fiktiven Grenze zwischen Deutschland und Frankreich im Elsass, dem Äquivalent zu Roths Lyon, der

Grenzstadt und »Stadt der Mitte« zwischen Europas Norden und Süden. Schickele schildert ein landschaftliches Idyll mit offener Passage ebenfalls nach dem Midi:

> »Durch die Burgundische Pforte, zwischen Vogesen und Jura, das Einfallstor der Völkerwanderungen, eilen die Gedanken in das Reich des Lichts mit der himmlischen Küste, in Roms ›Provinz‹, die Provence. Nach Avignon ist es nicht weiter als nach München, nach Marseille nicht weiter als nach Berlin. Hier habe ich mein Zelt aufgeschlagen.
>
> (...)
>
> Als ich hierher kam, war ich ein toter Mann. Für immer schien sie mir zerstört, die herrliche Welt, und ich wußte keinen Ausweg aus den Trümmern (...) Wie unzählige andre ging ich in einem bösen Wachtraum umher, und in den Städten schossen und schrien sie weiter, und so viel glaubte ich erfahren zu haben: mit Schreien und Schießen war den Menschen nicht zu helfen. (...)
>
> Zwei Jahre vergingen, so drei, vier – ohne daß ich mehr dachte und begehrte, als mein Leben zu fristen, versteckt und halb verschollen, doch immer inniger befreundet mit der Landschaft, der Kindheit, die mich voll unerschöpflichen Mitgefühls umgab.
>
> Sie sprach zu mir, ohne daß ich es hörte (...) Ohne es zu merken, öffnete sich mein Wesen weiter und weiter, die äußeren Bilder durchfluteten mich (...) Ich ahnte nicht, daß diese äußern Bilder, wie der körperliche Blick sie streifte, Gestalt und Farbe meiner tiefsten Erinnerungen waren, die sich anschickten von einem ausgehöhlten Menschen Besitz zu ergreifen. Und langsam aufwachend, bildete sich mein zerstörtes Inneres neu nach dem Bilde der Landschaft, die meine Wahrheit war.«

Die hier geschilderte Befreiung vom Kriegstrauma in einer lautlosen »Vermählung der Landschaft mit meinem wiedergefundenen und geläuterten Ich«, das im nächsten – lyrischen – Schritt »Mein Haus, die Arche / Auf dem breiten Tale schwimmend«, betritt, war dem ebenso heimatlosen wie fortan unbehausten galizischen Juden Joseph Roth versagt. Umso stärker und befreiender wirkte auf ihn das Frankreich-Erlebnis seit dem Tag seiner Ankunft in Paris, dem 16. Mai 1925 – identisch mit dem auch dort verzeichneten Pariser Ankunftstag des Russland-Heimkehrers Franz Tunda im Roman *Die Flucht ohne Ende*, den Roth offenbar bereits zu schreiben im Sinn hatte. Was er seinem Frankfurter Feuilletonchef Benno Reifenberg im ersten einer die künftige Reise bis hinunter nach Marseille begleitenden Reihe von Briefen schreibt, sind Bekenntnisse zu Frankreich als einem Exilland gleichsam sui generis und Abgesänge auf Deutschland zugleich:

> »Sehr verehrter Herr Reifenberg,
>
> dieser Brief darf Sie nicht glauben lassen, ich wäre verrückt geworden vor Entzücken über Frankreich und Paris. Ich schreibe ihn in klarster Geistesgegenwart, im Vollbesitz meiner Skepsis und auf die Gefahr hin, eine ›Schmockerei‹ zu begehn, das Schlimmste, was mir passieren könnte. Es drängt mich, Ihnen ›persönlich‹ zu sagen, daß Paris die Hauptstadt der Welt ist und daß Sie hierherkommen müssen. Wer nicht hier war, ist nur ein halber Mensch und überhaupt kein Europäer. Es ist frei, geistig im edelsten Sinn und ironisch im herrlichsten Pathos. Jeder Chauffeur ist geistreicher, als unsere Schriftsteller. Wir sind wirklich ein unglückliches Volk. Hier lächelt mich jeder an, alle Frauen, auch die ältesten liebe ich bis zum Antrag. Ich könnte weinen, wenn ich über die Seine-brücken gehe, zum ersten Mal bin ich erschüttert von Häusern und Straßen, mit allen bin ich heimisch, obwohl wir uns fortwährend mißverstehn, wenn es um reales geht und weil wir uns so herrlich verstehn, wenn es um Nuancen geht. Wenn ich ein französischer Schriftsteller wäre, ich würde nichts drucken, alles vorlesen. Die Viehtreiber, mit denen ich frühstücke, sind

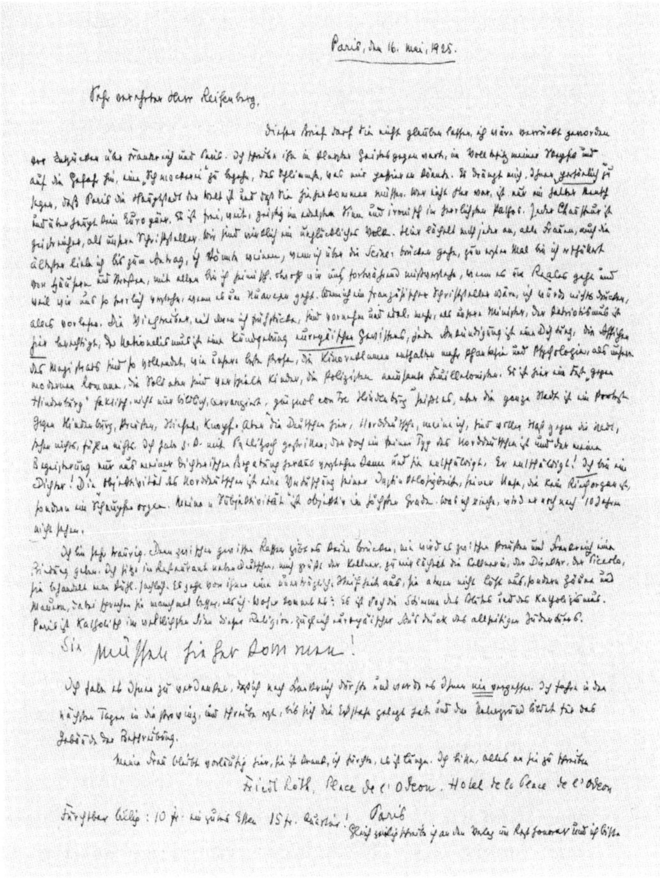
Paris, den 16. Mai 1925.

Sehr verehrter Herr Reifenberg,

Sie müssen hier herkommen!

Brief von Joseph Roth
an Benno Reifenberg

vornehm und edel, mehr, als unsere Minister, der Patriotismus ist hier berechtigt, der Nationalismus ist eine Kundgebung europäischen Gewissens, jede Ankündigung ist eine Dichtung, die Affichen des Magistrats sind so vollendet, wie unsere beste Prosa, die Kinoreklamen enthalten mehr Phantasie und Psychologie, als unsere modernen Romane, die Soldaten sind verspielte Kinder, die Polizisten amüsante Feuilletonisten. Es ist hier ein ›Fest gegen Hindenburg‹ faktisch, nicht nur bildlich, arrangiert, ›Guignol contre Hindenburg‹ heißt es, aber die ganze Stadt ist ein Protest gegen Hindenburg, Preußen, Stiefel, Knopf. Aber die Deutschen hier, Norddeutsche meine ich, sind voller Haß gegen die Stadt, sehen nichts, fühlen nichts. (...) Die ›Objektivität‹ des Norddeutschen ist eine Vertuschung einer Instinktlosigkeit, seiner Nase, die kein Riechorgan ist, sondern ein Schnupfenorgan. Meine ›Subjektivität‹ ist objektiv im höchsten Grade. Was ich rieche, wird er noch nach 10 Jahren nicht sehen.

Ich bin sehr traurig. Denn zwischen gewissen Rassen gibt es keine Brücken, nie wird es zwischen Preußen und Frankreich eine Bindung geben. Ich sitze im Restaurant neben Deutschen, mich grüßt der Kellner, zu mir lächelt die Kellnerin, der Direktor, der Piccolo, sie behandelt man kühl, sachlich. Es geht von ihnen eine unerträgliche Steifheit aus, sie atmen nicht Luft aus, sondern Zäune und Mauern, dabei sprechen sie manchmal besser, als ich. Woher kommt es? Es ist doch die Stimme des Blutes und des Katholizismus. Paris ist katholisch im weltlichsten Sinn dieser Religion, zugleich europäischer Ausdruck des allseitigen Judentums.

Ich habe es Ihnen zu verdanken, daß ich nach Frankreich durfte, und werde es Ihnen nie vergessen. Ich fahre in den nächsten Tagen in die Provinz, und schreibe erst, bis sich die Ekstase gelegt hat und den Untergrund bildet für das Gebäude der Beschreibung. (...)

Ich grüße Sie herzlich und küsse Ihrer Frau die Hände, Ihr Joseph Roth.«

3.

»Er kam nach Paris am 16. Mai um sieben Uhr morgens. (...)
Frankreich gab ihm alles, was er brauchte. Berge, Meer, Geheimnis, Klarheit, Natur, Kunst, Wissenschaft, Revolution, Religion, Geschichte, Freude, Anmut und Tragik, Schönheit, Witz, Satire, Aufklärung und Reaktion.«

Joseph Roth,
Die Flucht ohne Ende. Ein Bericht (1927)

Kein zweiter deutschsprachiger Schriftsteller hat so früh wie Joseph Roth ähnlich hellsichtige Blicke in die gesellschaftlichen und mentalen Abgründe der deutschen Nachkriegsgesellschaft geworfen, die unter dem niemals unterbrochenen Antrieb antisemitischer Verschwörungslegenden nichts von ihrer Virulenz verloren hatten. Vereint im Hass auf Juden, Sozialisten und die junge Republik, konnten bewaffnete Freikorpskämpfer, völkische Antisemiten und nationalsozialistische Sturmtruppen beinahe ungehindert politische Morde und andere blutige Taten begehen: Das Unheimlichste an Roths Debütroman *Das Spinnennetz*, in dem erstmals auch der Name Hitler auftaucht, ist das zeitliche Zusammentreffen seines Erscheinens – in täglichen Fortsetzungen vom 7. Oktober bis zum 6. November 1923 in einer Tageszeitung – mit dem Vorabend des Münchner Hitler-Ludendorff-Putschs vom 9. November 1923, dessen antisemitische Stoßkraft mit durchschlagenderem Erfolg in der Nacht vom 8. auf den 9. November 1938 schließlich Wirklichkeit wurde: Über Roths lange Zeit vergessenen Roman, der erstmals 1967 auch als Buch erschien, schrieb Karl Heinz Bohrer damals in der F.A.Z, hier habe »ein kalt Wissender« die »bestechende Diagnose einer radikalen Bewußtseinslage« vorgelegt.

Roth musste dazu kein Prophet sein – eine quasi »alttestamentarische« Begabung, die ihm ›schmockhalber‹ noch heute gerne angedichtet wird –, denn für seine »Anamnese des deutschen Faschismus« war, wie der Kritiker Hans Jürgen Fröhlich seinerzeit in der »Welt der Literatur« schrieb, der Stoff durchaus nicht »der Luft«, sondern »der Tagespresse zu entnehmen«. Noch heute indessen klingt es wie einem der einschlägigen, kontinuierlichem Medienwandel unterliegenden sozialen Hetzwerke entnommen, wenn im Roman geschildert wird, was sich im Kopf seines Protagonisten, des studentischen Kriegsheimkehrers, Franzosenfressers und Judenhassers Theodor Lohse abspielte, bevor er zur blutigen Tat schritt:

> »Nun hatten sie die Armee vernichtet, nun beherrschten sie den Staat, sie erfinden den Sozialismus, die Vaterlandslosigkeit, die Liebe für den Feind. Es stand in den ›Weisen von Zion‹ – das Buch bekamen alle Mitglieder des Reserveoffiziersverbandes zu den Hülsenfrüchten am Freitag –, daß sie die Weltherrschaft erstrebten. Sie hatten die Polizei in den Händen und verfolgten die nationalen Organisationen.«

Nüchterner und skeptischer war Roth auch im Blick auf das große Friedensprojekt einer künftigen europäischen Föderation. Dass just 1925, im Jahr der Unterzeichnung des Vertrags von Locarno, der einen ersten zaghaften Schritt dahin auf den Weg bringen sollte, die Wähler in Deutschland ausgerechnet ihren vormaligen Kriegsdiktator, den unseligen Generalfeldmarschall Paul von Hindenburg, zum Reichspräsidenten kürten, war als Menetekel für Roth ein bereits hinreichender Grund, Deutschland Lebewohl zu sagen und für die hiesige Presse fortan nur noch als reisender oder auswärtiger Korrespondent tätig zu sein – vorzugsweise von Paris aus, wie sein Exilvorgänger Heinrich Heine.

»Lesen Sie französische Feuilletons, Heine noch einmal«, wird er Bernard von Brentano, seinem Nachfolger im Berliner Redaktionsbüro der *Frankfurter Zeitung*, als freundlich-kollegialen Rat zum Abschied hinterlassen. Zu erlernen sei dort die Kunst der »natürlichen Übergänge« nicht nur im Nebeneinander der flüchtigen Eindrücke, Bilder und Gedanken, sondern auch im Überschreiten von Grenzen; seien es Stilhöhen, Gattungen oder auch Landesgrenzen: und damit zu Verhältnissen, in denen politische Grenzen – wie Roth in einem seiner ersten Wiener Feuilletons im August 1919 schrieb –, statt »Schikanen, Leidenswege, Passionen, Golgathas, Kreuzigungen, mit einem Wort: *Visitationen* …« zu bedeuten, wieder nichts anderes mehr sind als »Punkte, Striche, Linien usw.« auf bunten Landkarten.

Kern und Grundlage des großen europäischen Friedenswerks war das anhaltend prekäre Projekt einer Aussöhnung zwischen Deutschland und Frankreich. Stand schon im Roman *Das Spinnennetz* die vor allem in der Umkehrung noch heute gültige Einschätzung von einem »Europa, wo man nicht sprach, was man tat, und umgekehrt«, so ließ derselbe Roth im als Bericht aus dem Jahr 1926 fingierten Roman *Die Flucht ohne Ende* eine ganze Reihe von Politikern, Diplomaten und Wirtschaftsführern – allesamt engagiert in der »deutsch-französischen Verständigung« – »in weihevollen Stunden von einer Gemeinsamkeit der europäischen Kultur« parlieren. Roths erzähltes Alter Ego, der sich aus sibirischer Kriegsgefangenschaft durch Mittelosteuropa und durch Deutschland bis nach Paris durchschlagende ehemalige österreichische Oberleutnant Franz Tunda, widerlegt das falsche Pathos solcher Rede mit einem trockenen Einwand, der wiederum nicht ganz fern von der noch heute ernüchternden europäischen Realität liegt: »›Sie wollen‹, sagte Tunda, ›eine europäische Gemeinschaft erhalten, aber Sie müssen sie erst herstellen. Denn die Gemeinschaft ist ja nicht vorhanden, sonst würde sie sich selbst zu erhalten wissen.‹«

Roths skeptischer Blick auf Europa war gesättigt von traumatischen Fronterlebnissen in den galizischen Sümpfen, wo nicht weniger grausam gestorben wurde als in Verdun oder an den Ufern der Somme und des Isonzo. Dazu kam der schmerzliche Verlust seiner zertrümmerten und entvölkerten Heimatstadt an der äußersten östlichen Peripherie des Habsburgerreichs, wo der kakanische Vielvölkerstaat den Menschen bei weitem mehr ans Herz gewachsen war als in den Zentren der Doppelmonarchie mit ihren nationalisierten politischen Eliten und den von ihnen aufgehetzten Massen in den Metropolen Mittel- und Südosteuropas – mit Ausnahme vielleicht noch von Prag. Nach der Zerschlagung des letzten großen europäischen Vielvölkerstaats rührte sich in dem neuen, in Roths Augen »verrückten Europa der National-Staaten und der Nationalismen« ein bereits mörderischer Antisemitismus, oder er war im Werden: zuvorderst im östlichen Europa mit Pogromen, die vom flachen Land aus, wo sie schon länger wüteten, jetzt auch auf traditionell multiethnische und multireligiöse Städte und Metropolen übergriffen und neue Flüchtlings- und Auswanderungsschübe zur Folge hatten.

Als Journalist, anfangs von Wien, dann von Berlin aus, sichtete Roth die neu entstandenen Verschiebebahnhöfe, auf denen ganze Völkerschaften wie Möbelstücke und andere Transportgüter verladen und umgesiedelt wurden. Mit Reportagen und Berichten begleitete er den – späterhin zum Thema seines Buchs *Juden auf Wanderschaft* (1927) gemachten – Exodus der osteuropäischen Juden, aber auch anderer Flüchtlinge nicht nur aus Mittelosteuropa und vom Balkan, sondern auch damals schon aus der Levante sowie aus Griechenland und der Türkei. Zu beiden Seiten der Ägäis wurden dort von Zwang und Gewalt begleitete Maßnahmen eines beschönigend so genannten »Bevölkerungsaustauschs« vollzogen: Roths Artikel trugen Überschriften wie »Die Grenze« (1919), »Flüchtlinge aus dem Osten« (1920), »Die Wärmestube der Emigranten« (1922), »Die Asyle der Heimatlosen« (1922), »Das Schiff der Auswanderer« (1923) oder »Der Zug der Fünftausend« (1924). In dem Artikel von 1920 aus dem Berliner *12-Uhr-Blatt* stand zu lesen:

> »Es waren Flüchtlinge. Man kennt sie im allgemeinen unter dem Namen ›Die Gefahr aus dem Osten‹. Pogromangst schweißt sie zusammen zu einer Lawine aus Unglück und Schmutz, die, langsam wachsend, aus dem

> Osten über Deutschland rollt. Im Berliner Ostviertel staut sich ein Teil in größeren Klumpen. Wenige sind jung und haben gesunde Glieder (...) Fast alle sind alt, gebrechlich und gebrochen.
>
> Sie stammen aus der Ukraine, Galizien, Ungarn. Hunderttausende sind zu Hause Pogromen zum Opfer gefallen. Hundertvierzigtausend fielen in der Ukraine, Überlebende kommen nach Berlin. Von hier aus wandern sie nach dem Westen, nach Holland, Amerika und manche nach dem Süden, nach Palästina.
>
> Im Logierhaus lagern zusammengerollte Körper wie Gepäckstücke auf dem Bahnsteig. (...)
>
> Im Ganzen sind 50000 Menschen aus dem Osten nach dem Kriege nach Deutschland gekommen. Es sieht freilich so aus, als wären es Millionen. Denn das Elend sieht man doppelt, dreifach, zehnfach. So groß ist es.«

Zwischen den Zeilen verschränken sich journalistisches Schreiben mit Roths physischen Eigenbewegungen, die ihn auf den neuen europäischen Landkarten seinerseits von Europas Osten nach Europas Westen leiteten und doch auch immer wieder zurückblicken, genauer gesagt: zurückreisen ließen, wenn auch nur noch als temporären Beobachter und Zeitungskorrespondenten – nach Galizien und Polen (1924), in die Ukraine und nach Russland (1926), auf den Balkan, nach Albanien und Sarajewo (1927), dahin, »Wo der Weltkrieg begann«, wie der Titel lautete – oder in »Das vierte Italien« (1928) des Faschismus, wie seine mehrteilige Reportage hieß, die vollständig abzudrucken die *Frankfurter Zeitung* sich aus Rücksicht auf Mussolinis zahlreiche deutsche Verehrer auch in den Zeitungsredaktionen nicht traute.

Dem geistigen wie körperlichen Bewegungsmodus von Ost nach West unter erinnerungsgesättigten Rückspiegelungen in die Gegenrichtung entspricht das Nebeneinander der gleichzeitig um die Mitte der 1920er-Jahre entstandenen Reisebücher *Die weißen Städte* und *Juden auf Wanderschaft*. Denselben Bewegungsmodi folgen auch die meisten Protagonisten von Roths Romanen und Erzählungen aus dieser Zeit, so wie der aus dem Krieg heimkehrende Ich-Erzähler von *Hotel Savoy* (1924), Roths erster Buchveröffentlichung: »Zum ersten Mal nach fünf Jahren stehe ich wieder an den Toren Europas«, heißt es dort, wobei das in die Höhe gebaute Hotel auf seinen vielen Etagen selbst so etwas wie ein Abbild des damaligen Europa und seiner sozialen Probleme darstellte. Oder wie Franz Tunda, dessen Fluchtpunkt von vornherein Paris ist, während es den Mendel Singer des Romans *Hiob* (1930) mitsamt seiner Familie über den Atlantik zieht, so wie die von Roth schon 1923 im Hamburger Hafen an Bord des Auswandererschiffs »Pittsburgh« aufgesuchten jüdischen Flüchtlinge aus dem Osten: »Seit Jahrhunderten«, heißt es da, »wandert dieses Volk westwärts, Heimat verlassend, Heimat suchend (...) durch den sterbenden, traurigen Westen Europas (...) nach Amerika (...), Europa entronnen, dem Festland der Pogrome.«

Die zweite kritische Zone mitten in Europa aber ist Deutschland, dessen Abgründe, die vorhandenen wie die noch kommenden, sich unter Roths mikroskopischem Blick deutlich abzeichneten. Seine phänomenale Art des erkennenden, quasi diagnostischen Sehens hat Roth einmal als eine durchaus schmerzliche, quasi schicksalshafte Operation beschrieben: »Ich sehe durch Lupen«, schreibt er in einem undatierten Brief vom Frühjahr 1925 an Bernard von Brentano und fährt fort: »Ich schäle die Häute von den Dingen und Menschen, lege ihre Geheimnisse bloß – – dann kann man freilich nicht mehr glauben. Früher als das Objekt, das ich betrachte, weiß ich, wie es sich gestalten wird, verändern und was es tun wird. Vielleicht würde es ganz anders. Aber mein Wissen von ihm ist so stark, daß es sich genau so benimmt, wie ich gedacht hatte. Fällt mir von jemandem ein, er könnte eine Schlechtigkeit begehn, flugs begeht er sie.«

Das sind keine schlechten Voraussetzungen auch für den Gerichtsreporter, als der er zeitweise unterwegs war: Roth saß nicht erst beim Prozess gegen die Münchner Putschisten von 1923 auf der Journalistenbank des Gerichtssaals, sondern war im Jahr davor schon dem Prozess gegen die

Erstausgabe von Joseph Roths
Hotel Savoy (1924)

Rathenau-Mörder Tag für Tag gefolgt. Im Berliner *12-Uhr-Blatt* vom 5. Oktober 1922 beschreibt er die kühle Sachlichkeit, mit der der Todesschütze »wie ein Sachverständiger im Schießfach« über die »Schnelligkeit der Waffe« urteilt, wohingegen – merkwürdige Diskrepanz – dieselbe »Sachverständigkeit des Mörders sofort aufhört, wenn das Thema politisch wird«:

> »Da vernimmt man, daß er überzeugt war von Rathenaus Zugehörigkeit zu den 300 Weisen von Zion (...) vom ›schleichenden Bolschewismus‹ und von der Schädlichkeit des Judentums. Von den zahlreichen Schriften Rathenaus hat er zwar nichts gelesen, weil ihn die Schießwissenschaft mehr interessierte, aber nicht einmal seine totale Unwissenheit zuzugeben, ist er mutig genug. Einen einzigen Aufsatz von Rathenau will er gelesen haben, und zwar in Hardens ›Zukunft‹, deren Mitarbeiter Rathenau seit zehn Jahren nicht mehr war. Wozu lesen? Wozu sich überzeugen? Lieber gleich morden, was leichter ist.«

Oder er berichtet für die *Frankfurter Zeitung* auf einer »Reise durch Deutschlands Winter« (9. Dezember 1923) – noch nicht ganz so erschüttert und traurig wie am Vorabend des Faschismus auf seiner winterlichen »Harzreise« (1930/31) in Heines Nachfolge – von geradezu grotesken »Erscheinungen des ›öffentlichen Lebens‹«:

> »Im Berliner Westen sah ich zwei Gymnasiasten. Sie gingen durch eine breite, belebte Straße, hielten sich an den Schultern, wie Betrunkene zu tun pflegen, und sangen:
>
> ›Nieder, nieder, mit der Judenrepublik,
> Pfui Judenrepublik!
> Pfui Judenrepublik!‹
>
> Und die Erwachsenen wichen den beiden Jungen aus. Und niemand gab ihnen eine Ohrfeige (...) In Deutschland respektiert man die Überzeugung der

> Gymnasiasten. So ordentlich ist man in Berlin. (...) Man versteht Deutschland nicht. Es ist *das unverstandene Land in Europa.*«

»*Es fehlt in Deutschland an einem regulierenden Bewußtsein*«, lautete die Diagnose dieses realfiktiven auswärtigen Deutschlandbesuchers von vor hundert Jahren. Ähnlich befremdet fühlte sich auch der Berichterstatter vom Münchner Hitler-Prozess in den Fastnachtstagen des März 1924, wo er zum Zeugen eines phantastisch-absurden, scheinbar unwirklichen Totentanzes wird, der seinen prognostischen Gehalt noch einholen wird:

> »Mitten im Karneval kommt ein Gerichtshof zusammen, macht seine Reverenzen vor den Angeklagten, diese werfen den Damen im Hörsaal Kußhände zu, die Justiz ist in eine Kaserne übersiedelt, die Angeklagten erheben die Anklage, die Spanischen Reiter dräuen fürchterlich vor dem Eingang in den Kasernensaal, die Öffentlichkeit entsendet 60 gespitzte Bleistifte (...)
>
> In München öffnen sich die Gräber der Weltgeschichte, und aus ihnen steigen die begraben gewähnten Leichname. Ein grotesker Traum tritt in Funktion – und ganz Deutschland nimmt dieses Wunder gleichgültig hin, als wäre es eine Selbstverständlichkeit.
>
> Es erscheint ein Tapezierer, nennt sich ›Schriftsteller‹, und alle glauben es ihm. Ein Schuster, der nicht bei seinen Leisten geblieben, erzählt seine belanglose Biographie und schildert, wie er sich aus einem ›Weltbürger‹, der er noch in Braunau gewesen sei, zu einem ›Antisemiten‹ in Wien entwickelt hat. Und die deutschen Zeitungen drucken es fleißig. (...)
>
> Weil aber (...) sechzig Berichterstatter die Worte der Toten stenographierten, muß ich annehmen, daß ich diesen hier geschriebenen Bericht und seine Veranlassung geträumt habe; daß ich ganz Deutschland geträumt habe; seinen analphabetischen Tapezierer, meinen Kollegen, der, kaum daß er lesen und schreiben

> aus einer Rassenfibel gelernt, schon Schriftsteller und eine politische Persönlichkeit ward. (...)
>
> Es ist nicht anders: ich träume einen Fastnachtstraum, und der heißt: Deutschland.«

Roths Abwendung von Deutschland und sein im Frühsommer 1925 in leiser Hoffnung auf seine Umbürgerung vollzogener Übertritt nach Frankreich finden ihr Spiegelbild selbst noch in der Route, auf der sich seine »Juden auf Wanderschaft« Richtung Westen bewegen: Um Deutschland machen sie entweder einen großen Bogen, oder sie schlagen sich, wie Franz Tunda in *Die Flucht ohne Ende*, so rasch wie möglich zum Rhein durch – »der Typus Mensch beginnt erst in Köln«, schrieb Roth im August 1925 aus Marseille an Brentano –, um über die Grenze nach Frankreich in Richtung Paris zu gehen; oder die Juden aus dem Osten passieren Berlin als bloße »Durchgangsstation«, um sich in Hamburg oder Amsterdam nach Amerika einzuschiffen, sofern sie genügend finanzielle Mittel für die Passage aufbringen können und außerdem im Besitz der nötigen Papiere sind, woran ihre Pläne oftmals scheitern, sodass viele von ihnen am Ende – trotz Roths Befund: »Kein Ostjude geht freiwillig nach Berlin.« – doch noch in Berlin hängenbleiben. Denn – *das* Flüchtlingsthema schlechthin, von Joseph Roth bis in die Gegenwart, heißt: »Die Papiere! Ein halbes jüdisches Leben vergeht im zwecklosen Kampf gegen ›Papiere‹.«

Bereits auf seiner »Reise durch Galizien« im Herbst 1924 macht Roth die zumindest für ihn und viele seiner ehemaligen Landsleute nicht einmal sonderlich überraschende Beobachtung, dass Galizien zivilisatorisch und mental näher bei Frankreich als bei Deutschland liegt, wenn er sich die Frage stellt:

> »Hat hier Europa aufgehört?
>
> Nein, es hat nicht aufgehört. Die Beziehung zwischen Europa und diesem gleichsam verbannten Land ist beständig und lebhaft. In den Buchhandlungen sah ich die letzten literarischen Neuerscheinungen

> Englands und Frankreichs (...) Der Kontakt mit Frankreich ist der stärkste. Über *Deutschland,* das im toten Raum zu liegen scheint, sprühen Funken herüber und zurück.«
>
> (*Frankfurter Zeitung* vom
> 20. November 1924)

Schloss die Reportage aus dem Hamburger Hafen vom Schiff der Auswanderer desselben Jahres 1924 noch mit dem resignierten Abgesang »Europa zum letzten Mal«, so verschiebt sich beim Übertritt von Deutschland nach Frankreich Roths bislang skeptisches Europabild – das schon auf der Galizienreise, zuletzt in Lemberg, der »Stadt der verwischten Grenzen«, eine etwas bekömmlichere Nahrung aufgenommen hat – zu einem etwas optimistischeren Modell:

> »(...) die Stadt demokratisiert, vereinfacht, vermenschlicht, und es scheint, daß diese Eigenschaften mit ihren kosmopolitischen Neigungen zusammenhängen (...) Alle Trennungsstriche sind mit schwacher, kaum sichtbarer Kreide gezogen.«

Mit neu gewonnener Zuversicht entdeckt Roth zwischen Paris und Marseille in der Erbmasse des alten, lateinischen und mediterranen Europa mit seinen Mischvölkern und deren Mischreligionen die wiederzubelebenden zivilisatorischen Grundlagen und kulturellen Potentiale für ein neues Europa, entweder mit oder notfalls auch ohne Deutschland. Roths persönlicher Wendepunkt, der zugleich seine schriftstellerisch wie journalistisch produktivsten Jahre einleitete, war mithin an den Grenzübertritt nach Frankreich gebunden – nach jener von Kindheit an erträumten Welt »hinter dem Zaun«: Wie für Franz Tunda lagen dort für ihn Paris, Freiheit, Republik, europäischer Humanismus, jüdisch-christlicher Universalismus, Aufklärung, Revolution, Religion, Schönheit, Geschmack, Eros, Midi und das Blau samt den weißen Schiffen des Mittelmeers.

Verknüpft waren Roths neue Perspektiven mit der Aussicht auf den für das Blatt zentralen Pariser Korrespondentenposten der *Frankfurter Zeitung* unter der noblen Adresse »1, Place du Panthéon«. Wäre es dabei geblieben, hätte Roth sich von nun an gleich zweifach beheimatet fühlen können: Seinem Freund Reifenberg bekannte er noch Anfang 1928 aus Paris, trotz herber Enttäuschungen und manchem Zwist mit Redaktion und Verlag: »Die Frankfurter Zeitung betrachte ich NICHT als Sprungbrett, höchstens als eine Sprung*matratze*, ähnlich der, die wir im Varietee gesehn haben, mit den zebragestreiften Springern. Sie ist mein einziger heimatlicher Boden und ersetzt mir so etwas wie ein Vaterland und ein Finanzamt.«

Noch aber versetzte die Ekstase des Pariser Neubeginns Roth in einen Zustand anfänglicher Verunsicherung: Auf demselben Weg, wie ihn andere – Heine, Börne, Marx – schon vor ihm genommen hatten, um der geistigen Enge und den verbohrten »Nomenklaturen« Deutschlands zu entgehen, und mit denselben journalistischen Mitteln war gleichwohl weiterhin in deutscher Sprache für ein deutsches Publikum und für deutsche Auftraggeber zu schreiben. Zwei Wochen nach seiner Ankunft in Paris enthüllte – oder verhüllte? – er, sicher nicht frei von selbstmitleidiger Koketterie, dem Berliner Nachwuchskollegen Bernard von Brentano, die erste, schwere Sinnkrise:

> »Paris, am 2. Juni 1925.
>
> Lieber Brentano,
>
> Sie dürfen nicht böse sein! Erstens bin ich ganz verwirrt; ich weiß nicht, ob ich noch jemals schreiben werde. Es ist möglich, daß ich dorthin zurückkehre, woher ich gekommen bin – Sie wissen es – und Schafe hüten werde. Es hat wirklich keinen Sinn, ein deutscher Schriftsteller zu sein. Man sieht von hier, wie von einem großen Turm des Europäertums und der Zivilisation hinunter, tief hinunter, Deutschland liegt in irgendeiner Schlucht. Es ist mir unmöglich, einen deutschen Satz zu schreiben – mit dem Bewußtsein, für deutsche Leser zu schreiben.«

Roths Auszug aus Berlin und Deutschland war eine weitere Probe auf das Exil des Dichters, oder bereits die Antizipation des nächsten Exilgangs, wenn auch noch nicht mit jener Dringlichkeit, wie sie sich spätestens nach dem Reichstagsbrand vom Februar 1933 für viele deutsche Juden wie für nicht wenige nichtjüdische Deutsche – Schriftsteller, Künstler und Intellektuelle vorweg – stellen sollte. Roth war indessen immerhin noch – jedenfalls bis zum März 1938, dem unseligen »Anschluss« Österreichs an das Hitlerreich – im Besitz eines österreichischen Passes und pflegte gute Kontakte zur Pariser Gesandtschaft seines Landes, auch wenn er mit den österreichischen kaum weniger als mit den deutschen Zuständen haderte. In den Augen eines Exilanten der 1930er-Jahre, seines Landsmanns Hans Natonek, der dem im Mai 1939 in Paris verstorbenen Freund und Kollegen einen großen Nachruf schrieb, der es immerhin bis in die Schweiz und dort ins *Luzerner Tageblatt* schaffte, war Roths Sezession vom Mai 1925 bereits eine klare politische Aussage. »In der Nacht der ersten Hindenburgwahl, als die Sturmtrupps in den Straßen zu singen begannen: ›Siegreich wollen wir Frankreich schlagen‹, sagte er: ›Servus!‹, winkte mit dem Stock einem Taxi, fuhr ins Hotel, hinterließ dem Hotelboy Schuhe und Anzüge, dann zum Bahnhof und verließ Deutschland für immer. Er lebte ohne Gepäck, er starb ohne Gepäck.«

4.

»Ich durchrase Frankreich, fahrender Schreiber, echter Minnesänger.«

Joseph Roth an Benno Reifenberg,
Grenoble, 17. August 1927

Nach wenigen Wochen in Paris – man sollte nicht vergessen, dass der Dreißigjährige sich überhaupt erstmals im westlichen Ausland aufhält – ist Roth schon wieder ganz auf der Höhe aller deutsch-französischen Beziehungen, die eine prekäre Seite allerdings auch für die Zeitung und für Roths ungesicherte Position dort haben. Souverän instruiert er von fern seinen Berliner Nachfolger, lobt und kritisiert, jubelt über Paris und Frankreich, schimpft und klagt über Deutschland: »Meine Begeisterung ist nicht kleiner geworden, meine Trauer über Deutschland nicht geringer. Ich verstehe, daß ein deutscher Dichter herkommt, sich eine Matratzengruft gräbt und krepiert. Ehe wir eine deutsche Nation geworden sind, gibt es eine europäische. Vielleicht mit Ausschluss der deutschen.« (Brief vom 14. Juni 1925)

Daneben ist er voller alter und neuer Pläne, kündigt den baldigen Aufbruch in die Provence an, wobei er sich »mit einem Roman« auf den Weg machen wolle. Offenbar wächst hier bereits, gewissermaßen vom Ziel der eigenen Lebensreise her, der Plan heran für den noch im hintersten sibirischen Osten beginnenden Roman *Die Flucht ohne Ende*. Gleichzeitig findet sich in diesem Brief der erste Hinweis auf ein Buchprojekt, das von nun an jahrelang zum Bestandteil seines Reisegepäcks gehören sollte: »Wahrscheinlich schreibe ich ein Buch über Marseille.« Roths Fluchtpunkt heißt Marseille, auch wenn er nie zuvor dort gewesen war und die große Karawane der Künstler und Photographen, der Schriftsteller und Intellektuellen – Germaine Krull, Max Beckmann, Sigfried Giedion, László Moholy-Nagy, Oskar Kokoschka, Herbert Bayer, Blaise Cendrars oder aus Frankreich

Fernand Léger, Raoul Dufy, Albert Londres, um nur einige der prominentesten Marseille-Pilger und Sänger des Alten Hafens zu nennen –, die seit 1925/26 und danach die alte Hafenstadt als eine Art archäologische Schädelstätte der Moderne entdeckten, noch gar nicht eingesetzt hatte. Roth, der demnächst gleich mehrere Zeitungen und Zeitschriften mit Berichten aus Marseille versorgen sollte, nahm hier eine Pionierposition ein, denn gewiss wurde er vielerorts gelesen – lediglich Kurt Tucholsky war ihm in Marseille um ein einziges Jahr voraus gewesen. Doch kaum waren Roths Feuilletons und Reportagen in der *Frankfurter Zeitung*, dem Leib- und Magenblatt des geistigen Deutschland erschienen, folgte ihm das Trio Siegfried Kracauer, Walter Benjamin und Ernst Bloch buchstäblich auf dem Fuße; im September 1926 kam man dort sogar als Quartett zusammen, beäugte und bekrittelte, hofierte und beargwöhnte und berauschte – zumindest die Marseiller Haschisch-Raucher Benjamin und Bloch – sich gegenseitig.

Noch in Paris, unter dem Datum des 22. Juni, schreibt Roth seinem Lemberger Onkel Willy Grübel: »Ich arbeite an 2 Büchern gleichzeitig, an Reisebüchern übrigens, die fortwährend Reisen und Quellenstudien erfordern.« Neben dem geplanten, geheimnisvollen Buch über Marseille bzw. seinen Nukleus, aus dem zumindest übergangsweise *Die weißen Städte* erwachsen sollten, kann es sich bei dem zweiten »Reisebuch« nur um *Juden auf Wanderschaft* gehandelt haben, das sich damit klar als jenes Parallelprojekt zu erkennen gibt, das unsere Edition erstmals neben die als Pendant geplanten, wenn auch nie in dieser Form erschienenen *Weißen Städte* stellt.

Beim Verlag Die Schmiede, wo *Hotel Savoy* und der Berlin-Roman *Die Rebellion* erschienen waren – unterdessen war der Verlag allerdings in erheblichen finanziellen Schwierigkeiten – lagen die korrigierten Fahnen zu *Juden auf Wanderschaft* im Herbst 1926 bereits druckfertig vor, auch wenn das Buch selbst in der dafür vorgesehenen Reihe *Berichte aus der Wirklichkeit* – mit Beispielen des neuen Genres der »Grand Reportage«, darunter Egon Erwin Kisch, Leo Lania,

Hans Siemsen und andere Autoren – erst 1927 erscheinen sollte: »Es ist ein Versuch«, so wurde die Reihe damals in Willy Haas' *Die Literarische Welt* gefeiert, »Grand Reportage im besten Stil zu propagieren.« Über Roths eigenen Beitrag setzte der Verlag damals eine Anzeige in die *Frankfurter Zeitung* vom 5. Juni 1927, deren Text wenn nicht Roths eigener Handschrift, so doch seinen heiligsten Absichten folgt, denn dieses »Musterbeispiel einer großen modernen Reportage« verbinde Erzählung und Bericht: »Hier ist der Stoff geformt, aber nicht aufgelöst. Der Verfasser tritt hinter seiner Mitteilung zurück, nachdem er sie niederschreibt, wie er sie erlebte.«

Roths Aufbruch nach dem Midi – im Brief an Grübel benannte er erneut Marseille als nächstes Reiseziel und Ausgangspunkt für die geplante »Wanderung durch die Provence« – muss sich allerdings verschoben haben, nicht nur wegen einer Erkrankung seiner Frau, sondern auch weil Benno Reifenberg zu Besuch nach Paris gekommen war, wegen einiger Ausstellungen, die er sehen wollte, und um von dort aus entweder allein oder mit Roth als Begleiter die einstigen Schlachtfelder in der Champagne zu besuchen, wo jener während des Ersten Weltkriegs in den Frontgräben lag. Was er darüber in der *Frankfurter Zeitung* schrieb, dort allerdings erst ein Jahr später anlässlich eines Gedenktags erschienen, hatte Roth offenbar vorab gelesen, denn er kommentierte es brieflich aus Paris am 11. Juli 1925 mit Worten, die ziemlich exakt die bittere Melodie der im Präludium zu den *Weißen Städten* geschilderten Erfahrungen einer ganzen Generation intonieren: »Ich war«, schreibt Roth mit bemerkenswerter Lakonie, »ergriffen von Ihrem Erlebnis im Kriegsgebiet und konnte es Ihnen nacherleben. Heimkehr in das Land aus dem Feldstecher. So sehen die Märchen *unseres* Lebens aus, ihre Schönheit ist der Tod und aus dem Gruseln ist das Grauen geworden.«

Diese starken Worte der Verbundenheit können freilich nicht darüber hinwegtäuschen, dass Roth und Reifenberg späterhin – seit 1933 – getrennte Wege gingen, wobei Reifenberg, der gewiss kein Anhänger Hitlers und seiner

Joseph Roth im September 1925
auf der Place de l'Odéon

Nazi-Partei war, als zeitweise leitender politischer Redakteur der *Frankfurter Zeitung* gleichwohl Hitlers Kriegspolitik applaudierte. Reifenbergs Blick auf den Zweiten Weltkrieg war ein für alle Mal unbeweglich aus der starren Perspektive des Ersten Weltkriegs festgeschrieben; Roth hingegen war der Zivilisationsbruch, den das Dritte Reich bedeuten sollte, von frühester Stunde an gegenwärtig.

Mit gleicher Post schickte Roth sein »erstes Feuilleton« aus Paris nach Frankfurt – wie so oft als Brief an Reifenberg deklariert. Es trug den Titel »Wie man eine Revolution feiert« und ist zu Roths Leidwesen dort nie erschienen. Zu einem annähernd ungebrochenen Verhältnis zu Frankreich und den zur Feier ihrer Revolution auf den Straßen tanzenden *citoyens* wollte oder konnte sich die Frankfurter Herrenrunde offenbar nicht durchringen, trotz aller Anspielungen – quasi *pro domo* – an des größten Frankfurter Dichters *Römischen Karneval*. So enthusiasmiert hatte Roth von den Feierlichkeiten zum 14. Juli berichtet:

> »Seit drei Tagen tanzte man. (...) Eine ungeheure Weltstadt wollte keine Weltstadt sein, sondern eine Weltfreude. Sie setzte die Unordnung, die Außerordnung des Festes, in die Rechte der öffentlichen Ordnung ein (...) Am Abend des vierzehnten Juli ereignete sich das Feuerwerk. (...) Die Illumination war keine leuchtende Phrase. Die Lichtreklamen ertranken in der Fülle des wieder in seine Rechte eingesetzten, der Freude gewidmeten Lichts. Bunte knallende Raketen gebar der Horizont. Auf den Schultern der Väter jubelten die Kinder. Diese Kinder, die niemals aufhören werden, Republikaner zu sein, auch wenn sie einmal Opfer der Politik werden müßten.
>
> Denn sie haben in einem Alter, in dem ein Feuerwerk erhaben erscheint, den fernen, aber verwandten Glanz einer Flamme gesehn, die Revolution heißt! ... *Auf Wiedersehn! Fahre Lyon. Von dort nächstes Feuilleton!*«

Dass der Haussegen zwischen Roth und den Frankfurtern schon da etwas schief hing, belegt Roths nächster Brief an Brentano vom 21. Juli aus Lyon, in dem es heißt, »ich weiß nicht, ob ich nach Deutschland werde zurückkehren müssen. Ich sage müssen; weil nur ein Zwang meine Rückkehr veranlassen könnte ...«, und mit den Sätzen schließt:

> »Ich erlebe viel, leide am Magen und am Deutschtum, bin oft krank, werde immer strenger gegen mich und die Welt, bitter und sogar böse. Ich habe die ersten zwei Aufsätze schon geschrieben. Fahre nach Avignon, dann nach Marseille. Es wird wahrscheinlich ein Buch.
>
> Halten Sie sich gut und ironisch, werden Sie um Gottes willen kein rechter Deutscher!«

Dieser Wunsch sollte nicht in Erfüllung gehen, Brentano, einer der deutschesten unter den Deutschen, war bald auf dem holprigen Weg von ganz links nach ziemlich weit rechts, trotz oder auch mit allen Umwegen über Bronnen, Brecht, die Schweiz und einen Salonbolschewismus, wie er im deutschen Feuilleton hier und da noch heute gepflegt wird.

Bald darauf sendet Roth an Reifenberg unter dem Arbeitstitel »Unterwegs in Frankreich« aus Lyon das nächste Feuilleton zu der in Abständen erschienenen Städtefolge *Im mittäglichen Frankreich*. Sie ist – anders als in der Roth-Literatur lange Zeit durcheinandergebracht oder sogar damit in eins gesetzt – eben nicht mit den *Weißen Städten* zu verwechseln. Dabei schlagen Letztere, unterfüttert von Roths Idiosynkrasien in Zeichensetzung und Orthographie, einen anderen – fast durchweg parataktischen, melodisch durchrhythmisierten – Ton, zuweilen geradezu einen Märchenton an und haben eine klare Zielgerade: Marseille und das Mittelmeer – im Arabischen wie Türkischen »weißes Meer« genannt – als ihr Horizont. Im Brief artikulierte Roth selbst bereits starke Zweifel daran, ob die innerredaktionelle Zensur im protestantisch reformierten Frankfurt seine steilen Thesen über die hybride Doppelbödigkeit des Katholizismus in mediterranen Regionen überhaupt zulassen werde:

> »Ich gehe durch diese Straßen der Stadt und die Landschaften – überall fließt das Römische in den Katholizismus und man sieht, was man nicht schreiben darf, die Kontinuität des Heidentums, das im Katholizismus eine Form gefunden hat, nicht aufgegangen ist. (...)
>
> Umarmen Sie Ihren Sohn für mich und lassen Sie ihn Französisch lernen. Durch diese Sprache wird man Europäer.«

In Marseille endlich angekommen, steht der Plan für das Reisebuch, und mit ihm wachsen die Zweifel, was beim Buchverlag der *Frankfurter Zeitung*, der insbesondere auch Reisebücher produzierte, daraus werden mochte. An Reifenberg schreibt Roth am 18. August aus dem Beauvau: »Ich habe Material für ein schönes Buch mit dem Titel: ›Die weißen Städte‹ für den Buchverlag. Ich weiß aber nicht, ob der Verlag noch Bücher drucken wird, in denen solche Töne rauschen, wie in meinen Dingen. Ja, ich sehe, daß die Luft in Dtschld. sehr dick geworden ist.«

So war es auch und sollte es bleiben. Roths erste Frankreicherfahrungen enden mit zwei herben Enttäuschungen: Der versprochene Pariser Korrespondentenposten wird ihm nach langem Tauziehen wieder genommen und geht stattdessen – auch wenn die Entscheidung darüber sich über Monate des Verdrusses und der Unsicherheit hinzieht – an Friedrich Sieburg, der seine neue Aufgabe, wie er einer Pariser Verehrerin großspurig anvertraut hatte, als Sprungbrett für den gesuchten Übergang in den diplomatischen Dienst betrachtete. (Gelingen sollte ihm dies allerdings erst anderthalb Jahrzehnte später unter Adolf Hitler und dessen Pariser Stellvertreter Otto Abetz, einem der Hauptverantwortlichen für die Entrechtung, Deportation und Ermordung der französischen und der nach Frankreich geflohenen Juden.) Jede Zusammenarbeit mit Roth, der immerhin einen Namen als Schriftsteller und renommierter Journalist hatte, wenn er auch, zumal seiner Frankophilie wegen, im Ruf der politischen Unzuverlässigkeit und des – durchaus gesuchten – Querulantentums stand, lehnte der ebenso talentierte wie ehrgeizige und machtbewusste Nachrücker kategorisch ab. Unterstützung fand Sieburg in seinem Pariser Alleinvertretungsanspruch in der Doppelrolle eines Feuilleton- *und* politischen Korrespondenten bei dem liberalkonservativen, betont schöngeistigen Verleger und »Primus inter pares« der Redaktionskonferenz Heinz Simon, der den einst verkrachten und aus des Meisters Heidelberger Reich ausgeschlossenen Nachwuchs-Georgianer Friedrich Sieburg seit geraumer Zeit protegierte.

Simon, der auch im hauseigenen Buchverlag, der Frankfurter Societäts Druckerei, das letzte Wort hatte, dürfte selbst hinter der Ablehnung des Manuskripts der *Weißen Städte* gestanden haben. Roth hatte es im September nach seiner Rückkehr aus Marseille in Paris niedergeschrieben und war damit eigens nach Frankfurt gereist, doch dort offenbar ohne jede Begründung und ohne, dass jemand dafür persönlich verantwortlich zeichnete, brüskiert und negativ beschieden worden. Offenbar waren Ressentiments und Rankünegedanken gegenüber Frankreich in der deutschen Öffentlichkeit, selbst unter Teilen der Intelligenz, auch Mitte der 1920er-Jahre noch oder – ob Ruhrkrise, Reparationsschulden, Saarfrage usw. – schon wieder zu groß, um ein so leidenschaftliches Bekenntnis zu Frankreich und den Werten seiner Zivilisation goutieren zu können.

Eugen Claasen, späterhin einer der bedeutendsten deutschen Verleger der zweiten Nachkriegszeit, hatte sich als Lektor und Simons rechte Hand im Societätsverlag aus dem Entscheidungsprozess offenbar herausgehalten, während in einem kontroversen späteren Fall – Friedrich Sieburgs *Es werde Deutschland* von Anfang 1933, dem Anti-Roth par excellence – das Erscheinen des umstrittenen Pamphlets von Simons Seite gegen das erklärte Votum von Claasen durchgesetzt wurde. Auch konzeptionell hätte Roths Buch optimal in das Programm des Societätsverlags gepasst, wie es sich im nämlichen Jahr 1925 im renommierten Jahrbuch des Verlagshauses am Main *Der Eiserne Steg* selbst angezeigt hatte:

> »Wenn der Verlag neben einer ausgedehnten Memoirenliteratur die Reisebeschreibung fördert, so ist er überzeugt, nicht das Reiseziel mache den Wert solcher Bücher aus, sondern entscheidend sei die Persönlichkeit des Schreibers (...) Unsere Mitarbeiter und Freunde haben das Nächste und das Fernste aufgesucht. Immer haben sie, wie wir, gewusst, daß aus der Fremde nur soviel an Kräften gewonnen werden konnte, als der Reisende selbst an schöpferischen Kräften dorthin mitbrachte. Ein Reisebuch schreiben, heißt an eine künstlerische Aufgabe herangehen. Diese Erkenntnis bildet, so hoffen wir, die Einheit in der bunten Reihe unserer Publikationen.«

Etwas weniger feierlich und betulich ausgedrückt, wäre Roths in formaler Hinsicht als »im höchsten Grade dichterisch, mehr als ein Roman« konzipiertes »Reisebuch durch die Seele des Schreibers« geradezu ein Schmuckstück für die Einlösung jenes hehren Anspruchs gewesen, der an den berühmten Ausspruch Emile Zolas erinnert: »Ein Kunstwerk ist ein Stück Natur, gesehen durch ein Temperament.« Daran mangelte es Roth weiß Gott am wenigsten. Als er Reifenberg im Brief aus Marseille vom 30. August 1925 den Plan des Buchs in ersten Umrissen vorstellte, hatte er sogar schon einen programmatischen Werbespruch für die gesamte Verlagsreihe parat: »*Bücher mit sachlichem Anlaß in dichterische Sphäre gehoben*. Wäre ich Verleger, es wäre mein Motto.«

Klar, Roth operiert Mitte der zwanziger Jahre unvermeidlich auch im Windschatten der damals angesagten Neuen Sachlichkeit, indem er sie in dem berüchtigten Vorwort von *Die Flucht ohne Ende* scheinbar aufgreift – so lautstark wie beinahe durch ein Megaphon gerufen –, während er sie im selben Atemzug und mit den gleichen Handbewegungen schon wieder poetisch unterläuft. Aufschlussreich sind dazu im Brief an Reifenberg auch seine Bemerkungen zu dem poetischen Verfahren, das ihm vorschwebt: »Denken Sie bitte an die Bücher der Romantik. Abstrahieren Sie davon die Utensilien und Requisiten der

Romantiker, die sprachlichen und die der Weltanschauung. Setzen Sie dafür die Requisiten der modernen Ironie und der Sachlichkeit ein. Dann haben Sie das Buch, das ich schreiben will, kann und beinahe muß.«

Ob Roth da womöglich an die Rede und das Buch *Europa* des Novalis dachte? Und zweifelsohne schweben über den *Weißen Städten* auch der Geist und die Ironie von Heines *Reisebildern*, dessen Verfasser, kaum hatte er die Grenze nach Italien überschritten und die Stadt Triest betreten, nicht mehr wusste, ob er wachte oder träumte oder ob er sich – Roth macht es ihm nach – träumend eines früheren, längst geträumten und vergessenen Traums erinnerte, und fühlte sich tatsächlich

> »wie in einem Traume, wo man sich auf irgend etwas besinnen will, was man ebenfalls einmal geträumt hat. Ich betrachtete abwechselnd die Häuser und die Menschen, da ich meinte fast, diese Häuser hätte ich einst in ihren besseren Tagen gesehen. (...) Auch die Gesichter der alten Frauen schienen mir so bekannt, es kam mir vor, als wären sie herausgeschnitten aus jenen altitalienischen Gemälden, die ich einst als Knabe in der Düsseldorfer Galerie gesehen habe. Ebenfalls die alten Männer schienen mir so längst vergessen wohlbekannt, und sie schauten mich an mit ernsten Augen, wie aus der Tiefe des Jahrtausends (...) Dann aber mußt' ich wieder über mich selbst lächeln, und es wollte mich bedünken, als sei die ganze Stadt nichts anderes als eine hübsche Novelle, die ich einst einmal gelesen, ja, die ich selbst gedichtet, und ich sei jetzt in mein eigenes Gedicht hineingezaubert worden, und ich erschräke vor den Gebilden meiner eigenen Schöpfung. Vielleicht auch, dacht ich, ist das Ganze wirklich nur ein Traum, und ich hätte herzlich gern einen Taler für eine einzige Ohrfeige gegeben, bloß um dadurch zu erfahren, ob ich wachte oder schlief.«

Und gewiss schwebt über den weißen Städten von Roths Provence auch das Pathos des Eintritts in ein zweites, ein neues Leben von der Art, wie der junge Dante es einst nach Art und mit der Kunst eines Troubadours im »dolce stile« erdichtet und Goethe es mit dem plakativen Motto »Et in Arcadia ego« an den Eingang seiner Italienreise gestellt hatte. Solche Töne, Klänge und Melodien, wie sie aus Roths *Die weißen Städte* drangen, dürfte auch sein Freund Natonek noch immer im Ohr gehabt haben, als er im Nachruf auf Roth schrieb: »Er war vielleicht der größte Prosalyriker dieser Zeit, ein Bruder Verlaines und ein Verwandter Rainer Maria Rilkes. Seine Sätze sind geprägte Form, verhinderte Verse (...), in seinen Romanen leuchtet die Sprache am geringsten Detail auf. Sein Ohr lauschte dem feinen Verrinnen der Sekunden, die ihm wichtiger waren als das große Geschehen.«

Indem Roth in den *Weißen Städten* sämtliche Gattungsgrenzen hinter sich ließ, bot dieses authentische Essaywerk so etwas wie das poetische und politische, insbesondere europäische Manifest des Schriftstellers und Journalisten in Personalunion. Als persönlichen Affront und Politikum zugleich hat Roth auch die Zurückweisung des Manuskripts aufgenommen. Aus seiner ambulanten Frankfurter Dépendance, dem direkt vor dem Hauptbahnhof gelegenen Hotel Englischer Hof, schildert er Brentano brieflich am 29. November 1925 seinen Zorn:

> »Was mich betrifft, bzw. mein Buch, so habe ich es zurückgenommen und Dietz geschickt. Bis heute – es ist auch noch zu früh – habe ich keine Antwort. Auf keinen Fall hätte ich es hier gelassen, auch nicht, wenn man mich darum gebeten hätte. R[eifenberg]. meinte nur einmal bedauernd, es sei schade, daß ich es schon verkauft hätte. Angeblich wäre R. sehr traurig gewesen über die Ablehnung (...) Für Paris ist noch kein Korrespondent bestimmt. In ihrer Sparwut möchten sie einen finden, der für 800 M. auch das Feuilleton betreut. Ich weiß nicht, ob ich kündigen soll. In diesem Land habe ich keinen Verlag, keine Leser, keine

> Anerkennung. (...) Jetzt schneit es hier fortwährend, die Welt sieht aus wie in einer deutschen Konditorei, kandiert, sentimental, süß zum Kotzen (...) Ich habe auch den Kampf aufgegeben. Es hat keinen Sinn. Ich will hier nur mein Judenbuch beenden.«

Zurück in Paris trifft Roth als nächster Schlag die Entscheidung zugunsten Sieburgs als alleinigem Korrespondenten für die Ressorts Politik und Feuilleton. Postwendend reicht Roth die Kündigung ein, woraufhin Reifenberg ihn mit Brief vom 8. April 1926 händeringend zum Bleiben zu bewegen versucht: »Lieber Herr Roth, ich muß Ihnen wohl nicht sagen, daß Ihr Ausscheiden aus unserer Zeitung für mich den schwersten Schlag bedeutet, den ich in diesen Anfangsjahren erleben konnte. Ich habe einfach *auf Sie gerechnet*. Ich brauche die Mitarbeit von Menschen meiner Generation, mit denen ich mich ohne weiteres verstehe, mit denen ich Ideen teile, die uns ohne weiteres selbstverständlich sind.« In Absprache mit dem Verlag schlägt er Roth zur Kompensation und Befriedung vor, ihn als Korrespondenten wahlweise nach Moskau, Madrid oder Italien zu entsenden.

Roth, der sich jedoch entschlossen zeigte, »Paris nicht, dafür aber die Zeitung zu verlassen«, lässt seinem Groll zunächst freien Lauf und antwortet Reifenberg am 22. April 1926 mit einem starken Bekenntnis zum Feuilleton:

> »Herr Sieburg ist ein ausgezeichneter Feuilletonist. Muß ich also dafür büßen, daß ein Feuilletonist sich entschließt, ein Politiker zu werden? Man kann Feuilletons nicht mit der linken Hand schreiben. Man *darf* nicht *nebenbei* Feuilletons schreiben. Es ist eine arge Unterschätzung des ganzen *Fachs*. Das Feuilleton ist für die Zeitung ebenso wichtig wie die Politik und für den Leser *noch* wichtiger. Die moderne Zeitung wird gerade von allem andern, nur nicht von der Politik, geformt werden. Die moderne Zeitung braucht den Reporter mehr als den Leitartikler. Ich bin nicht eine Zugabe, nicht eine Mehlspeise, sondern eine *Hauptmahlzeit*. (...)

Ich liebe diese Zeitung, ich diene ihr, ich nütze ihr. Man fragt mich nicht, wenn es irgendjemandem einfällt, mich aus Paris zu entfernen. Mich liest man mit Interesse. *Nicht* die Berichte über das Parlament. *Nicht* die Leitartikel, *nicht* die Telegramme. (...) Ich mache keine ›witzigen Glossen‹. *Ich zeichne das Gesicht der Zeit.* Das ist die Aufgabe einer großen Zeitung. Ich bin ein Journalist, kein Berichterstatter, ich bin ein Schriftsteller, kein Leitartikelschreiber.«

Gut gepoltert. Daraufhin einigt man sich, Roth im Herbst auf eine über mehrere Monate ausgedehnte Reportagereise in die Sowjetunion zu entsenden. Statt sich im damals gelobten Land linker Intellektueller und bürgerlicher Fellowtravellers zu mildern, verstärkt sich Roths geistige Bindung an Frankreich in der Ferne noch mehr und lässt geradezu Sehnsucht aufkommen. Und kaum hat er die Hafenstadt Odessa erreicht, packt ihn, ähnlich wie die von ihm in den dreißiger Jahren erfundene Figur des meeressüchtigen Korallenhändlers Nissen Piczenik, das Fernweh nach dem Westen, nach dem Mittelmeer und – beinahe wie ein Heimweh – nach Europa.

Was er Reifenberg am 1. Oktober aus Odessa schreibt, kam einem Gefühlsausbruch gleich: »Ich sehne mich nach Paris, ich habe es nicht aufgegeben, niemals, ich bin ein Franzose aus dem Osten, ein Humanist, ein Rationalist mit Religion, ein Katholik mit jüdischem Gehirn, ein wirklicher Revolutionär.« Paris steht für ihn synonym für Europa als dessen Hauptstadt, zu der Roth sie nun einmal erklärt hatte. In diesem Sinn hatte er, wiederum aus Odessa, gerade erst am 26. September 1926 an Brentano geschrieben: »Es kommt mir vor, daß ich schon ein halbes Jahr aus Europa weg bin. So viel erlebe ich und so sehr fremd ist Alles. Niemals habe ich so stark gefühlt, daß ich ein Europäer bin, ein Mittelmeer-Mensch, wenn Sie wollen ein Römer und Katholik, ein Humanist und ein Renaissance-Mensch.« Das Russlanderlebnis beförderte offenbar auch bei Roth noch einen Überschuss an Pathos, der sich auch in einer in Kiew zu Papier gebrachten Tagebuchnotiz findet:

> »Ich habe mich endgültig vom Osten losgesagt. (...) Das Licht kommt vielleicht vom Osten, aber Tag ist nur im Westen. Zwischen der französischen und der russischen Revolution ist ein Unterschied wie zwischen Voltaire und Bucharin, zwischen Katholizismus und Byzantinismus (Kirchlichter), zwischen Paris und Moskau.«

Roth setzt die sehnsüchtigen Antriebe produktiv um: In Odessa beginnt er endlich seinen lange geplanten Ost-West-Roman *Die Flucht ohne Ende* zu schreiben, um ihn nach der Rückkehr in Paris zu beenden. Das Buch erscheint 1927 im Verlag von Kurt Wolff, zeitgleich mit *Juden auf Wanderschaft*, dessen letztes Kapitel »Über die Lage der Juden in Sowjetrussland« zunächst in der *Frankfurter Zeitung* vom 9. November 1926 publiziert wird, bevor Roth es dem druckfertigen Buchmanuskript von unterwegs hinzufügt. Über die Lage der Juden, insbesondere im Vergleich mit dem alten zaristischen Russland, äußert sich Roth zuversichtlicher als über die neuen sozialen und politischen Verhältnisse unter einer bürokratisierten, in Roths Augen beinahe schon wieder verbürgerlichten Nomenklatura. Enttäuscht kehrt er aus dem Sowjetstaat zurück, mit einem revidierten Urteil über die Lage der Juden, die sich unter den stalinistischen Säuberungen und Verfolgungen erneut verschlechterte.

Mit dem unterdessen auf einen mutigeren deutschen Verleger wartenden Buch *Die weißen Städte* hatte Roth allerdings auch bei dem ersatzweise angefragten, im preußischen Berlin ansässigen Dietz Verlag, der Jahre zuvor die Erzählungen *April* und *Der blinde Spiegel* herausgebracht hatte, kein Glück. Und da es nun einmal das Pendant und im autobiographischen wie soziographischen Sinn die räumlich-geographisch vorauseilende Fortsetzung der *Juden auf Wanderschaft* war oder hätte werden sollen, wenn es, wie geplant, erschienen wäre, überließ Roth das Manuskript dem Verlag Die Schmiede. Gleichwohl war der gute Ruf des Verlags von Kafka, Proust und anderen neuen Autoren zu dieser Zeit schon etwas ramponiert, und auch Roth war

Joseph Roth: *Juden auf Wanderschaft* (1927), Erstausgabe im Verlag Die Schmiede

unzufrieden mit dessen Geschäftsgebaren – befreundet allerdings mit den dortigen Lektoren Rudolf Leonhard und Walter Landauer –, bis der Verlag endgültig in Konkurs ging. In einem Bücherverzeichnis des Verlags von 1927 waren *Die Weißen Städte* noch angekündigt, unter dem Reihentitel »Aus fremden Ländern«, was Roth mit Ironie aufgenommen haben dürfte; erschienen sind sie jedoch auch dort nicht mehr. Zu welchem Zeitpunkt Roth das Manuskript schließlich an den Verlag von Gustav Kiepenheuer unter dessen Lektor, seinem persönlichen Freund und galizischen Landsmann Hermann Kesten, weitergereicht hat, entzieht sich unserer Kenntnis. Friedemann Berger, dem Nachkriegslektor und späteren Leiter des Leipziger Verlagsteils, zufolge war »das redigierte Typoskript« – auch er erklärt den Text fälschlicherweise zu einem journalistischen »Bericht« – für das Jahr 1933 zum Erscheinen vorgesehen. Wenn dem so war, so wurde daraus erneut – wenn auch aus weitaus gravierenderen politischen Gründen – nichts mehr. Das satzfertige Typoskript befand sich fortan, zusammen mit den handschriftlichen Erstfassungen mehrerer Romane, einer Sammlung von Roths gedruckten Feuilletons und allerlei Fragmenten und Notaten, unter einem ganzen Konvolut von Arbeiten, die Roth in zwei Kartons verstaut bei seinem Verleger zur Aufbewahrung zurückließ, als er Berlin und Deutschland am Morgen nach Hitlers Machtergreifung, wie üblich mit leichtem Gepäck, für immer verließ. Wie durch ein Wunder überlebten diese Werkteile im März 1933 den Überfall und die fast vollständige Plünderung der Geschäftsräume des Verlags durch die Gestapo. Mit diesem Bestand kam nach dem Krieg auch das Typoskript der *Weißen Städte* auf eine Nachwelt, die damit zunächst wenig und dann auch nie das Richtige anzufangen wusste, ihnen nämlich die Buchgestalt zu geben, die sich Roth schon zu Lebzeiten gewünscht hatte.

5.

»Wenn mein Mann aus Galizien kam, dann kamen seine Augen von viel weiter her. Der Orient wohnte noch darin.«

Albert Londres, *Ahasver ist angekommen. Eine Reise zu den Juden im Jahre 1929*

Im Mai 1937, als Hitler bereits Pläne schmiedete, den letzten noch vorhandenen Vielvölkerstaat in der Mitte Europas, die demokratisch verfasste Tschechoslowakei, zu zerschlagen, erschien im *Prager Tageblatt*, zu dessen Autoren neben Alfred Polgar, Ernst Weiß und Egon Erwin Kisch seit 1917 auch Joseph Roth gehörte, nach längerer Pause, da seine Beiträge immer seltener wurden, der Nachdruck eines seiner Feuilletons, mit dem er bereits im Januar 1929 in der *Frankfurter Zeitung* eine mehrteilige Folge unter dem Übertitel »Hotelwelt« eröffnet hatte: »Ankunft im Hotel« hieß der Artikel, der Roths letzter Beitrag in diesem Blatt war, bevor es am 4. April 1939, drei Wochen nach dem Einmarsch der Wehrmacht in Prag, sein Erscheinen einstellte.

Wenn es kein bloßer Zufall war, dann musste für den Wiederabdruck jemand zuständig gewesen sein, der Roth und seine Reisegewohnheiten inwendig kannte und ihm vielleicht einen fernen Gruß zukommen lassen wollte. Vielleicht war es Max Brod, der seit 1924 das Feuilleton des Blatts redigierte. Unverkennbar handelte es sich bei dem namentlich nicht genannten Hotel um Roths Marseiller Stammhotel Beauvau, in dem er auch im Januar und Februar 1929 länger geweilt hatte, um an mehreren Buchprojekten zu arbeiten, wie aus seinen Briefen zu erfahren ist: einer revidierten und erweiterten Neuausgabe der *Juden auf Wanderschaft* unter dem Arbeitstitel »Die Juden und ihre Antisemiten« für den Kiepenheuer Verlag – die nicht erschienen ist – und an zwei Romanprojekten, deren eines der unvollendete, nur in Fragmenten überlieferte autobiographische Roman *Erdbeeren* war. Von dem früheren Projekt eines Buchs über Marseille ist nicht mehr die Rede, als wäre es wie ein Palimpsest in den übrigen Projekten aufgegangen, was als denkbares Zwischenstück auf dem Weg des Naphtali Kroj von seiner ungenannten Heimatstadt Brody nach einem neuen Leben in Buenos Aires plausibel sein könnte und auch Roths Arbeitsweise entspräche, die verfügbaren Stoffe, Schauplätze und Figuren seiner Romane und Erzählungen gelegentlich auszuwechseln. Jedenfalls war Roth, wie er Zweig am 17. Februar 1929 eröffnete, für ein noch kommendes, nicht näher bezeichnetes Buch »nach Marseille des Materials wegen« gereist.

Und Material, menschliches vor allem, war sowohl in der großen alten Hafenstadt selbst als auch im Mikrokosmos des heute noch vorhandenen Grand Hotel Beauvau am Alten Hafen im Überfluss vorhanden. Bei der Schilderung seiner Ankunft wurde Roth sofort grundsätzlich, erzählt die Stadt im Kleinen und schildert – ähnlich wie im Schlusskapitel der *Weißen Städte* – »die Menschen« in ihren Besonderheiten und in ihren Mischungen.

> »Das Hotel, das ich wie ein Vaterland liebe, liegt in einer der großen europäischen Hafenstädte, und die schweren, goldenen Antiqua-Lettern, in denen sein banaler Name, über den Dächern der langsam emporsteigenden Häuser aufleuchtet, sind für mein Auge lauter metallene Fahnen, stehende Fähnchen, die zur Begrüßung glänzen, statt zu flattern. Wie andere Männer zu Heim und Herd, zu Weib und Kind heimkehren, so komme ich zurück zu Licht und Halle, Zimmermädchen und Portier – und es gelingt mir immer, die Zeremonie der Heimkehr so vollendet abrollen zu lassen, daß die einer förmlichen Einkehr ins Hotel gar nicht beginnen kann. Der Blick, mit dem mich der Portier begrüßt, ist mehr als eine väterliche Umarmung. Und als wäre er wirklich mein Vater, bezahlt er aus eigener Westentasche den Chauffeur, um den ich mich nicht mehr kümmere. Der Empfangschef (...) würde sich schämen, mir einen Meldezettel

vorzulegen; so genau weiß er, daß ich das Gesetz als eine persönliche Beleidigung empfinde. Meinen Meldezettel schreibt er später, wenn ich schon im Zimmer bin, mit eigener Hand, obwohl er keine Ahnung hat, woher ich komme. Nach Lust und Laune schreibt er irgendeinen Namen hin, eine der Städte, die er würdig hält, von mir besucht zu werden. Meine Daten sind ihm geläufiger als mir selbst (...) Der Liftboy nimmt meine Koffer unter seine Arme. So dürfte ein Engel seine Flügel ausbreiten. Niemand fragt, wie lange ich zu bleiben gedenke, ob eine Stunde oder ein Jahr: Dem Vaterland ist beides lieb. (...) Mein Fenster geht natürlich nie in den Hof. Es ist das Fenster eines Stammgastes, es hat kein Visavis und führt dennoch in eine Straße. Gegenüber sind: ein Schornstein, der Himmel und eine Wolke ... Aber es ist immerhin nicht so entlegen, daß nicht die summarische Melodie des großen, benachbarten Platzes als ein Echo der lieben Welt an meine Wände heranschlüge; dermaßen, daß ich einsam bin und nicht vereinsamt, allein und nicht verlassen, abgesondert und nicht getrennt. Wenn ich das Fenster öffne, ist die Welt bei mir zu Gast. Von weither dröhnen die heiseren Sirenen der Schiffe. Ganz nahe klingeln die törichten Schellen der Straßenbahnen. Die Autohupen scheinen mich beim Namen zu rufen – wie zu einem Landesvater grüßen sie zu mir herauf. Der Schutzmann in der Mitte regelt die Manifestation. Die Zeitungsjungen werfen Blätternamen empor wie Bälle. Und kleine Straßenszenen arrangieren sich wie Theaterstücke (...)

Ich hebe das Telephon ab. Nicht um zu telephonieren – – nur, um dem Telephonisten in der Zentrale des Hotels Guten Tag zu sagen. Er verbindet mich oft und fleißig. Er verleugnet mich. Er warnt mich. Er teilt mir des Morgens wichtige Begebenheiten aus der Zeitung mit (...) Er ist ein Italiener. Der Kellner ist ein Österreicher. Der Portier ein Franzose aus der Provençe. Der Empfangschef ein Mann aus der Normandie. Der Oberkellner ein Bayer. Das Zimmermädchen eine Schweizerin.

> Der Lohndiener ein Holländer. Der Direktor ein Levantiner; und seit Jahren hege ich den Verdacht, daß der Koch ein Tscheche ist. Aus den übrigen Teilen der Welt kommen die Gäste. Die Kontinente und die Meere, die Inseln, die Halbinseln, die Schiffe, die Christen, die Juden, die Buddhisten, die Mohammedaner und selbst die Dissidenten sind in diesem Hotel vertreten. Der Kassier addiert, subtrahiert, zählt, schwindelt in allen Sprachen, wechselt alle Geldsorten. Von der Enge ihrer Heimatliebe befreit, von der Dumpfheit ihrer patriotischen Gefühle gelöst, von ihrem nationalen Hochmut ein wenig beurlaubt, kommen hier die Menschen zusammen und scheinen wenigstens, was sie immer sein sollten: Kinder der Welt. (...)
>
> Ich bin ein Hotelbürger, ein Hotelpatriot.
>
> (...)
>
> Hier in der Halle bleibe ich sitzen. Sie ist die Heimat und die Welt, die Fremde und die Nähe, meine ahnungslose Galerie. Hier beginne ich über das Hotelpersonal, meine Freunde, zu schreiben. Es sind lauter Persönlichkeiten! Weltbürger! Menschenkenner! Sprachenkenner, Seelenkenner! Keine Internationale neben der ihrigen! Sie sind die wahrhaft Internationalen!«

In der *Frankfurter Zeitung* vom 24. Februar 1929 schloss die siebenteilige Folge logischerweise mit dem Artikel »Abschied vom Hotel« – es ist auch da noch dasselbe Haus – und dem kurzen Resümee: »Ich bin fremd in dieser Stadt. Deshalb war ich hier so heimisch.« Dann nimmt alles einen unsentimentalen Lauf, mit der Ausnahme eines kurzen Augenblicks, »wenn der Hausdiener meine Koffer untergebracht hat und nun auf dem Perron steht, die Mütze in der Hand und die andere Hand unter der Schürze verborgen, aus Angst, sie könnte sich selbständig ausstrecken. Dann ist es ziemlich kompliziert mit dem Trinkgeld. Er nimmt es schnell, aber ungeschickt. Es wird fast ein Händedruck, flüchtig, wie verfehlt. Dann geht er zwei Schritte zurück, der Alte, das Gesicht mir zugewendet. Er setzt die Mütze auf. Noch einmal leuchten auf ihr die

Buchstaben, die den teuren Namen des Hotels ausmachen. Dann hisse ich die Segel und steige in den Zug …«

Es ist dies die geradezu säkulare und profane Variante jener Raumbilder, die Roth in den *Weißen Städten* insbesondere von Avignon entworfen hat, das als erhobene, ›hochgebaute Stadt‹ und »weißeste aller Städte«, gleich einem zweiten Jerusalem – Oskar Kokoschka hat Avignon 1925, da auch Roth die Stadt erstmals aufgesucht hatte, genauso gemalt – der erinnerten galizischen Heimatstadt am nächsten kommt: Brody mit seinen weiß gekalkten Bauten, seinen alten Festungsmauern und dem lebendigen Völker- und Sprachengemisch. Den fremden Gast, einen würdigen Nachfolger des einst hierher gewanderten Exildichters und europäischen Intellektuellen Petrarca, nimmt sie in ihren Mauern auf – oder wie Roth am 1. August 1925 an Reifenberg schreibt:

> »(…) so werden Sie fühlen, daß ich jetzt die schönsten Tage meines Lebens – genieße? – kann man nicht sagen, sondern vielleicht durchzittere, durchsehne und durchweinen könnte, wenn ich mich nicht schämen würde. Es wird mir niemals möglich sein, zu beschreiben, was ich hier erlebe. (…) Ich liebe alle Dächer, die Hunde, die hier herrenlos herumlaufen, die Katzen, diese wunderbaren Bettler mit den roten ledernen Gesichtern und die jungen Augen, die Frauen, die ganz dünn sind, auf hohen Beinen, mit schmalen Schultern und gelber Haut, die bettelnden Kinder, dieses Gemisch aus Sarazenen, Franzosen, Kelten, Germanen, Römern, Spaniern, Griechen und Juden. Im Palais der Päpste bin ich zu Hause, alle Bettler wohnen in den herrlichsten Schlössern und ich möchte ein Bettler sein und unter diesen Portalen schlafen. Es ist so dumm Alles, was wir in Deutschland machen! So traurig, so ohne Sinn! Kommen Sie nach Avignon und Sie werden nie mehr ein Feuilleton von mir in Satz geben. Ich lerne vor lauter Freude französische Gedichte auswendig.«

Nicht ganz so pathetisch, eher etwas kolportagehaft hatte sich die allmähliche Annäherung an Marseille über Tarascon und Beaucaire ausgenommen, nicht nur deshalb, weil sich hier, wie schon in fast allen anderen – als romantische Fiktion eines Fußreisenden – durchwanderten Städten der Provence die Gelegenheit zur Schilderung ausgelassener Festlichkeiten, Spiele und karnevalesker Maskeraden bot, ähnlich Roths Schilderungen aus den Stetln des Ostens: Gewissermaßen als ein Purim à la provençale schildert Roth das feuersprühende künstliche Drachenungeheuer namens Tarasque, als dessen lebendige »Fortsetzung« der kleinbürgerliche Pantoffelheld Monsieur Tartarin – aus der Werkstatt des provençalischen Dichters Alphonse Daudet – im waffenstrotzenden Kostüm nach Marseille aufbricht, um sich dort nach der »Türkei« einzuschiffen, wo er auf Löwenjagd gehen will, wozu allerdings zu sagen ist: »Für Tartarin bildeten nämlich Algerien, Afrika, Griechenland, Persien, die Türkei, Mesopotamien, alles zusammen ein großes unbestimmtes sagenhaftes Land, und das heißt: die Tirkei (die Türkei).«

Der märchenhafte Ernst dieser Sache besteht schon darin, dass wir, indem wir mit Roth den Wachträumen und der vereinfachten Meeresgeographie des Monsieur Tartarin aus Tarascon folgen – wie sie im Übrigen auch den Korallenhändler Nissen Piczenik aus Progrody auszeichnete, »der niemals eine Landkarte gesehen hatte –, den ungleich weißeren Städten auf den gegenüberliegenden Ufern des Mittelmeers schon etwas näher gekommen sind als in Lyon oder »Les Beaux« (wie Roth die hochgebaute mittelalterliche Steinwüste aus Bauxit hartnäckig zur falschen Schönen machte, als wäre sie immer noch von Troubadours umlagert), in Avignon oder selbst in Marseille. Hier zeigt sich erneut der Schalk in Roth, der mit reichlich »Scherz, Satire, Ironie und tieferer Bedeutung« sein Marseille-Kapitel auf der Unterlage eines Vorgängers entstehen ließ, der beim Schreiben offenbar auf seinem Schoß lag: Wenige Jahre zuvor, 1921, waren im Berliner Erich Reiss Verlag *Die Abenteuer des Herrn Tartarin aus Tarascon von Daudet* in neuer Übersetzung durch den Dichter Klabund erschienen, reich illustriert

Alphonse Daudet: *Die Abenteuer des Herrn Tartarin aus Tarascon* (1921), übersetzt von Klabund, mit Zeichnungen von George Grosz

von George Grosz, der auch den Einband gestaltet hat, nach dessen Vorbild Roth sich noch auf seiner ausgedehnten Reise von 1927 durch das »wilde« und nicht minder »löwenreiche« Albanien von 1927 spaßeshalber in einem martialischen Waffenkostüm ablichten ließ.

Im vierzehnten Kapitel unter der Überschrift »Der Hafen von Marseille. Lichtet die Segel!« marschierte bei Daudet und Klabund »der große Tartarin von Tarascon«, vom Bahnhof St. Charles kommend, in türkischer Tracht, samt Pluderhosen und Fes, die Brille auf der Nase und eine Pfeife zwischen den Lippen, »über die Canebière nach dem Quai, das Gewehr geschultert, den Kopf hoch oben in der Luft und verschlang mit seinen Augen das Bild, das sich ihm bot.«

> »Er glaubte zu träumen, war er nicht Sindbad, der Seefahrer? Und irrte er nicht durch eine jener phantastischen Städte aus 1001 Nacht?
>
> Ein Wald von Rahen und Masten erhob sich, von Tauen und Schnüren, wie von Schlinggewächsen durchzogen. Flaggen aus aller Herren Länder wehten im Winde: russische, griechische, schwedische, tunesische, amerikanische ... Die Schiffe standen bis dicht an den Quai, ihre Bugspriete ragten über die Böschung wie eine Reihe von Bajonetten. Darunter waren Holzskulpturen angebracht: Najaden und andere Göttinnen und heilige Jungfrauen, die den Schiffen ihre Namen liehen. All das war vom Salzwasser umspült und angefressen, verwest, verwittert und verschimmelt ... Von Zeit zu Zeit sah man zwischen den Schiffen ein Fetzen Meer, wie ein Tuch mit Ölflecken besprenkelt. Im Wirrwarr der Rahen hockten die Möwen scharenweise und punktierten den Himmel mit hübschen weißen Sternen. Dazwischen hingen Schiffsjungen im Tauwerk und fluchten einander in allen nur möglichen Sprachen.
>
> Auf dem Quai, wo die Abwässer der Seifenfabriken ins Meer flossen: eine zähe, grünlich-schwarze Masse, auf der Öl und Soda schwammen: lärmte ein ganzes Volk von Zollbeamten, Dienstmännern, Packträgern,

George Grosz:
Tartarin im Hafen von Marseille

Joseph Roth in albanischer Tracht,
1927

die ihre kleinen Wagen mit winzigen korsischen Pferden bespannt, bei sich stehen hatten.

Da gab es Magazine, in denen sonderbare Bekleidungsstücke auslagen, verrauchte Tavernen, wo sich die kleinen Seeleute ihr Essen kochen ließen, Händler mit Tabakspfeifen, Leute, die Affen zu verkaufen hatten oder Papageien oder Tau und Segeltuch, und dann Gerümpel aller Art, ein phantastischer Trödelmarkt: alte ausrangierte Kanonen, große vergoldete Laternen, Bruchstücke aus dem Takelwerk, verrostete Anker, denen gleichsam die Zähne ausgebrochen waren, alte Stricke, Flaschenzüge, lächerliche Sprachrohre, alte Ferngläser von Anno Tobak, aus der Zeit eines Jean Bart oder Doguay-Trouin ... Verkäuferinnen von Miesmuscheln und anderen eßbaren Muscheln hockten bei ihren Körben und piepsten wie die Spatzen. Matrosen liefen vorbei mit Teertöpfen und mit Kochtöpfen, in denen das Essen dampfte. Sie schleppten mächtige Körbe mit Tintenfischen, die sie im milchigen Wasser der Fontänen vom Meertang abspülten.

Überall ein sagenhafter Überfluß von Gütern aller Art: Seide, Mineralien, Holzflößen, Bleistangen, Tuch, Zucker, Johannisbrot, Raps, Süßholz, woraus die treffliche Lakritze gefertigt wird. Zuckerrohr, Orient und Okzident gehen ineinander über. Dazu gewaltige Berge von Holländer Käse, den Genueserinnen mit ihren Händen rot anstrichen.

(...)

Manchmal im Mastenwald eine Lichtung. Es war die Hafeneinfahrt, die Tartarin dann sah. Das Kommen und Gehen der Schiffe. (...) Manche Schiffe rannten nur so über Wasser wie Wasserspinnen, mit vollen Segeln, andere noch ziemlich weit am Horizont, schienen aus der Sonne hervorzukommen oder auf Wolken zu segeln.

Und immerzu ein entsetzlicher Lärm. Karren rollten. Matrosen fluchten, schimpften, sangen. Die Dampfer pfiffen. Vom Fort St. Jean rollten Trommelschläge und schmetterten Trompeten. Die Glocken von

> La Majore läuteten, von Les Accous und von St. Victor. All dieser Lärm wurde vom Mistral aufgefangen, er stieß und warf Schrei und Schreier durcheinander, mischte in das Gebrüll seine eigene Stimme und dirigierte ein wahres Narrenorchester: Musik stieg zum Himmel, wild. Heroisch, wie wenn man Helden zum Abschied bläst! Los! Vorwärts! In die Ferne! so donnerte die Fanfare. Fliege, wenn du Flügel hast!
>
> Beim Klange dieser herrlichen Musik ging Tartarin von Tarascon an Bord, um sich nach dem Land der Löwen einzuschiffen.«

Im redigierten Manuskript des erst kurz vor seiner Drucklegung aus der Ich- in die Er-Form umgewandelten Romans *Die Flucht ohne Ende* findet sich der von letzter Hand gestrichene Satz: »Ich möchte nach Marseille«, und zwar an jener Stelle, da der Held nach einer aserbeidschanischen Liebesnacht mit einer Französin schon wieder Abschied nehmen muss, weil die Dame zur Weiterreise aufbricht, von Baku nach der Krim und weiter »von Odessa nach Marseille«. Und wie dieser Roman seine Initialzündung tatsächlich während Roths Aufenthalt in Odessa im Herbst 1926 empfangen hatte, so war die Erzählung vom *Korallenhändler*, die im Zuge ihrer Fortsetzung zur postum erschienenen Novelle *Der Leviathan* (1940 bei Querido in Amsterdam) den entscheidenden Wendepunkt ebenfalls im Hafen von Odessa nimmt, im Juni 1934 in Marseille während eines neuerlich längeren Aufenthalts im Hotel Beauvau entstanden – gewissermaßen in Verspiegelung der Meereslandkarten. Die Schilderung der Verwandlung, die der Held im Hafen von Odessa erfährt, wo er, nicht anders als sein einfältiger literarischer Wahlverwandter aus Tarascon, erstmals im Leben das Meer erblickt, gleicht ein wenig Roths – oder sagen wir besser: des Ich-Erzählers der *Weißen Städte* – Schilderung auch seiner Gefühle während des ersten Aufenthalts in Marseille. In traumseliger Verdichtung, zumal hier wie dort die Märchen aus Tausendundeiner Nacht zu Zeugen aufgerufen wurden, verschmelzen die Szenerien beider Hafenstädte ineinander:

> »Schließlich erreichten sie Odessa, den strahlenden Hafen, mit dem blauen Wasser und den vielen bräutlich-weißen Schiffen (...) Ach ja: es war nicht mehr der alte kontinentale Nissen Piczenik (...), sondern ein ganz neuer Mann, so etwa wie ein Mensch, dessen Inneres nach außen gestülpt worden war, ein sozusagen gewendeter Mensch, ein ozeanischer Nissen Piczenik. Ihm selbst schien es, daß er nicht aus der Eisenbahn gestiegen war, sondern geradezu aus dem Meer, aus der Tiefe des Schwarzen Meeres. So vertraut war er mit dem Wasser, wie er niemals mit seinem Geburts- und Wohnort Progrody vertraut gewesen war. Überall, wo er hinsieht, sind Schiffe auf dem Wasser, Wasser und Schiffe. An die blütenweißen, die rabenschwarzen, die korallenroten – ja die korallenroten – Wände der Schiffe, der Boote, der Kähne, der Segeljachten, der Motorboote schlägt zärtlich das ewig plätschernde Wasser, nein, es schlägt nicht, es streichelt die Schiffe mit hunderttausend kleinen Wellchen, die wie Zungen und Hände in einem sind. Zünglein und Händchen in einem. Das Schwarze Meer ist gar nicht schwarz, in der Ferne ist es blauer als der Himmel, in der Nähe ist es grün wie eine Wiese, (...) Wolkenlos spannt sich der blaue Himmel über den Hafen. Ihm entgegen ragen die Maste und die Schornsteine der Schiffe.«

An Bord eines Panzerkreuzers (der Hafen von Odessa war dem Kinogänger Roth bereits aus Sergej Eisensteins Klassiker *Panzerkreuzer Potemkin* von 1925 vertraut) »darf er durch das Fernrohr blicken – und weiß Gott, die Ferne wird nahe (...) Und er blieb drei Wochen in Odessa«, heißt es, »und er verlebte jeden Tag mit dem Meer, mit den Schiffen, mit den Fischchen fröhliche Stunden. Es waren die ersten Ferien im Leben Nissen Piczeniks.«

»Hinter dem Zaun sind Ferien. Süße, lange Sommerferien«, hieß es in der Einleitung zu den *Weißen Städten*. Und seinem Frankfurter Feuilletonchef hatte Roth auch schon – wie üblich auf der bedruckten Hotelpost des

Beauvau – leise mit seinem Verschwinden gedroht: »700 Schiffe stehn im Hafen. Ich weiß nicht, ob ich mich nicht plötzlich einschiffe.«

Fasziniert war Roth besonders von der beinahe symphonischen Geräuschkulisse des Hafenbeckens und vom vielstimmigen Sprachen- und Völkergemisch auf den Straßen und in den Gassen der Altstadt. In der *Frankfurter Zeitung* vom 15. Oktober 1925 schrieb er darüber wie über ein einziges großes, weltumspannendes Fest:

> »Ich liebe den Lärm von Marseille, voran reiten die schweren Glocken der Türme, stürmen die heiseren Pfiffe der Dampfer, aus blauen Höhen tropft die Melodie der Vögel. Dann kommt der ganze Heerbann der Alltagsstimmen, die Rufe der Menschen, das Tuten der Gefährte, das Klirren der Geschirre, der Schall der Tritte, das Klopfen der Hufe, das Gebell der Hunde. Es ist ein Festzug der Geräusche. (...)
>
> Ich liebe die schöne, bewegte, müßige und zwecklose Geschäftigkeit in den Straßen. Die meisten Menschen gehen nicht ihren Pflichten nach, sondern neben den Pflichten. Der exotisch gekleidete Fremdling, von fernen Küsten hergetrieben, reiht sich in den Gewändern seiner Heimat dem bewegten Zug der Straße ein und fühlt sich wie zu Hause. Er ändert weder Tracht noch Schritt, noch Bewegung. Er schreitet wie auf eigenem Boden, er trägt die Heimat an den Sohlen. Nichts kann so exotisch sein, daß es Aufsehen erregte. Der Bürgersteig gehört der ganzen Welt, den Passagieren von siebenhundert Schiffen aus allen Ländern.«

Und während im Schlusskapitel der *Weißen Städte* unter dem Patronat des Stendhal- Mottos die Farbe »Rot« bereits den zweiten Satz intoniert, bevor eine viermalige, beinahe liturgische Anrufung der Farbe »Weiß« einer Zauberformel gleich dem Finale präludiert, davor arkadische Hirten, vergilische Bukolik und antiker Landbau die Provence bevölkern, fühlt sich auch der »ostjüdische Odysseus« Joseph Roth – wie ihn sein mitteleuropäischer Wiederentdecker Claudio Magris nannte – seinem Ithaka und mit ihm allen Ursprüngen nahe: Auf die Erkenntnis hin, er könne »ein Buch schreiben: ›*Die weißen Städte*‹«, verkündigt er an einem seiner ersten Marseiller Abende im Brief vom 25. August 1925 an Brentano: »Ich gehe heute in den alten Hafen für die Nacht. Da ist die Welt, in der ich eigentlich zu Hause bin: Meine Urväter mütterlicherseits leben dort. Alle verwandt. Jeder Zwiebelhändler mein Onkel.«

Die »Urväter mütterlicherseits« und ihre Verwandten unter den Marseiller Gemüsehändlern stehen ein für das unzweideutige Bekenntnis Roths zu seinem Judentum. Daran tut auch keinen Abbruch, dass Roth nicht immer freundlich und schon gar nicht zimperlich mit seinen Stammesgenossen umgeht. Die Gründe dafür sind nachlesbar in *Juden auf Wanderschaft* und, schärfer noch, wenn auch bisweilen verletzend, in seinen Briefen: »Verzeihen Sie meine Strenge, Überreste des alten Volkes Jehovas aus dem ich herkomme«, beschied er Anfang 1934 René Schickele, der vergeblich um Milde bat für den gemeinsamen Freund Reifenberg, über den Roth ein für alle Mal den Stab gebrochen hatte, aufgrund seiner opportunistischen Haltung gegenüber dem Nazi-Regime.

Auf Roth berufen können sich jedoch auch keine Salonantisemiten: In einem Essay über das *Das Moskauer akademische Jüdische Theater* aus einem noch im Verlag Die Schmiede 1928 erschienenen Bildband heißt es: »Jüdisch bleibt das Theater auch dort, wo es jüdische Traditionen angreift. Denn die Tradition anzugreifen, ist alte jüdische Tradition (…) Sie karikieren – aber sie karikieren jüdisch. Sie sind echt, so echt wie die Kinder Israels echt waren, als Moses die zehn Gebote zertrümmerte.«

Zurück zu den Marseiller mediterranen Verwandtschaftsbeziehungen eines galizischen Juden, dessen Vorfahren selbst einmal aus ihrer verlorenen Heimat vermutlich über die Meere aufgebrochen waren, auch wenn Roth kein sephardischer Jude war, also kein Nachkomme derer, die seit dem Altertum rund um die eng miteinander verbundenen Hafenstädte des Mittelmeers Handel trieben, weshalb sie in der neueren Meereshistoriographie »Port Jews« (Hafenjuden) genannt werden.

Roth hing der tradierten und noch gar nicht so lange widerlegten Legende an, wonach die uralte Hafenstadt Marseille, die schon vor den Griechen und Römern einen regen Seehandel betrieben hatte, eine phönizische, also semitische Gründung gewesen sei mit engen Beziehungen hinüber nach Karthago, der Heimat der Königin Elyssa, bekannter unter dem Namen der Dido, was »die Wandernde« bedeutete. Karthagos Ruinen sind Teil des heutigen Tunesien und des übrigen Maghreb, wo seit ihrer Vertreibung aus Spanien die meisten Juden des westlichen Mittelmeerraums lebten. In all diesen ambulanten Hafenstädten rund ums Mittelmeer sprach man ein ähnliches Idiom, mit dem sich die Bewohner dieser Städte untereinander gewöhnlich besser verständigen konnten als mit ihren Nachbarn im Hinterland. Man kann dieses Misch-Idiom, das im Zuge vieler Auswanderungswellen aus Europa wie aus der Levante sogar – mit Figuren wie Roths Naphtali Kroj aus Brody – bis in einschlägige Viertel von Buenos Aires vorgedrungen ist, in den Mittelmeerhäfen und in den Souks hier und da noch heute hören; probeweise einmal im dialektalen Gesang und der famosen Geräuschkulisse des Lieds »Creuza de ma« aus der Feder des genuesischen Troubadours Fabrizio De André.

Das Lebensgefühl dieser Menschen, von dem sich auch Joseph Roth, dieser meeressehnsüchtige Wanderer, affizieren ließ, bringen die Kernsätze eines der letzten großen Mittelmeerromane des vergangenen Jahrhunderts zum gelungenen Ausdruck: In *Das Hundeleben der Juanita Narboni* des aus Tanger – einer niemals von Europa kolonisierten, multiethnischen »weißen Stadt« par excellence – stammenden Autors Ángel Vázquez sagt die Heldin, eine waschechte »Tangerina«, die vorübergehend auf einen italienischen Namen getaufte, uneheliche Tochter einer andalusischen Mutter mit auf Gibraltar ausgestelltem britischem Pass: »Gott sei Dank sind wir in einer Stadt geboren, in der wir weder ganz Christen noch ganz Juden sind und auch nicht ganz Araber. Wir sind das, was der Wind will. Eine Mischung.«

Über die Winde – sie zählen zu Roths Lieblingsthemen –, woher und wohin sie in seinem Werk wehen, wird noch zu sprechen sein. Insofern sie auch die Legende von Marseilles sagenhafter Gründung durch phönizische Seefahrer und Händler entfacht haben, ist jedoch einzuwenden: Die Legende beruht auf der simplen, aber zählebigen Verwechslung des Namens der Phönizier mit jenem des kleinasiatischen Seefahrervolks der Prokaier, die etwa um 500 v. Chr. tatsächlich in Marseille an Land gingen, dort eine Kolonie gründeten und als berühmtesten Sohn ihrer Stadt einen der ersten Entdecker und Erforscher fremder Welten hervorbrachten: den Seefahrer und Abenteurer Pytheas von Marseille, Verfasser auch des wohl ältesten Buchs *Über das Weltmeer*.

Das Marseille-Kapitel der *Weißen Städte* lässt ihn »bis zum Baltischen Meer« hinaufsegeln – mithin zum sprichwörtlichen »Mittelmeer des Nordens«, dem in Roths epischer Topographie ostjüdischer Siedlungsgebiete und Wanderwege eine weitere Scharnierfunktion zukommt: Von Brody nach Danzig oder Tallinn ist es ungefähr genauso weit wie von Lemberg nach Odessa am Schwarzen Meer, wo Roths Kunstfigur, der Korallenhändler Nissen Piczenik aus dem Landstädtchen Progrody – schon Homer machte es ihm vor –, alle bekannten Meere dieser Welt quasi zu einem einzigen *großen* Meer zusammenfließen ließ. »In den Händen der Dichter war die Karte des Mittelmeers unendlich formbar«, schreibt der britische Historiker David Abulafia, selbst Nachkomme einer alten sephardischen Dynastie, in seiner Biographie jener Weltregion namens »Das Mittelmeer«.

Roths Sichtweise auf die Nordfahrt des Pytheas von Marseille ist insofern verbürgt, als dieser nicht nur den Ärmelkanal und damit den Seeweg nach Britannien entdeckt hatte, sondern noch weiter nach Norden, über die Ränder der bekannten Welt hinaus, bis nach Island vorgestoßen sein soll. Als Erkunder des Baltischen Meeres war er der legitime Nachfolger Jasons und seiner Argonauten, die in noch älteren, mythischen Zeiten schon die Ostsee entdeckt und von deren Ufern die ersten Exemplare des kostbaren

Bernsteins aus der nördlichen in die südliche Hemisphäre der mythologischen Welt transportiert haben sollen. Das war lange bevor sich in der historisch gesicherteren griechischen wie römischen Welt erste »Bernsteinstraßen« als reale Handelswege über Land von den Ostseeufern bis hinunter nach Aquilea und dem Mittelmeerhafen von Triest erstreckten – zur Freude vor allem der Damen, sofern sie sich die kostbaren Kleinodien leisten konnten, die zwar wertvoller noch als Korallen gehandelt wurden, aber nicht annähernd konkurrenzfähig mit deren Formen- und Farbenreichtum waren, den Roth im Zuge der Erweiterung der Erzählung des »Korallenhändlers« zur Novelle *Der Leviathan* mit der spektralen Detailverliebtheit eines Miniaturmalers zu einem ganzen Warenhauskatalog ausbreitet:

> »Es gibt viel mehr Arten von Korallen, als die gewöhnlichen Leute wissen, die sie nur aus den Schaufenstern oder Läden kennen. Es gibt geschliffene und ungeschliffene vor allem; ferner flach an den Rändern geschnittene und kugelrunde; dornen- und stäbchenartige, die wie Stacheldraht aussehn; gelblich leuchtende, fast weißrote Korallen von der Farbe, wie sie manchmal die oberen Ränder der Teerosenblätter zeigen, gelblichrosa, rosa, ziegelrote, rübenrote, zinnoberfarbene und schließlich die Korallen, die aussehen wie feste, runde Blutstropfen. Es gibt ganz- und halbrunde; Korallen, die wie kleine Fäßchen, andere, die wie Zylinderchen aussehen; es gibt gerade, schiefgewachsene und sogar bucklige Korallen. Es gibt Sterne, Stacheln, Zinken, Blüten. Denn die Korallen sind die edelsten Pflanzen der ozeanischen Unterwelt, Rosen für die launischen Göttinnen der Meere, so reich an Formen und Farben wie die Launen dieser Göttinnen selbst.«

Der Clou an der Sache mit den Korallen ist, neben ihrer unzweideutigen erotischen Besetzung, die über die Königsfarbe Purpur und ihre maritime Gewinnung hergestellte doppelte Beziehung zur Geschichte des Königs Salomo und zur Handelstätigkeit und sogar zum Namen der Phönizier: Auf ihren Routen beiderseits des Mittelmeers sammelten diese Küstenschiffer systematisch Purpurschnecken, aus denen sie den kostbaren Farbstoff Purpur gewannen und teuer an Königshöfen wie demjenigen Salomos verkauften. Nach dem Purpur selbst wurden sie von den Griechen »Phoinikes« genannt. Auf der langen Bahnfahrt des Nissen Piczenik von Progrody nach dem fernen Odessa provozierte ein prahlerischer Perlenhändler, der sich seiner Geschäftsbeziehungen zum Petersburger Zarenhof und zur mondänen Welt von Paris, Brüssel, Amsterdam rühmte, den sonst so schweigsamen Korallenhändler zu einer gründlichen Unterweisung der Fahrgäste über die Farbengeheimnisse seines Metiers:

> »Es gibt viele Arten von Rot in der Welt, meine lieben Reisenden, und es steht geschrieben, daß unser jüdischer König Salomo ein ganz besonderes Rot hatte für seinen königlichen Mantel, denn die Phönizier, die ihn verehrten, hatten ihm einen ganz besonderen Wurm geschenkt, dessen Natur es war, rote Farbe als Urin auszuscheiden. Es war eine Farbe, die heutzutage nicht mehr da ist, der Purpur des Zaren ist nicht mehr dasselbe, der Wurm ist nämlich nach dem Tode Salomos ausgestorben, die ganze Art dieser Würmer. Und seht ihr, nur bei den ganz roten Korallen kommt die Farbe noch vor. Wo aber in der Welt hat man je rote Perlen gesehen?«

Die von dem Händler aus dem ländlichen Stetl mit edlen Waren »aus Hamburg, Odessa, Triest, Amsterdam« bediente Sternenstraße der Korallen verbindet das kontinentale östliche Europa mit den mediterranen und ozeanischen Welten, und sie überschneidet sich erneut mit den Wanderrouten und Fluchtwegen der mittelosteuropäischen Juden nach Westen. Am Ende der Novelle vom »Leviathan«, dem auf dem Meeresgrund lauernden Ungeheuer, das aber auch der Hüter der Korallen ist – ein Amalgam aus jüdischen und slawischen Mythen –, nimmt Nissen Piczenik, dieser rothaarige Außenseiter seines Volkes – »Hatte die Welt jemals solch einen Juden gesehn?«, heißt es – denselben Weg. Ruiniert war seine Ehe, ruiniert waren seine Geschäfte seit dem Auftauchen eines Konkurrenten, der mit gefälschten, aber täuschend echt aussehenden und entsprechend billigeren Korallen regen Handel trieb. Wie Mendel Singer will Piczenik sein Glück nunmehr in Amerika suchen, wird aber nie dort ankommen: Die Fahrt des Ozeandampfers auf den Namen – ausgerechnet – »Phönix«, den der Auswanderer in Hamburg bestiegen hatte, endet in einer Katastrophe nach Art des Untergangs der »Titanic«. Doch wie schon im Fall des verträumten Wiener Mädels Fini will der Erzähler auch diesmal nicht ohne Weiteres zulassen, dass sein Held »einfach ertrunken sei wie die anderen«, zweihundert an der Zahl: »Er war vielmehr – das kann man mit gutem Gewissen erzählen – zu den Korallen heimgekehrt, auf den Grund des Ozeans, wo der gewaltige Leviathan sich ringelt.«

Die im Mai und Juni 1934 in Marseille entstandene Novelle gehörte noch unter dem Titel »Der Korallenhändler« zu Roths erfolgreichsten Erzählungen seiner letzten Lebens- und Exiljahre: Bevor sie unter dem Titel *Der Leviathan* postum 1940 als Buch erschien, wurde sie nach einem ersten Teilabdruck in der Exilzeitschrift *Das Neue Tage-Buch* in französischer Übersetzung als Fortsetzungsgeschichte in mehreren Pariser Zeitschriften der Jahrgänge 1936/37 publiziert. Mit Claudio Magris ließe sich diese Geschichte als symbolische Vorwegnahme des persönlichen »Untergangs« des »jüdischen Odysseus« Joseph Roth im Mai 1938 lesen, als Parabel auch auf den »Untergang« von Roths Welt schlechthin – und damit der Idee eines neuen, übernationalen Europa – oder sogar als Menetekel auf den drohenden Untergang des europäischen Judentums. Zulässig ist aber auch die Gegenfrage: Lässt Roth keinen anderen Ausweg zu? Nissen Piczenik hätte schließlich, statt den kurzen Weg nach Hamburg zur Überfahrt nach Amerika einzuschlagen, Frankreich durchwandern und, wie es schon in Roths Artikel »Flüchtlinge aus dem Osten« von 1920 hieß, von Marseille aus zu noch *weißeren* Städten mit ihren kubischen Bauten unter Flachdächern aufbrechen können – »nach dem Süden, nach Palästina«.

Für Roth, den erklärten Nicht-Zionisten, war diese Option ambivalent, weil er die mit dem Zionismus einhergehende Nationalisierung des Judentums nach dem Muster anderer europäischer Völker für fatal hielt und dem widersprechend, was die seit Jahrhunderten wandernden Juden an universalistischen Vermächtnissen und humanistischen Idealen auf ihren Rücken und unter ihren Fußsohlen getragen haben. Andererseits war Roth realistisch genug, einzuräumen, dass die neuen nationalistischen Staaten Mittel- und Mittelosteuropas, die im Streben nach ethnischer Homogenität den Juden gegenüber zumeist feindlich gesinnt waren und deren Ausschluss aus ihren »Volksgemeinschaften« verlangten, den Juden schließlich gar keine andere Wahl ließen, als sich ihrerseits zu nationalisieren, zu ihrer Selbstverteidigung zu bewaffnen und notfalls auch Kriege zu führen.

Für Roth war die zionistische Option sogar dermaßen ambivalent, dass er im Essay über *Juden auf Wanderschaft* dazu eine alternative, geradezu poetische Option, auch als kleine Utopie, erfindet, passend zur Feier von Marseille als »Tor zur Welt«: An die Stelle des maritimen Hinüber-setzens auf ein anderes Ufer tritt quasi metaphorisch die Tätigkeit des sprachlichen Über-setzens als symbolisches Handeln – ausgeübt von solchen Juden, die in Ermangelung finanzieller Mittel und einwandfreier Papiere zur Ausschiffung nach Amerika in Marseille hängenbleiben, dort »unter freiem Himmel« kampieren und wie fahrendes Volk und andere Artisten ihre Talente einsetzen:

> »Manche, einzelne bleiben in Marseille. Sie werden Dolmetscher. Dolmetscher ist ein jüdischer Beruf. Es handelt sich nicht darum, zu übersetzen, ins Französische aus dem Englischen, ins Französische aus dem Russischen, ins Französische aus dem Deutschen. Es handelt sich darum, den Fremden zu übersetzen, auch wenn er nichts gesprochen hat. Er braucht den Mund

> nicht aufzumachen. Christliche Dolmetscher übersetzen vielleicht. Jüdische erraten.«

Das ist eine beinahe unheimliche Antizipation der Flüchtlingslage von Marseille unter dem Kollaborationsregime von Vichy und der nachfolgenden deutschen Besatzung, als jüdische und nichtjüdische Hilfsorganisationen wie jene des Amerikaners Varian Fry mit Mitarbeitern aus vielen Ländern und Sprachen alle nur denkbaren Möglichkeiten des *Übersetzens* pflegten. Marseille war zum Versteck und zum Ort des Transits ost- wie nunmehr auch westeuropäischer, vorwiegend jüdischer Flüchtlinge geworden – ähnlich wie einst Brody in den 1880er-Jahren, doch anders als das damalige Brody kein sicherer Hafen mehr für niemand, für viele hingegen eine Sackgasse, an deren Ein- und Ausgängen der Tod lauerte, als reale Gefahr, zurück in den Osten, in die Vernichtungslager von Auschwitz, Treblinka oder Sobibor deportiert zu werden.

*

Doch halten wir hier einmal inne und überlassen auf der noch nicht am Ziel des Ursprungs angelangten Wanderschaft Roths und seines jüdischen Volks alles Weitere und alle Weite Roths Lieblingselement, den Winden: »Ein Wind treibt mich, und ich fürchte nicht den Untergang«, bekennt Franz Tunda in *Die Flucht ohne Ende*. Und in der Erzählung vom »Korallenhändler« verbindet ein Wind den Horizont des Utopischen mit der Gefahr und dem Bild der Katastrophe, die am Meeresboden in Gestalt des apokalyptischen Monsters Leviathan lauert: »(...) der ewige Wind weht über das Meer, ja, es scheint, daß aus dem Wasser selbst ein Wind kommt, ein Wind aus den Tiefen des Wassers«, heißt es dort. Und wem da Walter Benjamins neunte These »Über den Begriff der Geschichte« in den Sinn kommt, mit dem von Paul Klee entliehenen Bild des Katastrophenengels Angelus Novus und dem berühmten Satz »Aber ein Sturm weht vom Paradiese her«, dürfte bei der Lektüre von Roths Einleitung zu den *Weißen Städten* unweigerlich über die maritime Melodie und den sirenenhaften Klang des Satzes stolpern: »Aber ein Sturm bläst unser Gefährt in die Weite …«

Fragen wir nicht, ob Walter Benjamin, der mit Fragen geistigen Eigentums einen ähnlich laxen Umgang wie Bertolt Brecht pflegte, hier eine Anleihe bei Roth gemacht hatte, dessen unveröffentlichtes Reisebuch ihm möglicherweise schon bei einer Begegnung im September 1926 in Marseille – oder auch zu einem späteren Zeitpunkt in Berlin, Frankfurt oder Paris – im Manuskript zur Lektüre überlassen war. Fragen wir besser, wohin Roths Winde wehen und wohin die Stürme über dem Meer sein und seiner Generation »Gefährt« blasen, das auch nur wieder als ein Schiff vorstellbar ist: »Blau war der Himmel. Weiß war das Schiff (…) Tief auf seinem Grunde ringelte sich Leviathan, der heilige Fisch«, heißt es auch wieder in Roths *Hiob* von 1930, dem »Roman eines einfachen Mannes«. Roths Winde wehen nach Osten – dahin, von wo seine Urahnen, deren Nachfahren in Marseille weilen, einst aufgebrochen waren. Zwar setzte Roth selber niemals nach Palästina über, doch ließ er sich von den von dort – oder auch vom Paradies her – wehenden Lüften berühren und vom hellen »Strahl der Utopie« (Gershom Scholem) zumindest küssen, ohne ihm nachzugehen, weil unerreichbar, uneinholbar in seinen Augen, stattdessen längst verwandelt in eine Stimmung des Herzens und der Seele, in einen Traum, der – wie die romantische Sehnsucht nach der Sehnsucht – nur geträumt und wiedergeträumt, nicht aber mehr gelebt werden konnte.

»Einmal träumte ich von einem großen Hafen (…) Manchmal träumte ich von einer großen Stadt«, hieß es in Roths kleiner Erzählung *April*, erschienen im selben Jahr der Entstehung des Manuskripts der *Weißen Städte* und der *Juden auf Wanderschaft*. Joseph Roths erwanderte Ellipse folgte zumindest teilweise derselben Route, die auch viele seiner wandernden Juden nahmen, von Brody und Lemberg über Wien, Berlin, Paris nach Marseille und, als Sichtung am Horizont, übers Mittelmeer nach dem Süden, nach dem Osten, und gedanklich wieder zurück – zurück zur Neubegründung

Joseph Roth:
April (1925)

eines europäisch-humanistischen Universalismus aus jüdischer und lateinisch-christlicher Überlieferung.

Die Städte, die auf seinem Weg nach Süden lagen, nannte er nach seinen aus orientalischen Märchen geschöpften Kindheitsträumen, wegen des gleißenden Lichts auf und über den flachen Dächern geweißter kubischer Bauten, »Weiße Städte« und sang ihre Hymne, obwohl er sehr wohl wusste, dass deren wirkliche Gründe eher auf den gegenüberliegenden Ufern des Mittelmeers vom Maghreb bis zur Levante und darüber hinaus lagen. Durch sichtbare wie unsichtbare Fäden waren aber bereits die Städte der Provence und des Midi, allen voran Marseille, mit den fernen orientalischen Städten von Roths Vorfahren am südöstlichen Ufer des Mittelmeers verbunden.

»Weißer Stein, weißer Stein, weißer Stein! Oliven zwischen weißem Stein.« Der moderne touristische Mythos von Tel Aviv als »Weißer Stadt« im Sinne des »Neuen Bauens« der Mittzwanziger Jahre und des Weimarer wie Dessauer Bauhaus ist da noch keineswegs virulent. Zwar waren die ersten europäischen Architekten und Baumeister schon bald nach dessen Gründung im Jahre 1909 in Tel Aviv angekommen, doch stammten sie – mit nur vereinzelten Ausnahmen – nicht aus Deutschland, Österreich oder der Schweiz, sondern aus Mittelosteuropa. Sie importierten auch keine »neue Baugesinnung«, wie sie in den zwanziger Jahren in Deutschland propagiert wurde, sondern betrieben eine Durchmischung von aus ihrer Heimat »mitgebrachten« Gestaltungsformen mit den geographisch vorhandenen Baubeständen, so wie in Jaffa. Dieser sogenannte »Eklektische Stil« strebte tatsächlich nach einer Verbindung von Orient und Okzident, den – wie es in einem Architekturführer heißt, »die Verflechtung von Judentum und Levante mit europäischer Kultur widerspiegelte« – bis aus dem arabischen Dorf Jaffa die Metropole Tel Aviv erwuchs, die in ihren Anfängen häufig noch »Klein Warschau« oder gar – Nissen Piczenik hätte seine Freude gehabt – »Klein-Odessa« gerufen wurde.

Auch in der baulichen Gestaltung und selbst in der modernen Architektur ist die Farbe *Weiß* bei weitem älter als das Neue Bauen der zwanziger Jahre. In Wien stehen dafür schon Otto Wagners Kirche am Steinhof (1907 fertiggestellt) und Adolf Loos' Haus am Michaelerplatz (1909). Gleichwohl bezogen Loos, Le Corbusier, Gropius, Giedion und andere ihre »weißen« Ideale des Bauens und auch die beinahe religiöse Konfession der Flachdächer selbst schon aus dem Orient: »Alle diese Dinge befanden sich unter der Erhabenheit einer Tünche aus weißem Kalk. Die Formen waren klar, die fehlerlose Konstruktion zeigte ihre ganze Kühnheit«, notierte Le Corbusier auf seiner *Voyage d'Orient* von 1911, und wenige Jahre darauf sekundierte ihm Bruno Taut in »Reiseeindrücke aus Konstantinopel« von 1916/17: »Licht, Glanz, Farbe, Buntheit – jeden Gegensatz zur Alltagsgrauheit. Der Orient ist die wahre Mutter Europas, und unsere schlummernde Sehnsucht geht immer dorthin.«

Einen metaphysischen Schritt weiter ging allerdings Adolf Loos in seinem legendären Essay »Ornament als Verbrechen«, einem erstmals 1908 gehaltenen Vortrag, mit dem Loos zwei Jahrzehnte lang als Wanderprediger unterwegs war, bis der Aufsatz, der bereits in mehrere Sprachen – darunter auch ins Hebräische – übersetzt worden war, merkwürdigerweise nicht vor 1929 erstmals im Feuilleton der *Frankfurter Zeitung* abgedruckt wurde. Loos wirft darin einen utopischen und gleichsam eschatologischen Blick mehr noch auf das himmlische als auf das irdische Jerusalem und transzendiert Heilsgeschichte in visionäre Baugeschichte: »Seht«, heißt es im Ton des Propheten, »die zeit ist nahe, die erfüllung wartet unser, bald werden die straßen der städte wie weiße mauern glänzen. Wie Zion, die heilige stadt, die hauptstadt des himmels.«

Also doch noch mal zurück nach Tel Aviv – benannt nach Theodor Herzls utopischem Roman *Altneuland* –, der auf einer winzigen Düne weißen Wüstensands am Strand von Jaffa gegründeten Stadt. So verlief das Gründungsritual: Die dort am 11. April 1909 versammelten 66 Einwandererfamilien beschrifteten 132 am Strand gesammelte Muschelschalen zur einen Hälfte mit ihren Familiennamen, zur anderen mit den Nummern der zu verteilenden Parzellen. Ein Knabe und ein Mädel zogen gleichzeitig eine Familienmuschel und eine Parzellenmuschel – und so wurde die Sache im Losverfahren entschieden. An diesem Tag des Jahres 1909 dürften nicht wenige derer, die zur Gründung dieser neuen »Weißen Stadt« versammelt waren, den von Joseph Roth noch 1922 in *Die Asyle der Obdachlosen* geschilderten Orientalen rein äußerlich geglichen haben: Roth hatte eine Diele in der Nürnberger Straße von Berlin beschrieben, in der »die Fremden aus dem Osten« gerne ihre Tage verbrachten: »Menschen aus dem Ägypterland und aus Arabien, Armenien, Kleinasiaten und Syrer«, sodass das Lokal gar manches Mal aussah »wie ein aufgeschlagener ethnographischer Atlas«. Aber, so wendet Roth ein: »Ein Fellache, der aus der Untergrundbahn steigt statt vom Rücken eines zweimal gehöckerten Kamels, ist tragisch. Das Schiff der Sandwüste sollte ihn tragen, statt dessen spuckt ihn die Bahn der Stadtwüste aus.« Da wünscht Roth sich und ihm ein anderes neues Leben: »In weißen Gewändern soll er malerisch lagern im Schatten einer Palme, einer Dattelpalme, wenn möglich, am Rande einer Oase, und Wasser aus hohlen Händen schöpfen.«

Zurück zu den Wassern. Roths schließlich letzte Kunde vom Untergang des wasser- und meeressüchtigen Nissen Piczenik lautete, verbürgt durch die fiktive Erzählerrolle eines Bekannten, der diesen Korallenhändler wahrscheinlich mindestens so gut kannte wie der Erzähler oder sein Autor sich selbst: »(…) ich habe Nissen Piczenik gekannt, und ich bürge dafür, daß er zu den Korallen gehört hat und daß der Grund des Ozeans seine einzige Heimat war.

Möge er dort in Frieden ruhn neben dem Leviathan bis zur Ankunft des Messias.«

Purpurschnecken, Korallen, Datteln, Oliven, Muscheln, Muschelschalen – im Nachlass Benno Reifenbergs im Marbacher Literaturarchiv findet sich unter den nur wenigen nicht papierenen Objekten und Souvenirs eine einsame Muschelschale: Ihrer Beurkundung nach stammt sie vom Grab seines unversöhnlichen Freundes Mojsche Joseph Roth auf dem Pariser Friedhof Cimetière de Thiais.

6.

»An den Ufern der Seine sitzen wir und weinen.«

Joseph Roth im März 1938

Angesichts des deutschen Menetekels antwortete Roth im Februar 1933 auf die Einladung seines Freundes Stefan Zweig, nach Wien zu kommen, mit der Absage, er »lebe seit 10 Jahren, jedes Jahr 6–8 Monate in Frankreich«, und dabei sollte es auch bleiben. Und es blieb dabei für weitere sechs Jahre, mit wenigen Unterbrechungen, in denen Roth auf Reisen war: Zürich, Amsterdam, Ostende und ein letztes Mal auch Lemberg, wo seine dortigen Verwandten von den deutschen Besatzern allesamt ausgelöscht werden sollten. Lediglich Paula Grübel, die Lieblingscousine, war Roth nach Frankreich gefolgt und kümmerte sich nach seinem Tod im Mai 1939 um den Nachlass, bis sich ihre Spuren nach ihrer Verhaftung im Jahre 1941 für immer verloren. Schon im Jahr davor war Roths an Schizophrenie erkrankte Ehefrau Friederike Reichler, die lange Zeit im Wiener Steinhof untergebracht war, dem »Euthanasie«-Programm der Nazis zum Opfer gefallen.

Auf ein dauerhaftes Exil in Frankreich war Roth schon deshalb vorbereitet, weil es auch seiner eigenen Zählung nach bereits Mitte der 1920er begonnen hatte. Claudio Magris zufolge war »dem Ostjuden Joseph Roth der Untergang Mitteleuropas zur Parabel« geworden. Literarisch folgte daraus, dass die Geschichte nahezu sämtlicher Helden seiner Romane und Erzählungen »eine Geschichte der Untergänge, der Niederlagen und der Opfer« war – mit anderen Worten: »Exilgeschichte«. Auch Franz Tunda, am Ziel seiner »Flucht ohne (!) Ende« einmal angelangt, erging es nicht anders, weshalb der fiktive, mit dem Namen Joseph Roth zeichnende Herausgeber von Tundas Aufzeichnungen den als »Bericht« getarnten Roman mit den Sätzen beschließt:

> »Da stand mein Freund Franz Tunda, 32 Jahre alt, gesund und frisch, ein junger starker Mann von allerhand Talenten, auf dem Platz vor der Madeleine, inmitten der Hauptstadt der Welt und wußte nicht, was er machen sollte. Er hatte keinen Beruf, keine Liebe, keine Lust, keinen Ehrgeiz und nicht einmal Egoismus.
>
> So überflüssig wie er war niemand auf der Welt.«

Die kanonisierte Rede, wonach Roth sich »seit 1933 in Frankreich im Exil« befunden habe, ist ein halbwahrer Gemeinplatz, erweitert um ein ganzes Bestiarium von Stereotypen wie jenen von Roths vermeintlichem Katholizismus, Monarchismus und dem zugehörigen ›Untergang im Alkoholismus‹. Für osteuropäische Juden auf dem Weg nach Westen und für den galizischen Wanderer zu den »Weißen Städten« war die Exilsituation, anders als für die meisten deutschen Juden, nichts Neues und auch nie etwas anderes gewesen. Nicht neu war für Roth, der das Werden der deutschen Katastrophe seit 1922/23 präzise beobachtet und diagnostiziert hatte, folglich auch die Rolle des entschiedenen Nazi-Gegners und Widerstandskämpfers, der mit der Feder des Schriftstellers und Journalisten, auch nicht erst seit 1933 – beispielsweise mit Reportagen aus dem faschistischen Italien –, gegen die sich ebenfalls anbahnende europäische Katastrophe anschrieb.

Und so wie Roth in den *Weißen Städten* die »letzten Reste Europas« sichtete, um die übernationale europäische Idee noch einmal gegen Nationalismus, Militarismus, Antisemitismus und Autoritarismus wiederzubeleben, schien ihm Frankreich mit seinen freiheitlichen und republikanischen Traditionen als die letzte Bastion. Roths für das damalige Deutschland nahezu anstößige Frankreich-Verehrung war zumindest dort, wo er sie beinahe märchenhaft überdehnte, vielleicht so etwas wie seine persönliche Antwort auf das Motto von Theodor Herzls *Judenstaat*: »Wenn Ihr wollt, ist es kein Märchen.« Nicht anders, wenn Roth im Gefolge von Heines *Grenadieren* die »Marseillaise« anstimmt:

> »Die ›Marseillaise‹, an den Ufern des Rheins entstanden, trägt ihren südlichen Hafennamen auch nicht zufällig. Es ist das ganze Frankreich, vom Rhein bis zum Mittelmeer. Es ist das Frankreich vom Jakobinertum bis zum Patriotismus. Es ist Frankreich vom Revolutionären bis zum Konservativen.«

Hingegen dort, wo die katholische Rechte und die einheimischen Freunde des italienischen Faschismus sich der Sache einer »Renaissance Latine« verschrieben hatten – von der Roth in den *Weißen Städten* selbst zu träumen scheint, wenn auch ganz anders –, erhebt er Einspruch: Sein Bericht für die *Frankfurter Zeitung* vom 15. Mai 1926 über eine gleichnamige Pariser Veranstaltung schließt mit der lapidaren Frage: »Ist das neue *Europa* nicht ein gesünderer Begriff als die ›Renaissance latine‹?«

Zweimal muss man beim Lesen auch hinschauen, wenn Roth die längst kontaminierten Begriffe »Blut«, »Rasse« oder »Scholle« aufgreift, um sie de facto zu zersetzen und im Gegenzug den Nazis und anderen Rassisten um die Ohren zu hauen. Roth hingegen bekennt sich allerorts zum Ideal dessen, was Hitler, Himmler, Rosenberg und ihren Anhängern der Schrecken schlechthin war: die Rassen*mischung*, je gemischter, desto besser und gesünder sogar, bis von einer »Rasse« als solcher nichts mehr übrig bleibt – quittiert mit dem so schönen Zitat des Dichters Frédéric Mistral: »Rassen? Aber es gibt ja nur eine Sonne!«

Einer nüchtern-pragmatischen Haltung gegenüber Frankreich weiß sich Roth durchaus selbst verpflichtet, so in einem Brief vom 27. Februar 1929 an den französischen Germanisten Félix Bertaux, den Vater des Autors und Résistance-Politikers Pierre Bertaux, mit dem Roth sich ebenfalls angefreundet hatte:

> »Ich überschätze keine ›Nation‹ und kein Verhältnis zwischen ›Nationen‹ und fühle mich nicht berechtigt, irgendetwas zu ›repräsentieren‹. Mein bescheiden privates Verhältnis zu ›Frankreich‹ (ich muß jedes zweite

> Wort in Anführungszeichen setzen, so mißbraucht empfinde ich die Worte) ist ungefähr: die liebevolle Hoffnung, daß in diesem schönen Land die schlichte menschliche Freiheit nie untergehen wird, wie in anderen.«

Dass sich diese Hoffnung gleichwohl noch als trügerisch erweisen sollte, wurde Roth, der sich weiterhin als ein deutscher, genauer gesagt, deutschsprachiger Schriftsteller betrachtete, im Verlauf des Jahres 1933 bewusst. Mitte Februar, als viele deutsche Juden, darunter auch Intellektuelle wie Theodor W. Adorno, der Ansicht anhingen, der ganze Nazi-Spuk werde in wenigen Wochen oder Monaten wieder vorbei sein, schrieb Roth hingegen an Stefan Zweig: »Inzwischen wird es Ihnen klar sein, daß wir großen Katastrophen zutreiben. Abgesehen von den privaten – unsere literarische und materielle Existenz ist ja vernichtet – führt das Ganze zum neuen Krieg. Ich gebe keinen Heller mehr für unser Leben. Es ist gelungen, die Barbarei regieren zu lassen. Machen Sie sich keine Illusionen. Die Hölle regiert.«

Seither führte Roth in der internationalen Exilpresse und in den wenigen Zeitungen und Zeitschriften, in denen noch freie europäische Stimmen zu Wort kamen, einen unermüdlichen publizistischen Feldzug gegen Nazi-Deutschland: Noch sein letzter Artikel, zwei Tage vor seinem Tod verfasst, setzte den Lügen der deutschen Propaganda die Aufklärung über die wirkliche Lage der Insassen des Konzentrationslagers Buchenwald (»Die Eiche Goethes in Buchenwald«) entgegen:

> »Fürwahr! man verbreitet falsche Nachrichten über das Konzentrationslager Buchenwald; man möchte sagen: Greuelmärchen. Es ist, scheint mir an der Zeit, diese auf das rechte Maß zu reduzieren: an der Eiche, unter der Goethe mit Frau von Stein gesessen ist und die dank dem Naturschutzgesetz noch wächst, ist bis jetzt, meines Wissens, noch kein einziger der Insassen des Konzentrationslagers ›angebunden‹ worden; vielmehr

> an den andern Eichen, an denen es in diesem Wald nicht mangelt.«

Lapidar hatte Roths pessimistische Diagnose für Europa bereits zur Jahresmitte 1933 gelautet: »Man muß es erkennen und offen aussprechen: Das geistige Europa hat kapituliert.« Den Essay *L'Auto-da-fé de l'esprit* (»Das Autodafé des Geistes«), der mit diesem Befund beginnt, hatte Roth, der des Französischen seit den Lemberger Studienjahren mächtig war, als er an der Seite seines Freundes Józef Wittlin Privatunterricht genommen hatte, auf Französisch verfasst. Er war auch an ein französisches Publikum adressiert und ist dabei vom gleichen Geist, der schon die beiden Essays von 1925/26 miteinander verbunden hatte, um ihn jetzt noch einmal in krisenhafter Zuspitzung aufzunehmen. Ton, Melodie und Diktion gleichen dem emphatischen Generationsdiskurs aus der Einleitung der *Weißen Städte*, vor allem in solch parataktischen Sätzen, die wie auf einem Tambour geschlagen mit einem iterativen »Wir« beginnen – in gradueller Steigerung von dem Kollektivsubjekt »Wir deutschen Schriftsteller jüdischer Abstammung ...« bis zum Tenor jener kollektiven Selbsterklärung: *»... bleiben wir Nachkommen der alten Juden, der Ahnen der europäischen Kultur, die einzigen legitimen deutschen Repräsentanten dieser Kultur.«*

Eine starke These, umso stärker, als sie aus der Verzweiflung geboren wurde, aus dem verzweifelten Wissen um die Gefährdungen der europäischen Sache selbst wie der Gefahren für das Überleben jener »Verteidiger Europas«, die »als erste geschlagen« wurden und »als erste für Europa gefallen sind« – eine Aussage, die bereits ein zukünftiges europäisches Kollektivgedächtnis aus den Trümmern des unvermeidlich noch kommenden Krieges antizipiert.

Die zweite starke These dieses Essays resultiert ebenfalls aus der Parallelisierung und Zusammenführung der *Juden auf Wanderschaft* mit den *Weißen Städten* zu einer erweiterten Zuspitzung, wonach die »Entdeckung und literarische Auswertung der urbanen Lebenswelt« *(l'urbanisme)* der große Beitrag der deutschsprachigen jüdischen Schriftsteller zur Literatur und Kultur in Deutschland gewesen sei. Desgleichen die Entdeckung und Schilderung der Stadtlandschaften der Moderne und »der Seelenlandschaften der Stadtbewohner«, während das Gros der nichtjüdischen deutschen Kollegen da noch »Heimatliteratur« schrieb, mit Hermann Löns auf Hasenjagd ging oder die deutsche »Scholle« anbetete, an der gleichwohl dank IG Farben und chemischer Dünge- wie Unkrautvertilgungsmittel längst kein Quäntchen »deutscher« Erde mehr haftete.

Roths Essay war sein Beitrag zu einem deutsch-französischen Gemeinschaftswerk, das unter Beteiligung von rund dreißig Autoren – vorwiegend Emigranten aus Nazi-Deutschland – im Schicksalsjahr 1933 bereits das ganze Vermächtnis des deutschen Judentums in sämtlichen Sparten des Denkens, Wissens, Glaubens und Formen der Künste und der Literatur Revue passieren ließ, um es für die Zukunft zu bewahren. Kurzfristig aber suchte das Projekt Frankreich und jüdische wie nichtjüdische Franzosen über all jene Kultur- und Zivilisationsleistungen aufzuklären, mit denen und mit dessen Trägern und Stimmen das Deutschland des Dritten Reichs soeben gebrochen hatte: *L'apport des Juifs d'Allemagne à la Civilisation allemande* (»Der Beitrag der deutschen Juden zur deutschen Zivilisation«) heißt dieses Werk, das als Sonderband der zweimonatlich erscheinenden Revue der *Cahiers juifs*, begründet von David Prato und herausgegeben von Léon Palombo, im Herbst 1933 in Paris erschien: *Revue méditerranéenne d'humanisme juif* nannte sich das bis 1936 erscheinende Magazin von nun an im Untertitel, der damit gewissermaßen die mediterrane Philosophie, die Roths *Weiße Städte* barg, auf den französischen Begriff brachte.

Eine erstaunliche Versammlung: Albert Einstein hatte das Geleitwort verfasst. Prominente Autoren wie die Publizisten Georg Bernhard und Ernst Simon gaben Überblicke zu Politik und Gesellschaft, Ernst Fraenkel zur Medizingeschichte, der Komponist Paul Bekker schrieb über Juden im Musikleben, Lotte H. Eisner, die Grande Dame der Filmgeschichte, zum Film, Leopold Schwarzschild zur

Finanzwirtschaft, Kurt Caro über das Presse- und Verlagswesen, Hans Kohn über das Thema der Revolte in der modernen hebräischen Literatur. Autoren, die sich oder ihre in Deutschland zurückgelassenen Angehörigen vor Verfolgungen schützen wollten, verbargen ihre Namen hinter so sinnigen Pseudonymen wie Judex, Spectator, Sportator, oder sie benutzten Initialen wie die einer oder eines E. C. W. über »Deutschlands Juden in den Schönen Künsten«. Antonina Vallentin lieferte als verabredetes Pendant zu Roths Beitrag einen literaturgeschichtlichen Überblick über die jüdischen Salons des 19. Jahrhunderts »Von Moses Ben Mendel (Mendelssohn) bis Heine«, und ihr Ehepartner, der Romanist Julien Luchaire, erörterte die Einflüsse von Marx und Heine auf das Denken in Italien.

Im Ganzen war dieses Werk ein einzigartiges Zeugnis französischer Gastfreundschaft und antizipierte eine neue Achse des Widerstands, die sich unter einer dezidiert europäischen Flagge allmählich herausbildete: im gleichen Zuge wie der politische Einfluss moskautreuer Stalinisten und ihrer bürgerlichen Proselyten auf das Exil im Schwinden begriffen war, seitdem sich die Wahrheit über die Moskauer Prozesse, über die blutigen Verfolgungen andersdenkender Sozialisten und Syndikalisten in Spanien, schließlich über die fatalen europäischen Konsequenzen des Hitler-Stalin-Pakts verbreitete. Hatte Roth schon im Dezember 1934 in der Prager deutschsprachigen Zeitung *Die Wahrheit* einen Grundsatzartikel unter dem Titel »Europa ist nur ohne das Dritte Reich möglich« veröffentlicht, so erfolgte unter just diesem Programm, getragen vom publizistischen Apparat des abtrünnigen vormaligen Kominternverlegers Willi Münzenberg, 1938/39 die letzte Gründung einer großen Exilzeitschrift, des in Paris und im freien westlichen Ausland erscheinenden Wochenblatts *Die Zukunft*: eine neue Koalition von Bürgerlichen und Nicht-Bürgerlichen, von Liberalen, Konservativen, Sozialdemokraten, Linkssozialisten, ehemaligen Kommunisten, deutschen, schweizer und französischen Linkskatholiken, in Paris gestrandeten britischen und amerikanischen Deutschlandkorrespondenten – ein Netzwerk, das allerhand internationale intellektuelle wie politische Prominenz auf seinen Seiten versammelte, wenn auch erst kurz bevor überall in Europa die Lichter ausgingen. Anfangs redaktionell geleitet von Arthur Köstler, nannte das Blatt sich zuletzt »Die führende deutsche Kampfzeitung gegen den Hitlerkrieg, gegen das Hitlersystem, für ein neues, freiheitliches Deutschland in einem neuen föderalistischen Europa«.

Das war auch Roths Programm, der einige seiner letzten Artikel in der *Zukunft* veröffentlichte und zu ihrem einjährigen Erscheinen auch eine Grußbotschaft geschickt hatte: »Ihre Zeitschrift«, schrieb er, »zeichnet sich durch eine großartige Objektivität aus und durch das Bestreben, ein möglichst vielfältiges Abbild von dem zu geben, was Goethe ›Das beharrend Sittliche‹ genannt hat. Ich freue mich, hie und da bei Ihnen erscheinen zu dürfen, und beglückwünsche Sie zu Ihrem Werk.«

Das klingt recht konservativ; dabei hatte Roth auch hier nichts anderes im Sinn als die vor allem jüdisch überlieferte humanistische wie universalistische Substanz eines übernationalen Europa ohne Grenzzäune und ohne zugemauerte Köpfe. Doch am Ende war auch dem »Hotelbürger« Joseph Roth das Leben im »Hotel Europa« unmöglich gemacht worden. Symbolisch dafür wurde im Jahr vor Roths Tod das Hotel Foyot, in dem er die meiste Zeit seiner Pariser Jahre verbracht hatte und in dem vor ihm schon Rilke häufiger abgestiegen war, bis auf den Grund abgerissen – mit Roth als dem letzten Hotelgast, der von den Abbrucharbeitern persönlich hinausgetragen werden musste: »Rast angesichts der Zerstörung« heißt das Feuilleton, das Roth darüber im *Neuen Tage-Buch* vom 25. Juni 1938 veröffentlichte:

> »Gegenüber dem Bistro, in dem ich den ganzen Tag sitze, wird jetzt ein altes Haus abgerissen, ein Hotel, in dem ich sechzehn Jahre gewohnt habe – die Zeit meiner Reisen ausgenommen. Vorgestern abend stand noch eine Mauer da, die rückwärtige, und erwartete ihre letzte Nacht. Die drei andern Mauern lagen schon, in Schutt verwandelt, auf dem halb umzäunten Platz. (...)

> Und weil das Hotel jetzt ebenso zerschmettert ist wie die Jahre, die ich darin verlebt habe, verronnen sind, erscheint mir in der Erinnerung auch das Hotel weit größer, als es gewesen sein mochte. (...)
>
> Jetzt sitze ich gegenüber dem leeren Platz und höre die Stunden rinnen. Man verliert eine Heimat nach der anderen, sage ich mir. Hier sitze ich am Wanderstab. Die Füße sind wund, das Herz ist müde, die Augen sind trocken. Das Elend hockt sich neben mich, wird immer sanfter und größer, der Schmerz bleibt stehen, wird gewaltig und gütig, der Schrecken schmettert heran und kann nicht mehr schrecken. Und dies ist eben das Trostlose. (...)
>
> Wenn die ersten silbernen Laternen glimmen, kommt gelegentlich ein Vertriebener, ohne Wanderstab, ganz, als wäre er zu Hause, und so, als wollte er in einem Atem zu erkennen geben, daß er zu Hause sei, wie daheim, aber auch durchaus in der Fremde heimisch, sagt er: ›Ich weiß, wo man hier gut und billig essen kann.‹ Und es ist gut so, daß er das glaubt. Es ist gut, daß er unter der silbernen Lichterschnur der Laternen dahingeht und nicht den jetzt, in der anbrechenden Nacht, immer gespenstischer bleichenden Kalk auf dem Platz gegenüber sieht. Nicht alle müssen sich an Schutt gewöhnen und an zerpulverte Mauern.«

Joseph Roth, wieder zurück in den Städten, den grauen, so grau wie jenen, aus denen er einst davongewandert war, blieb unter vielen noch kommenden Abschieden, Abbrüchen und Untergängen, immerhin einer erspart: der Untergang des geliebten alten Hafenviertels von Marseille mitsamt den dort lebenden Verwandten und Wahlverwandten. In der Nacht vom 22. auf den 23. Januar 1943 wurde im Rahmen der größten unter der deutschen Okkupation unternommenen Kommandoaktion das alte Hafenviertel von Marseille – die Ikone der Zwanziger-Jahre-Avantgarde in Literatur und Kunst, Film und Fotografie – auf Anordnung Himmlers von SS und Wehrmacht, von französischer und deutscher Polizei umstellt, durchkämmt und zwangsevakuiert. Die bei der Razzia aufgegriffenen einheimischen wie untergetauchten Juden wurden in die Vernichtungslager des Ostens deportiert, das Hafenviertel selbst wurde gesprengt und in Schutt und Asche gelegt.

Ein vormals Berliner Kollege Roths, der es in der zweiten Nachkriegszeit erneut zu hohem Ansehen brachte, Walter Kiaulehn, alias Lehnau, war damals Zeuge und Reporter in Uniform und schrieb über die Aktion einen langen auftrumpfenden Bericht für das in vielen Sprachen verbreitete deutsche Propaganda-Hochglanzmagazin *Signal*, aus dem sich späterhin so manche Crème des deutschen Nachkriegsjournalismus rekrutierte. Das gespenstische Geschehen nach dem Vorbild Ernst Jüngers von einem bewusst gewählten, erhöhten Standpunkt aus beobachtend, von der berühmten, bald darauf ebenfalls gesprengten Schwebebrücke des *Pont Transbordeur*, feiert Kiaulehn seine persönliche Anwesenheit bei diesem makabren Schauspiel: »weil ich zufällig der einzige Literat bin, der die Vernichtung dieses Lieblingsschauplatzes der Verbrecherliteratur miterlebt«, und schreibt weiter: »Dieser stinkende Block von 1200 Häusern wohnte im Herzen der Literatur. Er wird jetzt herausgerissen. (…) Das Gericht über das Verbrecherviertel im alten Hafen von Marseille hat seinen Anfang genommen …« Joseph Roth war da seit vier Jahren schon tot.

Es blieb, wie Józef Wittlin über seinen Freund Roth schrieb, »das Pariser Pflaster, auf dem er mit seinen dünnen Beinen leicht dahinschritt, mit seinem Stöckchen klopfend, wie ein Zauberer, einem Magier gleichend oder einer der Gestalten von E.T.A. Hoffmann!«

Volker Breidecker

JOSEPH ROTH IN WERK- UND BRIEFAUSGABEN

- Werke in drei Bänden, hrsg. v. Hermann Kesten, Köln/Berlin 1956.
- Werke in vier Bänden, hrsg. v. Hermann Kesten, Köln 1975–1976.
- Werke in sechs Bänden, hrsg. v. Klaus Westermann, Köln 1989–1991.
- Briefe 1911–1939, hrsg. u. eingel. v. Hermann Kesten, Köln/Berlin 1970.
- »Aber das Leben marschiert weiter und nimmt uns mit«. Der Briefwechsel zwischen Joseph Roth und dem Verlag De Gmeeenschap 1936–1939, hrsg. v. Theo Bijvoet, Köln 1991.
- »Geschäft ist Geschäft, seien Sie mir privat nicht böse, ich brauche Geld«. Der Briefwechsel zwischen Joseph Roth und den Exilverlagen Allert de Lange und Querido, hrsg. v. Madeleine Rietra in Verbindung mit Rainer-Joachim Siegel, Köln 2005.
- »Jede Freundschaft ist mir verderblich«. Joseph Roth und Stefan Zweig, Briefwechsel 1927–1938, hrsg. v. Madeleine Rietra u. Rainer-Joachim Siegel, Göttingen 2011.

BIBLIOGRAPHIEN UND AUSSTELLUNGSKATALOGE

- Joseph-Roth-Bibliographie, bearb. v. Rainer-Joachim Siegel, Morsum/Sylt 1995.
- Joseph Roth 1894–1939. Eine Ausstellung der Deutschen Bibliothek, Frankfurt a. M., bearb. v. Brita Eckert u. Werner Berthold unter Mitarbeit v. Mechthild Hahner und Jutta Braun, 2. verb. Aufl., Frankfurt a. M. 1979.
- Joseph Roth und Berlin. Zu einer Ausstellung der Staatsbibliothek Preußischer Kulturbesitz, bearb. v. Eberhard Siebert u. Michael Bienert, Wiesbaden 1994.
- Joseph Roth 1894–1939. Ein Katalog der Dokumentationsstelle für Neuere Österreichische Literatur zur Ausstellung des Jüdischen Museums der Stadt Wien, bearb. v. Heinz Lunzer u. Victoria Lunzer-Talos unter Mitarbeit v. Angelika Eder, Wien 1995.
- Joseph Roth im Exil in Paris 1933 bis 1939. Buch zur gleichnamigen Ausstellung der Dokumentationsstelle für Neuere Österreichische Literatur im Literaturhaus Wien, hrsg. v. Heinz Lunzer in Zusammenarbeit m. Victoria Lunzer-Talos, Wien 2010.
- »So wurde ihnen die Flucht zur Heimat. Soma Morgenstern und Joseph Roth, eine Freundschaft.« Eine Ausstellung des Deutschen Exilarchivs der Deutschen Nationalbibliothek 1933–1945, hrsg. v. Sylvia Asmus, verfasst v. Heinz Lunzer u. Victoria Lunzer-Talos, Bonn 2012.

EINZELAUSGABEN UND ANTHOLOGIEN

- Joseph Roth, Panoptikum. Gestalten und Kulissen, Köln 1976.
- Ingeborg Sültemeyer, Das Frühwerk Joseph Roths 1915–1926. Studien und Texte, Wien/Freiburg i. Br. 1977.
- Joseph Roth, L'Auto-da-fé de L'Esprit / Das Autodafé des Geistes, hrsg. u. übers. v. Brita Eckert, in: Joseph Roth, Kleine Schriften der Deutschen Bibliothek, Nr. 5, Frankfurt a. M. 1979.
- Joseph Roth, Le città bianche, übers. v. Fabrizio Rondolino, Milano: Adelphi 1987.
- Joseph Roth, Perlefter. Fragmente und Feuilletons aus dem Berliner Nachlass, hrsg. v. Friedemann Berger, Leipzig/Weimar 1987.
- Joseph Roth, Orte. Ausgewählte Texte, hrsg. v. Heinz Czechowski, Leipzig 1990.
- Joseph Roth, Unter dem Bülowbogen. Prosa zur Zeit, hrsg. v. Rainer-Joachim Siegel, Köln 1994.
- Joseph Roth, Briefe aus Deutschland, mit unveröffentlichten Materialien, hrsg. v. Ralph Schock, Merzig 1997.
- Joseph Roth, Im Bistro nach Mitternacht. Ein Frankreich-Lesebuch, hrsg. v. Katharina Ochse, Köln 1999.
- Joseph Roth, Die Filiale der Hölle auf Erden. Schriften aus der Emigration, hrsg. v. Helmut Peschina, Köln 2003.
- Joseph Roth, The White Cities. Reports from France 1925–1939, übers. u. eingel. v. Michael Hofmann, London 2004.
- Joseph Roth, Sehnsucht nach Paris. Heimweh nach Prag. Ein Leben in Selbstzeugnissen, hrsg. v. Helmut Peschina, Köln 2006.
- Joseph Roth, »Ich zeichne das Gesicht der Zeit«. Essays – Reportagen – Feuilletons, hrsg. u. komm. v. Helmuth Nürnberger, Göttingen 2010.
- Joseph Roth, Juden auf Wanderschaft. Illustrierte Ausgabe, hrsg. v. Christian Brandstätter, Wien 2010.
- Joseph Roth, Radetzkymarsch. Roman, in der Fassung der Erstausgabe von 1932, Nachwort v. Eva Demski, Zürich 2010.
- Joseph Roth, Heimweh nach Prag. Feuilletons – Glossen – Reportagen für das »Prager Tagblatt«, hrsg. u. komm. v. Helmuth Nürnberger, Göttingen 2012.
- Joseph Roth, Trübsal einer Straßenbahn. Stadtfeuilletons, hrsg. v. Wiebke Poromka, Salzburg/Wien 2012.
- Joseph Roth, Städtebilder, Schriftenreihe der Internationalen Joseph Roth Gesellschaft in Wien, Heft 5, Wien 2014.
- Joseph Roth, Reisen in die Ukraine und nach Russland, hrsg. v. Jan Bürger, München 2015.
- Joseph Roth, Ein Frankfurt-Lesebuch, hrsg. u. bearb. v. Ingeborg von Lips, Frankfurt a. M. 2017.
- Joseph Roth, Pariser Nächte. Feuilletons und Briefe, hrsg. v. Jan Bürger, München 2018.
- Joseph Roth, Die Rebellion. Roman. Nach dem Manuskript hrsg. v. Ralph Schock, Göttingen 2019.

- Joseph Roth, 1927. Briefe und andere Dokumente, hrsg. v. Heinz Lunzer u. Victoria Lunzer-Talos, Internationale Joseph Roth Gesellschaft, Wien 2019.

LEBEN UND WERK

- Amthor, Wiebke u. Brittnacher, Richard (Hrsg.), Joseph Roth. Zur Modernität des melancholischen Blicks, Berlin 2012
- Ausserhofer, Hansotto, Joseph Roth und das Judentum: Ein Beitrag zum Verständnis der deutsch-jüdischen Symbiose im zwanzigsten Jahrhundert. Diss. phil. RFW-Universität Bonn 1970.
- Bienert, Michael, Joseph Roth in Berlin. Ein Lesebuch für Spaziergänger, Köln 2018.
- Bronsen, David, »Die verlorene Heimat. Zur Klärung eines fingierten Briefes und eines nie veröffentlichten Romans«, in: Essays on European Literature in Honor of Lieselotte Dieckmann, hrsg. v. Egon Schwarz u.a., St. Louis 1972, S. 101–112.
- Bronsen, David, Joseph Roth. Eine Biographie, Köln 1974; gekürzte Fassung, Köln 1993.
- Bronsen, David (Hrsg.), Joseph Roth und die Tradition. Aufsatz- und Materialiensammlung, Darmstadt 1975.
- Chambers, Helen, Coexistent contradictions. Joseph Roth in Retrospect, Papers Symposion Leeds 1989, Riverside, CA 1991.
- Cziffra, Geza v., Der heilige Trinker. Erinnerungen an Joseph Roth, Berlin 2006.
- Hackert, Fritz, Kulturpessimismus und Erzählform. Studien zu Joseph Roths Leben und Werk, Bern 1967.
- Hackert, Fritz u. Kessler, Michael (Hrsg.), Joseph Roth. Interpretation – Kritik – Rezeption, Tübingen 1989, S. 279–298.
- Hoffmann, Nora u. Shchyhlevska, Natalia (Hrsg.), Joseph Roth als Stilist. Annäherung durch Theorie und Übersetzung, Heidelberg 2013.
- Hofmann, Michael, »Joseph Roth übersetzen«, in: Biebuyck, Benjamin u.a. (Hrsg.), Der verirrte Kosmopolit. Joseph Roth in den Niederlanden und in Belgien, Bielefeld 2020, S. 249–263.
- Horch, Hans Otto, »›Im Grunde ist er sehr jüdisch geblieben‹. Zum Verhältnis von ›Katholizismus‹ und Judentum bei Joseph Roth, in: Literatur in der Gesellschaft. Festschrift für Theo Buck zum 60. Geburtstag, hrsg. v. Frank-Rutger Hausmann, Tübingen 1990, S. 211–224.
- Horch, Hans Otto, Artikel »Brody«. Enzyklopädie jüdischer Geschichte und Kultur, hrsg. v. Dan Diner, Stutgart/Weimar 2011, Bd. 1, S. 431–435.
- Kampa, Daniel u. Keel, Daniel (Hrsg.), Joseph Roth. Leben und Werk, Zürich 2020.
- Kesten, Hermann, Heinrich Heine und Joseph Roth. Leo Baeck Institute Year Book XX (1975), S. 259–273.

- Kiefer, Sebastian, Braver Junge – gefüllt mit Gift. Schreiben, Ambivalenz, Politik und Geschlecht im Werk Joseph Roths, 2. erw. Aufl., Stuttgart 2019.
- Kraske, Bernd M. (Hrsg.), Joseph Roth. Werk und Wirkung, Bonn 1988.
- Linden, Hermann, Joseph Roth. Leben und Werk. Ein Gedächtnisbuch, Köln 1949.
- Lunzer, Heinz u. Lunzer-Talos, Victoria, Joseph Roth. Leben und Werk in Bildern, Köln 1994.
- Lunzer, Heinz u. Lunzer-Talos, Victoria, Joseph Roth in Paris. Ein Spaziergang. Schriftenreihe der Joseph Roth Gesellschaft in Wien, Heft 1, Wien 2010.
- Magris, Claudio, Weit von wo. Verlorene Welt des Ostjudentums (Lontano da dove), übers. v. Jutta Prasse, Wien 1974.
- May, Markus, »Flucht ohne Ende. Joseph Roths Poetik des Exils«, in: Horch, Hans Otto u. a., Exilerfahrung und Konstruktionen von Identität 1933 bis 1945, Berlin 2013, S. 119–132.
- Morgenstern, Soma, Joseph Roths Flucht und Ende. Erinnerungen, Köln 2008.
- Müller-Funk, Wolfgang, Joseph Roth. Besichtigung eines Werkes, Wien 2012.
- Nürnberger, Helmuth, Joseph Roth mit Selbstzeugnissen und Bilddokumenten, Reinbek 1981.
- Opitz, Fanny, Literarische Journalisten – Journalistische Literaten. Autorschaft und Inszenierungspraktiken bei Joseph Roth und Tom Wolfe, Bielefeld 2021.
- Pesnel, Stéphane / Tunner, Erika / Lunzer, Heinz / Lunzer-Talos, Victoria (Hrsg.), Joseph Roth. Städtebilder. Zur Poetik, Philologie und Interpretation von Stadtdarstellungen aus den 1920er und 1930er Jahren, Berlin 2016.
- Plättner, Petra, Der Berliner Nachlass von Joseph Roth, Berlin 1995.
- Schock, Ralph, »›Jeden Augenblick konnte er verhaftet werden oder: Nämlich ähnlich.‹ Zur Edition des Romans ›Die Rebellion‹ in der Werkausgabe Joseph Roths«, in: Text. Kritische Beiträge, hrsg. v. Institut für Textkritik (Heidelberg), Heft 13 (2012), S. 193–199.
- Sternburg, Wilhelm v., Joseph Roth. Eine Biographie, Köln 2010.
- Stillmark, Alexander (Hrsg.), Joseph Roth. Der Sieg über die Zeit. Londoner Symposion, Stuttgart 1994.
- Weidermann, Volker, Ostende 1936. Sommer einer Freundschaft, Köln 2014.
- Wirtz, Irmgard, Joseph Roths Fiktionen des Faktischen. Das Feuilleton der zwanziger Jahre und »Die Geschichte der 1002. Nacht« im historischen Kontext, Berlin 1997.

ALLGEMEINE LITERATUR

- Abulafia, David, Das Mittelmeer. Eine Biographie, übers. v. Michael Bischoff, Frankfurt a. M. 2011.
- Berg, Nicolaus, Luftmenschen. Zur Geschichte einer Metapher, Göttingen 2018.
- Bitterli, Urs, Licht und Schatten über Europa 1900–1945. Eine etwas andere Kulturgeschichte, Zürich 2016.
- Bock, Hans Manfred, Kulturelle Wegbegleiter politischer Konfliktlösung. Mittler zwischen Deutschland und Frankreich in der ersten Hälfte des 20. Jahrhunderts, Tübingen 2005.
- Brogi, Susanne u. Strittmatter, Ellen (Hrsg.), Die Erfindung von Paris. Ausstellungskatalog Literaturmuseum der Moderne, Marbach a. N. 2018.
- Breton, Christine u. Maestraggi, Sylvain, »Mais de quoi ont-ils eu si peur?« Walter Benjamin, Ernst Bloch et Siegfried Kracauer à Marseille le 8 septembre 1926, Marseille 2016.
- Calasso, Roberto, Hundert Briefe an einen unbekannten Leser, übers. v. Roland H. Wiegenstein, München 2003.
- Cesarani, David, Port Jews. Jewish communities in cosmopolitan maritime trading, 1550–1950, London 2014.
- Debrunner, Albert M., »Zu Hause im 20. Jahrhundert«. Hermann Kesten. Biographie, Wädenswil 2017.
- Deinet, Klaus, Friedrich Sieburg. Ein Leben zwischen Frankreich und Deutschland, Berlin 2014.
- Diner, Dan, Das Jahrhundert verstehen. Eine universalhistorische Deutung, München 1999.
- Dohrn, Verena, Reise nach Galizien. Grenzlandschaften des alten Europa, Hamburg 2004.
- Golan-Yaron, Sharon u. Even, Yuval, Architekturführer Tel Aviv. Die Weiße Stadt und ihre Bauten der Moderne, übers. v. Daniela Pogade, Tel Aviv 2019.
- Heine, Heinrich, Reise nach Italien, hrsg. v. Christian Liedtke, Hamburg 2011.
- Hermann, Frank u. Schmitz, Heinke, Der Verlag Die Schmiede 1921–1929. Eine kommentierte Bibliographie, Morsum/Sylt 1996.
- Jacobi, Michéa, Marseille en toutes lettres. Une anthologie littéraire, Marseille 2013.
- Jeanneret, Edouard (d. i. Le Corbusier), Reise nach dem Orient. Unveröffentlichte Briefe u. z. T. noch nicht publizierte Texte und Photographien, übers. v. Lydia Romana Höller, Zürich 1991.
- Klevemann, Lutz C., Lemberg. Die vergessene Mitte Europas, Berlin 2017.
- Kluy, Alexander, Jüdisches Marseille und die Provence, Wien 2013.
- Kuzmany, Börries, Brody. Eine galizische Grenzstadt im langen 19. Jahrhundert, Wien u. a. 2011.
- Langer, Patrick, Le pont à transbordeur. La porte de France à Marseille, Arles 2006.

- Londres, Albert, Ein Reporter und nichts als das, hrsg. v. Christian Döring, Nachw. v. Marko Martin, Berlin 2013.
- Loos, Adolf, Ornament und Verbrechen. Die Schriften zur Architektur und Gestaltung, hrsg. v. Oliver Ruf, Stuttgart 2019.
- Meyer, Ahlrich (Hrsg.), Der Blick des Besatzers. Propagandaphotographie der Wehrmacht aus Marseille 1942–1944, Bremen 1999.
- Mick, Christoph, Artikel »Lemberg«, in: Enzyklopädie jüdischer Geschichte und Kultur, hrsg. v. Dan Diner, Bd. 3, Stuttgart 2012, S. 497–500.
- Natonek, Hans, Letzter Tag in Europa. Gesammelte Publizistik 1933–1963, hrsg. v. Steffi Böttger, Leipzig 2013.
- Nickel, Gunther, »Des Teufels Publizist – ›ein höchst komplizierter und tragischer Fall‹. Friedrich Sieburg, Carl Zuckmayer und der Nationalsozialismus.« Zuckmayer-Jahrbuch, hrsg. v. d. Carl-Zuckmayer-Gesellschaft, Bd. 5, Göttingen 2002, S. 247–295.
- Olson, Charles, Nennt mich Ismael. Eine Studie über Herman Melville, Nachwort v. Klaus Reichert, München 1979.
- Quinkenstein, Lothar, »›Setz dich hin und schreib!‹ Julian Stryikowski – Hüter der galizischen Erinnerung«, in: Sinn und Form, Jg. 71, Heft 5 (2019), S. 611–622.
- Schickele, René, Überwindung der Grenze. Essays zur deutsch-französischen Verständigung, Kehl 1987.
- Schlör, Joachim, Tel Aviv. Vom Traum zur Stadt. Reise durch Geschichte und Kultur, Gerlingen 1996.
- Schöps, Julius H., Theodor Herzl 1860–1904, »Wenn Ihr wollt, ist es kein Märchen«. Eine Text-Bild-Monographie, Neu-Isenburg 1995.
- Scholem, Gershom, Über einige Grundbegriffe des Judentums, Frankfurt a. M. 1993.
- Shaked, Gershon, Die Macht der Identität: Essays über jüdische Schriftsteller, Königstein/Ts. 1992.
- Stendhal, Rot und Schwarz. Roman, hrsg. u. übers. v. Elisabeth Edl, München 2012.
- Stierle, Karlheinz, Francesco Petrarca. Ein Intellektueller im Europa des 14. Jahrhunderts, München 2003.
- Tergit, Gabriele, Im Schnellzug nach Haifa, hrsg. v. Jens Brüning, Nachwort v. Joachim Schlör, Berlin 1996.
- Thöns, Inge u. Blank, Herbert, Librairie au Pont de l'Europe. Die erste Exilbuchhandlung in Paris, Göttingen 2018.
- Wittlin, Józef, Die Geschichte vom geduldigen Infanteristen. Romane, Fragmente, Essays, Gedichte, übers. v. Izydor Bergmann u.a., hrsg. v. Karl Dedecius u. Andreas Lawaty, Frankfurt a. M. 1986.
- Zitzlsperger, Ulrike, Topografien des Transits. Die Fiktionalisierung von Bahnhöfen, Hotels und Cafés im 20. Jahrhundert, Oxford u.a. 2013.

ZU DIESEM BUCH

Wenn Bücher dem Gemeinplatz nach »ihre Schicksale« haben, so wurde es zum seltsamen Schicksal von Joseph Roths großem Essay »Die weißen Städte«, für annähernd hundert Jahre ungedruckt zu bleiben. Als Phantom geisterte der Text unter wechselnden Titeln und Gattungsbegriffen – Berichte, Reportagen, Feuilletons, Reiseskizzen, Kleine Prosa, Autobiographisches – durch drei Werkausgaben und unzählige Anthologien, abermals vervielfacht durch die Woge der Nachdrucke, Reprints, Taschenbuchausgaben, Hörbücher und E-Books, seitdem die Urheberrechte an Roths Schriften im Jahr 2010 erloschen sind. Davon unberührt blieb, bis auf die Ausnahmen zweier Teilabdrucke, die ganze acht Jahrzehnte auseinanderliegen,[1] das in der Sekundär- und Forschungsliteratur zwar nicht unbekannt gebliebene, aber auch dort oftmals falsch zugeordnete, noch vom Autor selbst zur Veröffentlichung vorbereitete Manuskript letzter Hand: ein 85-seitiges Typoskript auf Durchschlagpapier französischen Formats mit eigenhändigen Bleistiftkorrekturen aus Roths sogenanntem »Berliner Nachlass«,[2] heute verwahrt im Marbacher Deutschen Literaturarchiv.

War die letzte zu Lebzeiten geplante Veröffentlichung der *Weißen Städte* im Verlag von Gustav Kiepenheuer als

1 Das Kapitel »Lyon« erschien im August 1932 – mitsamt Roths Korrekturen, also ganz offenbar nach der Version des auch unserer Ausgabe zugrunde gelegten Typoskripts – mit zwei Fotos in der in Zürich und Berlin verlegten Zeitschrift *Atlantis*, Jahrgang 4, Heft 8, dem Vorläufer des *DU*-Magazins, aus dem gleichnamigen Verlag von Martin Hürlimann, dem Schwiegersohn von Roths letztem deutschen Verleger Gustav Kiepenheuer und Ehegatten Noa Kiepenheuers. Rund die Hälfte des Textes des Marbacher Typoskripts der *Weißen Städte*, ohne die Schlüsselkapitel »Lyon« und »Marseille« zum Beispiel und auch ohne jede Erklärung für die erneute Zerstückelung des Rothschen Essaywerks, erschien in der von Helmut Nürnberger 2010 im Göttinger Wallstein Verlag herausgegebenen Anthologie von »Essays, Reportagen, Feuilletons« unter dem Titel »Ich zeichne das Gesicht der Zeit«.

2 Siehe dazu im Nachwort, S. 285.

Folge der nationalsozialistischen Machtergreifung gescheitert, so hatte das Buch allerdings auch da schon eine mehrjährige Odyssee durch die Verlagslandschaft hinter sich. Roths emphatisches Bekenntnis zum »Erbfeind« Frankreich und seinen zivilisatorischen Werten sowie zu einem übernationalen, föderalen Europa auf der Grundlage eines aus jüdischem, lateinisch-christlichem und mediterranem Erbe erneuerten Universalismus war schon 1925 im Hausverlag der *Frankfurter Zeitung*, dem Leitorgan des geistigen Deutschland, auf wenig Gegenliebe gestoßen.

Nach der zweiten Weltkriegskatastrophe waren es vorwiegend jüdische Emigranten, wie Roths Freund, Landsmann und vormaliger Lektor Hermann Kesten, die sich des »Franzosen aus dem Osten«, wie jener sich selbst nannte, und seines Werks erinnerten. Die Odyssee der *Weißen Städte* war allerdings auch mit dem Erscheinen der von Kesten edierten ersten Werkausgabe in drei Bänden von 1956 noch lange nicht beendet: Nach einer nicht mehr auffindbaren Variante des Manuskripts, allerdings weitgehend ohne Berücksichtigung von Roths Korrekturen und unter Verwechslung mit einer Serie zeitgleich entstandener Zeitungsfeuilletons, wurde der Text dort unter dem Titel »Im mittäglichen Frankreich« erstmals wiedergegeben, wenn auch unter zahllosen Entstellungen, Fehllesungen und Auslassungen ganzer Sätze und Satzteile; ferner unter Hinzufügung dreier Absätze zu Beginn, die zwar nach Diktion, Stil und Inhalt überhaupt nicht in den Kontext passen, deren erster Satz »Ich wurde eines Tages Journalist aus Verzweiflung …« jedoch zu den in der Roth-Literatur am häufigsten zitierten, vermeintlich autobiographischen Sentenzen gehört, als hätte man in der germanistischen Philologie niemals etwas von einem fiktiven Erzähler-»Ich« gehört, das hier zweifellos das Wort führte und vermutlich irgendeinem Fragment entstammte.

Im Band 3 von Hermann Kestens vierbändiger Ausgabe der Werke Roths aus dem Jahr 1976 wurden der Titel und die Verwechslung des Textes mit Reportagen für die *Frankfurter Zeitung* zwar korrigiert, die unzulänglich und fehlerhaft edierten Inhalte blieben jedoch unverändert, um so auch wieder in die zweifellos verdienstvolle, wenn auch eine falsche Verbindlichkeit beanspruchende sechsbändige, 1989–1991 von Fritz Hackert und Klaus Westermann herausgegebene Werkausgabe einzugehen. Der vielen Entstellungen nicht genug, war der Text in Orthographie und Zeichensetzung mittlerweile zum dritten Mal der jeweils aktuellen Auflage des Duden zum Opfer gefallen. Daraus beseitigt waren sämtliche Austriazismen und Jiddismen – zum Beispiel das schöne Wörtchen »giltig« –, stattdessen zogen dort wahre semantische Umdeutungen ein, wenn zum Beispiel aus Roths heimatlichem »nahen Osten« der auf der Weltkarte ganz woanders liegende »Nahe Osten« wurde. Schlimmer noch wurden durch die dudengetreue Beseitigung von Roths eigenwilliger Zeichensetzung und Orthographie die Melodie und der Rhythmus und mit ihnen die ganze Schönheit von Roths prosodischer Sprache und Stil, ihr unverwechselbarer »Sound« der normierten Willkür geopfert. In verderbter und oftmals noch weiter zerstückelter Textgestalt gingen *Die weißen Städte* so auch in sämtliche Nachdrucke und Anthologien ein. Zur Kritik der gängigen Editionspraxis, Roths stilistische Eigenheiten späteren bzw. heutigen Sprachgebräuchen und Regelwerken zu unterwerfen, vgl. die editorischen Notizen zur Manesse-Ausgabe von Roths *Radetzkymarsch* (Zürich 2010, S. 650–654) sowie zur Anthologie *Pariser Nächte. Feuilletons und Briefe*, hrsg. v. Jan Bürger (München 2018, S. 132f.), ferner Ralph Schocks grundsätzliche Bemerkungen in der Zeitschrift *Text. Kritische Beiträge*, hrsg. v. Institut für Textkritik (Heidelberg), Heft 13 (2012), S. 193–199.

Die vorliegende Ausgabe hingegen will einem der schönsten Prosawerke Joseph Roths endlich zu der gebührenden Buchgestalt verhelfen, die ihrem Autor zu Lebzeiten vorschwebte, und zwar unter werkgetreuer Wiederherstellung des originalen Sounds von Roths symphonischem Sprach- und »Wort-Orchester« (Ludwig Marcuse) in Melodie und Ton, in Takt und Rhythmus.

Der den *Weißen Städten* als ihr quasi spiegelbildliches Pendant zur Seite gestellte Text des hingegen wohlbekannten Essays »Juden auf Wanderschaft« folgt in unserer Ausgabe der Textgestalt der 1927 im Verlag Die Schmiede erschienenen Erstausgabe. Beide Essays waren gleichzeitig und nebeneinander entstanden, größtenteils während Roths längeren Aufenthalten in Paris und Marseille 1925/26, und so geht jener auf Roths persönlicher Landkarte von Europa den *Weißen Städten* gewissermaßen unmittelbar voraus, um auf den Wanderwegen der Juden von Ost nach West eine neue Route von Paris über Lyon nach dem Süden zu eröffnen, mit Marseille als Antizipation des kommenden Fluchtpunkts und dem Mittelmeer als Horizont, nach noch weißeren Städten als denjenigen der Provence.

Der dritte hier zum Abdruck kommende Text schließlich, im Schicksalsjahr 1933 bei Beginn des jüdischen Exodus aus Deutschland auf Französisch verfasst und an ein französisches Publikum adressiert, zieht im Kontext eines damals in Paris erschienenen, beinahe enzyklopädischen jüdisch-deutsch-französischen Gemeinschaftswerks aus beiden Essays der Mittzwanzigerjahre ein thesenstarkes Resümee, wonach, wie Roth schreibt, »wir Nachkommen der alten Juden, der Ahnen der europäischen Kultur«, auch »die einzigen legitimen deutschen Repräsentanten dieser Kultur« sind und bleiben.

Die Recherchen für dieses Buch wurden noch »ante COVID-19« durch ein »Marbach-Stipendium« der Deutschen Schillergesellschaft ermöglicht. Ganz besonderer Dank ergeht an die Mitarbeiterinnen und Mitarbeiter des Deutschen Literaturarchivs in Marbach und des Deutschen Exilarchivs 1933–1945 der Deutschen Nationalbibliothek in Frankfurt am Main sowie an das wunderbar eingespielte »Roth-Team« des Verlags der Anderen Bibliothek: Christian Döring, Katja Jaeger und Ron Mieczkowski.

V. B.

BILDNACHWEIS

S. 292, 294: © Estate of George Grosz, Princeton, N. J. /VG Bild-Kunst, Bonn 2022 (Reproduktionsvorlage: Deutsches Literaturarchiv, Marbach)

S. 105: Roger-Viollet — Documentation photographique, Paris

S. 106, 108 (unten), 109, 234, 273, 295: Leo Baeck Institute, Joseph Roth Collection, New York

S. 108 oben, 249: Dokumentationsstelle für neuere österreichische Literatur, Wien

S. 107, 210, 211, 212: Österreichische Nationalbibliothek, Porträtsammlung und Bildarchiv, Wien

S. 213–215: Deutsches Exilarchiv 1933–1945 der Deutschen Nationalbibliothek, Frankfurt am Main

S. 284: Deutsches Literaturarchiv, Marbach

ROT UND WEISS
WANDERER ZWISCHEN DEN STÄDTEN

ist als ORIGINALAUSGABE im Februar 2022 als vierhundertsechsundvierzigster Band der **ANDEREN BIBLIOTHEK** erschienen.

Als EXTRADRUCK wurde *Rot und Weiß* im Mai 2022 wiederaufgelegt.

Die Herausgabe lag in den Händen von Christian Döring.

Die Redaktion besorgte Ron Mieczkowski.

Volker Breidecker traf die Auswahl der Texte von Joseph Roth und edierte das Typoskript der »Weißen Städte« aus dem sogenannten »Berliner Nachlass«. Wir danken ihm auch für seinen ausgreifenden Essay zum Verständnis von Roths Werk.

Über die Quellen der Texte gibt die editorische Notiz »Zu diesem Buch« (S. 329) Aufschluss. Die deutsche Übersetzung des »Autodafé des Geistes« (S. 219) von Brita Eckert erschien erstmals an der Seite des französischen Originals in: Joseph Roth, Kleine Schriften der Deutschen Bibliothek Nr. 5, Frankfurt a.M. 1979.

Für die Genehmigung zum Abdruck des Typoskripts *Die Weißen Städte* danken wir dem Deutschen Literaturarchiv Marbach.

Dieses Buch wurde von Lydia Sachse, Robert Schumann/ Buchgut, Berlin, gestaltet.
Den Satz besorgte Dörlemann Satz, Lemförde, mit den Schriften Lyon Text und Neutraface Text.

Die Herstellung und Ausstattung lagen bei Katja Jaeger, Berlin.

Gedruckt und gebunden wurde bei CPI books GmbH, Leck. Als Inhaltspapier wurde holzfreies Werkdruckpapier verwendet.

ISBN 978-3-8477-2046-1
Die Andere Bibliothek

Extradrucke der Anderen Bibliothek
№ 446

Die Geschichte der 1985 von Hans Magnus Enzensberger und dem Schriftsetzer, Drucker und Verleger Franz Greno noch im Bleisatz aus der Taufe gehobenen Buchreihe DIE ANDERE BIBLIOTHEK ist längst zum Bestandteil unserer deutschsprachigen Lesekultur geworden.

Monat für Monat ist seitdem ein Band erschienen.
Seit Januar 2011 wählt Christian Döring monatlich sein Buch aus und gibt es im neuen Verlag DIE ANDERE BIBLIOTHEK unter dem Dach des Aufbau Hauses am Berliner Moritzplatz heraus.

Das Programm der ANDEREN BIBLIOTHEK folgt inhaltlich seit Anbeginn nur einem Maßstab: Genre-, epochen- und kulturraumübergreifend wird entdeckt und wiederentdeckt, die branchenübliche Einteilung in Sachbuch und Literatur hat nie interessiert, nur Originalität und Qualität sollen zählen.
– Jeden Monat erscheint ein neuer Band, von den besten Buchkünstlern gestaltet.
– Die ORIGINALAUSGABE erscheint in einer einmaligen Auflage von 3.333 Exemplaren, limitiert und nummeriert.

Sind die limitierten und NUMMERIERTEN ORIGINALAUSGABEN vergriffen, bieten wir Ihnen unsere EXTRADRUCKE der ANDEREN BIBLIOTHEK, damit Sie alle an den Erfolgen unserer schönen Bücher teilhaben können. Gewohnte beste Inhalte, durchgesehen und aktualisiert, zum moderaten Preis in einer fein bedruckten Ausgabe.

Unser Vorschlag:
Werden Sie Mitglied im Club unserer Abonnenten, so erhalten Sie garantiert jede ORIGINALAUSGABE zum Vorzugspreis. Und als persönliches Dankeschön: eine unserer Prachtausgaben im Folioformat.